아! 아브라함

아!

초판 1쇄 인쇄 2007년 2월 28일

지은이 | 조우철
펴낸곳 | 도서출판 오직말씀

출판등록 | 2006년 8월 22일(제505-2006-00005호)
주소 | (780-935) 경북 경주시 동천동 782-13
전화 | (054)742-9027, 팩스 | (054)741-4821

총판 | 생명의말씀사
홈페이지 | http://www.onlyword.com
전자우편 | onlywords@hanmail.net

값 10,000원
ISBN 978-89-958601-3-7 04230

ⓒ 조우철, 2007

※ 잘못 만들어진 책은 바꾸어 드립니다.

조우철 지음

아! 아브라함

3 창세기 18-20장
소돔의 멸망에서 가나안을 등지기까지

도서출판 말씀오적

글쓴이 서문

가나안 전쟁 이후 가나안의 유력인사로 자리 잡은 아브람에게는 아무것도 염려할 것이 없어 보였다. 그러나 오히려 그 부유함과 강력한 권세가 그에게 두려움이 된다. 아들이 없는 그였기에 이를 누구에게 물려줄 것이며 나의 노년을 누가 지켜줄 것인가 하는 염려와 두려움이었다. 방패 되신 하나님, 상급 되신 하나님을 잊은 때문이었다.

이러한 그에게 하나님이 찾아오신다. 그리고 밤하늘을 보게 하신다. 해발 800미터가 넘는 헤브론의 밤이었다. 까만 밤하늘에 펼쳐진 셀 수 없이 많은 별들이 은빛 가루처럼 펼쳐져 있었다. 그리고 너의 자손이 저와 같게 하리라고 하신다. 너의 자손이 저렇게 많아지고 또 아름답게 되리라고 하는 약속이었다. 그리고 이 약속을 쪼갠 고기 사이를 지나가는 횃불 언약식을 통해 확인시켜 주신다. 내가 너를 지켜줄 것이며 너에게 자손이 있으리라는 굳은 약속이었다.

그런데 이러한 아브람의 집에서 참으로 비극적인 일이 일어난다. 아브람의 아이를 잉태한 여종을 사래가 쫓아내는 일이었다. 신앙인에게 있을 수 없는 일이 일어난 것이었다. 인간의 내면에 있는 질투심과 같은 죄의 요인들이 인간의 삶과 신앙까지도 어떻게 파괴하는지 보여주는 사건이었다. 하나님은 그 여종을 다시 사래에게 돌려보내심으로 그들의 행위를 책망하시고 바르게 할 것을 요구하신다.

그 사건이 있은 후 하나님은 또 다시 아브람에게 오셔서 이전의 언약을 상기시키시고 할례를 행할 것을 요구하신다. 그 언약을 살에 새기라고 하는 것이었다. 인간이 하나님의 언약을 잃어버릴 때 생겨나는 비극적인 결과를 아브람 스스로 체험한 후였다. 과연 언약을 살에 새긴 아브람은 달라질 수 있는 것일까?

오늘도 사람마다 불안함이 있고 두려움이 있다. 언제 어떤 일이 우리에게 일어날지 예측할 수 없기 때문이다. 신앙인들에게조차도 세상 끝 날까지 내가 너희와 함께 하리라고 하신 주님의 약속에 대한 신뢰가 없다. 그래서 더욱 더 자기를 사랑하고 돈을 사랑할 뿐이다. 때문에 자기를 부인하는 믿음도 진실한 이웃사랑의 신앙도 없다. 있을지라도 다만 겉치레요 형식에 지나지 않는다.

아브라함을 다시 본다. 거기에 오늘 우리 신앙의 모습이 거울처럼 비춰지고 있다.

2007년 정월
조 우 철

차 례

제1부 나무 그늘 아래서 (창 18장) ‖‖ 11

‖‖ 느긋한 (창 18:1)
‖‖ 버선발로 뛰어나가 (창 18:2)
‖‖ 소매 끝 부여잡고서 (창 18:3)
‖‖ 병든 잔치집 (창 18:4-7)
‖‖ 무당의 말씀 하나님의 말 (창 18:8-10)
‖‖ 할일을 하지 못하니 (창 18:9-10)
‖‖ 희미한 웃음 (창 18:11-12)
‖‖ 늙어 오히려 청청함은 (창 18:11-12)
‖‖ 너 때문이야 (창 18:13)
‖‖ 기쁜 날 두려워함은 (창 18:14-15)
‖‖ 반쪽 사랑 (창 18:16)
‖‖ 지붕도 고치고 문짝도 새로 달지만 (창 18:17-19)
‖‖ 金樽美酒는 千人血이건만 (창 18:20-21)
‖‖ 하나님 실수하시는 거에요 (창 18:22-23)
‖‖ 뭐가 달라서 (창 18:24)

- 어허 저런 당돌한 (창 18:25-26)
- 꼬리를 내려 (창 18:27-28)
- 불난 밭에 메뚜기 뛰듯 (창 18:29-32)
- 한번만 더 (창 18:33)

제2부 소돔의 아침 (창 19장) ⅠⅠⅠ 135

- 소돔의 성문 앞에서 (창 19:1)
- 식탁이 왜 이 모양이지? (창 19:2-3)
- 내 집에 온 손님인데 (창 19:4-5)
- 위기 앞에서 (창 19:6-7)
- 어허, 이게 아닌데 (창 19:8)
- 법관? 웃기고 있네 (창 19:9)
- 헛수고였어 (창 19:10-11)
- 사자가 나타났어요 (창 19:12-13)

- 도적처럼 (창 19:14(1))
- 무슨 그런 농담을 (창 19:14(2))
- 왜 이 난리야? (창 19:15-16)
- 잡은 손을 놓고서 (창 19:17)
- 왜 못가? (창 19:18-19)
- 작은 성 (창 19:20)
- 한 사람이 없어서 (창 19:21-22)
- 아침에 (창 19:23-25)
- 무슨 큰 죄를 지었다고 (창 19:26)
- 고민은 했지만 (창 19:27-29)
- 엉뚱한 곳에 닻을 내린 (창 19:30)
- 이를 어째 (창 19:31-32)
- 눈을 내리깔고 보지만 (창 19:31-33)
- 시궁창 같음에도 (창 19:34-38)

제3부 아닌 밤중에 홍두깨 (창 20장) ▥ 271

- 깨끗이 허물고 난 후에 (창 20:1-2)
- 또 다시 부르는 이름 '사라여' (창 20:3)
- 이 개가 짖으니 저 개도 짖는구나 (창 20:4-5)
- 하늘과 땅 만큼이나 큰 이 차이를 (창 20:5-7)
- 혹시 개꿈은 아닐까? (창 20:8-9)
- 두 번 죽이는 (창 20:9-10)
- 더는 물러설 곳이 없기에 (창 20:11)
- 거짓인데도 거짓이 아닌 것 (창 20:12-13)
- 어디 이만한 여자 없소? (창 20:14-16)
- 나는 이미 내가 아닌 것을 (창 20:17-18)

아! 아브라함

창세기 18장

제1부 나무 그늘 아래서

어느 날 오정 자기 장막 문에 앉아 느긋이 따뜻한 햇빛을 즐기는 아브라함에게
나그네 세 사람이 찾아온다. 그리고 극진히 그들을 맞이하나
이들은 그 섬김을 외면해 버린다. 왜일까?

느긋한 (창 18:1)

이삭이 태어난 지 13년 만에 이루어진 하나님과 아브라함의 만남은 아브라함의 신앙에 참으로 심각한 문제점이 있다는 것을 알려준 사건이었다. 하나님의 언약에 대해서도 그리고 언약을 담고 있는 할례에 대해서도 아브라함은 본질을 알지 못한 채 잘못 이해하여 받아들였다. 그러므로 언약에 대한 왜곡된 믿음과 잘못된 형식만을 남겨주고 말았다. 만일 아브라함이 하나님을 이전보다 소홀히 여기고 있다거나 신앙에 대해 게으르고 불성실해서 생긴 결과라면 문제는 오히려 단순할 수도 있다. 깨닫고 고치면 되기 때문이다. 하지만 여전히 하나님이 최고의 경배 대상이요 신앙에 대한 책임도 나름대로 최선을 다하고 있다면 문제는 대단히 복잡해진다. 잘못된 것을 인정하기가 어려워지기 때문이다.

역사적으로 보면 유대 이스라엘의 신앙이 그러했고 중세교회가 그러했다. 분명히 많이 잘못되었지만 그들은 그것을 인정하려고 하는 생각 자체가 없었다. 자신들에게 나름대로 하나님을 섬기는 열심이 있었기 때문이었다. 오늘 이 땅의 교회 또한 숱한 문제점을 인식은 하면서도 단지 하나님을 인정하고 섬긴다는 사실 하나로 인해 그냥 지나가고 있는 것이 현실이다. 17장에서 하나님과 아브라함의 만남이 이러한 문제점을 드러내는 것이었다면 이제 18장은 그 바탕 위에서 또 한 번 하나님과의 만남의 사건을 기록하고 있다. 과연 믿음의 조상으로서 아브라함이 보이고 있는 이러한 신앙의 오류는 그 원인이 어디에 있었던 것일까?

> "여호와께서 마므레 상수리 수풀 근처에서 아브라함에게 나타나시니라 오정 즈음에 그가 장막 문에 앉았다가"(:1)

여호와께서 마므레의 상수리나무 수풀 근처에서 아브라함에게 나타나신다. 아브라함의 장막이 있는 곳이었고 약 이십여 년 전 아브라함이 롯과 헤어진 후 새롭게 자리 잡은 헤브론이었다. 이는 그가 지난 이십여 년 동안 이 지역을 떠나지 않고 계속해서 살아왔다는 것을 보여준다. 곧 나름대로 최선을 다해 삶의 기반을 다져왔고 자신의 과업을 수행하여 왔다는 것을 알려준다.

지금 하나님께서 그를 다시 찾아오신 것은 지난번의 만남과 할례 사건 이후 얼마 되지 아니한 시점이었다. 내년 이맘 때 쯤 사라에게서 아이가 태어날 것이라는 말씀과 그 아이가 태어나기까지 전개되는 사건들의 시간 관계로 살펴본다면 이 만남은 한 달이 채 되지 않은 때의 일이라는 것을 알 수 있다. 이러한 만남은 지금까지의 만남에 비추어 본다면 대단히 이례적인 일이다. 왜냐하면 아브라함이 가나안에 들어온 이후 지난 25년 동안 이루어진 만남의 횟수는 5번이었다. 평균해서 따진다면 5년에 한 번 꼴이었다.

따라서 이처럼 수일 혹은 수십일 만에 연속적으로 하나님께서 나타나시는 것은 무척 이례적인 일이다. 그것은 지금 아브라함에게서 전개되고 있는 현실이 그만큼 대단히 긴박하다고 하는 것을 나타낸다. 즉 아브라함이 이제 곧 맞이해야 하는 신앙의 사건들이 임박하여 있지만 아브라함은 그러한 것에 대해 깨어있는 마음을 가지고 있지 못하다는 것과 그만큼 아브라함의 신앙이 정상 궤도에서 벗어나 있다는 것을 알려주는 것이기도 하다. 실제로 오늘 이후 아브라함의 삶은 무척이나 급박하게 전개되며 마치 커다란 소용돌이 속으로 빨려 들어가는 듯이 요동치는 과정을 겪는다.

하지만 하루의 한 가운데인 오정 즈음에 그가 자신의 장막 문에 앉아있다는 것은 자기에게 닥쳐올 미래의 시간에 대한 긴장감이 전혀 없이 지극히 평온한 모습으로 자신의 날들을 대하고 있다는 것을 보여준다. 불과 며칠 전 하나님께서 당신의 언약을 들려주시고 언약의 증거로써 태어날 이삭을 말씀하시며 할례를 시행하도록 명령하신 것은 아브라함이 지금의 잘못된 생각에서 깨어나 새로운 경각심을 갖고 자신과 자신의 공동체를 대하도록 기회를 주신 것이었다. 그리고 만일 아브라함이 이를 정확히 알고 성실히 그의 뜻하신 대로 수행하고 있었다면 하나님께서 이렇게 급하게 찾아오실 일은 없었다.

즉 그 만남의 뜻을 따른다면 지금 아브라함의 공동체에 속한 모든 사람들에게 언약이 가지고 있는 신앙의 내용이 가르쳐져야 했다. 이에 따라 할례를 받을 수 있도록 마음으로 준비하며 또 실제로 의미 있는 할례가 경건하게 이루어져 가야 했다. 이를 위해서는 많은 시간이 필요했다. 무엇보다도 사람들의 마음 속에는 내년 이맘때에 90세 된 사라에게서 태어날 이삭에 대한 신비한 기대감이 높아져 가야 했다. 그리고 이를 통해 아브라함 공동체는 이전과 많이 다른 변화의 생동감이 어떤 형태로든 생겨나야만 했다.

만일 그러했다면 지금 아브라함은 이렇게 오정 시간에 자기 장막에 한가하게 앉아 있을 시간이 없었다. 그 일들이 정상적으로 진행되고 있었다면 하나님께서 그에게 지금 다시 이렇게 급하게 찾아오셔야 할 이유도 없었다. 하지만 할례는 하나님과의 만남이 있었던 바로 그 날에 마치 급하게 해치우듯이 실행되었다. 그리고 불과 며칠이 지나지 않아 모든 과정이 한 순간의 소동으로 끝이 난 채 지금 아브라함이나 이 집의 사람들이나 아무 일 없었다는 듯이 일상의 삶으로 되돌아가 있는 것이었다.

자신의 장막에 느긋이 앉아있는 아브라함과 이렇게 연이어 다시 그를 찾아오시는 하나님의 바쁘게 느껴지는 발걸음이 너무도 대조적으로 다가오고 있다. 하나님 나라의 일에 대해 무지하기에 느긋할 수 있고 스스로 편안할 수 있는 인간, 자신의 미래에 대해 민감하지 못하고 눈 앞에 보이는 것들로 인해 생각이 제한되어 있기에 활력을 잃어버린 무기력한 인간의 모습이 나타난다. 기대와 소망으로 인해 생동감이 넘쳐나고 여러 가지 준비하는 일들로 바빠야 할 공동체가 그러한 은혜의 기회를 상실한 채 깊은 잠에 빠져있다. 이러한 아브라함과 그의 공동체를 대해 하나님께서 바쁘게 다시 방문하는 것은 어떤 의미를 지니는 것일까? 아브라함의 평안함이 오히려 하나님을 안타깝게 하고 사람을 향한 이 안타까움에 홀로 분주하신 하나님을 볼 수 있지 않은가?

오늘도 우리는 많은 일로 분주하다. 긴장한 가운데 치열한 경쟁을 벌이며 때로는 피 말리는 싸움을 치르고 있다. 누구에 대해서도 지지 않고 이기려고 있는 힘을 다하여 발버둥치듯 살아가고 있다. 하지만 하나님 나라에 대해서는 너무도 느긋하지 않은가? 지금 하나님 나라가 어느 시점에 와 있는지 알지 못한 채 신앙의 긴장과 활력을 잃어버린 무기력한 모습으로 서 있지 않은가?

세상 속에서 살아가기 위한 지식들에 대해서는 많은 것을 알고 있다. 또 많은 일을 할 수 있다고 생각하며 누구에게도 손해 보지 않을 수 있는 영리함도 갖추었다. 하지만 정작 하나님의 말씀에 대해서는 무지하며 그 나라의 사건들과 때에 대해서는 안개 속을 더듬는 것처럼 살아가고 있지 않은가? 종말의 징조가 하나도 어긋남 없이 이루어지고 있고 이 속에서 나를 지키기 위해 두 눈 부릅뜨고 경계하며 죄와의 양보할 수 없는 치열한 싸움을 준비하여야 하지만 과연 어떠한가?

지금 우리가 싸우고 골몰하는 것들이 과연 그럴만한 것이며 또 그러해야 하는 때인가? 오늘 역사의 종말 속에서 하나님이 우리에게 보이시는 징조들은 어떠하며 우리에게 요구하시는 마음과 생각과 삶의 태도는 무엇인가? 반면 이 세대를 살아가는 우리의 실제 모습은 어떠한가? 세상을 대해서는 대단히 민감하고 재빠르게 움직인다. 바람같이 사라져 버릴 것들에 대해 흥분하며 싸우지만 하나님을 대해서는 귀 막고 눈 감은 벙어리, 소경처럼 희미한 모습으로 서 있다. 하나님이 보시는 오늘은 대단히 급박하고 신앙인들에게는 위기의 때이나 우리는 전혀 무감각하고 다른 여러 일들로 분주할 뿐이다. 평안함이 인간에게는 은혜라고 여겨질 수도 있지만 하나님 보시기에는 그 무지로 인해 오히려 안타까울 뿐인 삶이다.

버선발로 뛰어나가 (창 18:2)

"눈을 들어 본즉 사람 셋이 맞은편에 섰는지라 그가 그들을 보자 곧 장막 문에서 달려나가 영접하며 몸을 땅에 굽혀"(:2)

아브라함에게 극히 짧은 시간 만에 다시 나타나신 하나님이다. 하지만 이번에는 임재의 형태가 이전의 경우와는 전혀 다르다. 이전에는 하나님 자신의 직접적인 임재로 자기를 나타내 보이셨고 또 말씀으로 뜻을 전하셨다면 이번에는 세 명의 사람을 보내서서 아브라함과 만나도록 하신다. 왜일까? 당신의 말씀에 귀 기울이지 않는 자요 그 결과가 아무 의미 없는 것이기에 당신 자신의 임재를 이제는 거두어 버리신 것이었을까?

아브라함은 어느 날 나그네 세 사람이 자신의 장막 맞은편에 선 것을 보자 달려 나가 몸을 땅에 굽혀 영접한다. 아브라함은 이들이 하나님께서 보내신 자들이라는 것을 알았던 것일까? 어찌하여 이렇게 몸을 땅에 굽혀 가며까지 지나가는 사람들을 영접하는 것인가? 성경은 이들의 정체를 아브라함이 알았다고 하는 암시를 전혀 하지 않는다. 다만 이것이 지나가는 나그네를 융숭하게 대접하여 보내는 히브리 사람들의 일반적인 접대 방식이었다는 것을 뒤에 소돔성의 롯이 이들을 영접하는 사실에서 발견할 수 있다. 조금은 과한 공궤처럼 보이지만 당시 사회가 공적인 치안유지 장치가 없는 사회였고 그래서 자기 스스로가 자기를 보호해야만 했던 사회라는 것을 알면 이유는 단순하다.

특히 들판을 떠돌아다니는 유목민들로서는 언제 누가 자신들을 쳐서 죽이고 재산을 빼앗을지 모르는 일이었다. 때문에 지나가는 모든 사람들을 환대하여야 했고 친절해야 했으며 어느 누구로부터도 적대감을 사는 일이 없어야만 했다. 어떤 위험을 초래할지 알 수 없었기 때문이다. 그러므로 오늘 아브라함의 태도는 오랜 유목민의 전통이고 좀더 특별한 것이 있다면 아브라함 자신의 겸손이 더해진 그의 일상적인 모습이라고 봄이 타당하다.

곧장 장막 문으로 달려나와 몸을 땅에 굽혀 나그네를 맞이하는 아브라함의 모습은 마치 버선 발로 달려나가 반가운 손님을 맞이하는 듯한 모습을 연상시킨다. 사람을 대한 아브라함의 겸손, 곧 자기를 낮추는 태도를 느끼게 한다. 이러한 태도는 거친 가나안 땅에 이방인으로 살아오면서 갖게 된 아브라함의 보통의 모습일 수 있다. 또 언제나 모든 사람을 대해 이렇게 대함으로써 이 땅에 원만하게 뿌리내릴 수 있도록 해준 요인이었을 수도 있다. 사실 이와 같은 태도를 한결같이 나타낼 수 있다면 그것 자체가 이미 대단히 성숙한 인격을 보이는 것이요 사람으로부터 존경과 신망을 얻게 해준다.

그런데 여기서 우리는 아브라함이 사람을 대해 나타내 보이는 이러한 태도를 그의 하나님을 대한 태도와 연결지어 생각해 보게 된다. 왜냐하면 이전에는 아브라함과의 만남에 대해 하나님의 직접적인 현현이 이루어져 왔으나 이번에는 사람을 보내셔서 그들을 통한 간접적인 만남을 의도하고 있기 때문이다. 즉 왜 하나님께서 직접 임하지 않으시고 천사들을 사람의 모습으로 하여 대신 보내셨는가 하는 의문을 가질 수밖에 없다. 특히 우리는 아브라함이 하나님을 대하여 나타낸 태도와 사람을 대하여 보여주는 태도가 분명한 차이를 보이고 있다는 점에서 우리는 그 의문에 대한 하나님의 섭리를 생각하지 않을 수 없다.

사람을 대해서는 그들이 지나가는 나그네에 불과할지라도 비굴하리만치 겸손하고 정중하게 맞이한다. 하지만 아브라함이 온 우주도 담을 수 없는 천지의 주인 되시는 하나님께서 찾아왔을 때 과연 이 정도의 정성이라도 기울였던가? 천지의 주재이신 하나님 앞에서 그는 꿇어 엎드리라고 해야 꿇어 엎드렸다. 말씀하신 바에 대해서 아무렇지도 않게 자기 의견을 나타내었고 그 말씀을 비웃는 태도를 보이기까지 하였다. 그러한 면에서 사람을 대하는 아브라함의 태도와 하나님을 대하는 태도와는 사뭇 다른 점이 있다는 것을 우리는 발견할 수 있다.

사람과의 만남에 대해서는 이토록 정성을 다하는 아브라함이었지만 하나님과의 만남은 무척 소홀히 하였다. 이스마엘이 태어난 이후 13년 동안 그는 하나님과의 만남을 기대하지도 않았었다. 왜 그랬을까? 사람과 사람의 만남은 현실의 삶에 보다 직접적인 영향을 미치고 접촉하는 시간과 폭이 훨씬 넓다. 반면 하나님과의 만남은 그리 직접적이지 않고 현실감도 크게 느껴지지 않기에 나타나는 현상일 수 있다. 하지만 실질적으로 누구와의 만남이 나의 삶에 더욱 큰 영향을 미치게 되는지를 우리가 생각해 본다면 이러한 현상은 결코 간과할 수 없는 너무도 큰 문제라는 것을 깨닫게 된다. 나의 삶이 과연 누구에게 달려있는가를 생각한다면 말이다.

오늘 우리들도 사람과의 관계에 대해서는 무척이나 많은 관심을 기울인다. 밤을 새워 고심한다. 혹 어긋난 관계가 있고 그것이 나의 삶에 적지 않은 영향을 준다고 생각되면 어떻게 해서든 바로 잡으려고 노력한다. 그러면서 점잖고 겸손하며 세련된 말과 태도로서 상대의 호감을 사려고 한다. 오직 내 삶의 유익을 위해서이다. 물론 이를 나쁘다고 할 수 없고 할 수만 있다면 이러한 태도로 사람을 대하라고 가르쳐야 할 것이다.

하지만 내가 신앙인이라면 사람을 대한 이러한 모습 앞에서 하나님을 대한 나의 태도와 그 관계에 대해 더욱 깊이 생각할 수 있어야 하지 않겠는가? 그 분이 내 삶의 진정한 주인이라고 인정한다면 말이다. 저들에 대한 겸손과 성실함이 이 세상에서의 조그마한 삶의 유익을 위한 것이요 그것을 얻게 해주는 것이라면 하나님께 대한 나의 신앙의 관계는 영원한 유익을 위한 것이요 나의 전부를 얻게 해주는 관계이다. 누구에게 더 성실해야 하며 누구와의 만남에 더 깊은 관심과 노력을 기울여야 할 것인지는 분명해지지 않는가?

하나님은 사람을 대해서는 온 몸을 숙이는 아브라함이 하나님의 방문에 대해서는 고개조차도 숙이지 않았던 그를 기억하고 계신다. 그리고 오늘 당신 자신 사람의 모습으로 그에게 찾아오신다. 사람의 모습으로 오신 하나님을 맞이하는 아브라함의 태도와 하나님의 직접적인 임재 앞에 그가 나타내 보였던 태도가 너무도 다르다. 왜 하나님께서 사람의 모습으로 오셔야만 했는지 답은 분명해진다. 하나님의 말씀은 소홀히 들어도 사람의 말은 귀담아 들을 수 있는 아브라함인 것을 보셨기에 말이다.

소매 끝 부여잡고서 (창 18:3)

자기의 장막을 지나가는 나그네를 본 아브라함은 얼른 자리에서 일어나 그들에게 가서 몸을 땅에까지 굽혀가며 그들을 맞이한다. 그의 이러한 태도는 어떤 내면에서 나오는 것일까?

> "가로되 내 주여 내가 주께 은혜를 입었사오면 원컨대 종을 떠나 지나가지 마옵시고"(:3)

그저 낯선 나그네에 불과할 뿐인 사람들이다. 그런데 아브라함은 그들을 대해 **"내 주여"**라고 칭한다. 물론 이 때의 '주'라는 호칭은 실제적인 관계를 나타내는 것이 아니라 이웃을 대해 자기를 낮추고 상대를 높이는 최고 높임의 호칭이라고 할 수 있다. 훗날 아브라함의 아내 사라가 죽었을 때 묘지를 삼기 위해 땅을 구하는 아브라함에게 헷 사람들이 **"내 주여"**라고 칭하는 것도 실제 주인과 종의 관계에서가 아니라 아브라함을 존경하는 마음에서 나오는 최고의 표현이다. 그러므로 아브라함이 이 나그네들을 대해 **"내 주여"**라고 호칭하는 것은 손님을 맞이하는 주인의 입장에서 손님을 높이고 자신을 낮추는 최고의 겸양의 표현이라고 볼 수 있다.

전에도 본 적이 없고 앞으로 또 언제 볼 지 모르는 나그네들이다. 그럴지라도 그들을 '주'라고 칭하며 먼 여행에서 돌아오는 주인을 맞이하듯 그렇게 정성스럽게 맞이한다면 무척 아름다운 일이다. 모든 사람을 대해 나의 주인을 대하듯 대하며 그들 모두의 종인 것처럼 친절하고 겸손하게 섬기고자 한다면 분명 칭찬이 될만한 일이다. 하지만 하나님을 '나의 주'라고 호칭하고 그에 합당한 하나님과 우리의 관계를 생각해 본다면 하나님 이외 누구일지라도 쉽게 '주'라고 부를 수 있는 것일까?

만일 자신의 삶을 주관하시며 세상 만물의 창조주로서 주가 되시는 하나님에 대한 믿음이 확고하고 그 믿음에서 나오는 의연함이 있다면 그리고 사람을 '주'라고 칭할 때와 하나님을 '주'라고 칭할 때의 의미와 관계성에 대해 명확한 분별력을 가지고 있다면 이러한 호칭은 단순한 호칭으로서의 의미만을 지닐 수 있다. 하지만 만에 하나라도 이러한 믿음이 없는 상태에서 사람을 대해 '주'라고 칭한다면 그것은 자칫 사람과의 관계를 신앙의 관계보다 우선하는 믿음 없는 내면을 드러내는 것이 될 수도 있다.

즉 신앙으로는 용납되지 않는 일이지만 '주'의 입장에 있는 사람의 마음을 상하게 하는 것이 부담스러워서 혹은 그와의 관계가 악화되는 것을 염려하고 나의 현실적 유익을 잃게 될까 두려워하여 그것을 나의 삶에 용납하는 일이 발생할 수도 있다. 하나님을 나의 생사화복을 주관하시는 생명의 주라고 인식하고 있으면서도 현실적으로는 사람에게 나의 많은 것을 의탁하고 그로부터 무엇인가를 얻기 위해 비굴하게 처신할 수도 있는 것이다. 과연 아브라함이 나그네를 대해 '나의 주'라고 호칭할 때 이는 어떤 내면에서 나온 것일까?

"내가 주께 은혜를 입었사오면". 참으로 이상한 표현이 계속해서 그의 입에서 나오고 있다. 이들은 아브라함이 한 번도 만나거나 무엇을 주고받은 적이 없는 생전 처음 만나는 나그네이다. 그런데 언제 어떤 은혜를 입었다고 이러한 말을 하는 것일까? 이 말이 그들로부터 직접적인 은혜를 입었기 때문이 아니라 오늘 헤브론에서 자리를 잡고 살아가게 된 것이 함께 사는 모든 이웃들과의 관계에서 비롯된 것이라고 여겨 이를 은혜라고 말하는 것인가? 만일 그렇다면 그의 이웃과의 관계에 대한 인식은 인간적인 관점에서 본다면 무척 건전하다고도 할 수 있다.

하지만 여기서도 또 한 가지 생각해 볼 것은 오늘의 그의 소유가 사람으로부터 온 것이며 사람과의 좋은 관계를 통해 얻은 것인가 하는 점이다. 애굽 왕 바로가 엄청난 예물을 그에게 주며 또 애굽을 나올 때 많은 재물을 더하여 준 것도 사람으로부터 얻은 호의적 은혜였는가? 전혀 아니다. 그것은 그가 사래의 일로 자신에게 나타난 하나님을 두려워하였기에 준 것이요 그러므로 하나님께서 아브라함에게 더하여 준 것이었다. 아브라함의 모든 것이 오직 하나님으로부터 온 것이요 그의 은혜로 이루어진 것이기에 이는 그 어떤 것도 사람에게 은혜라고 돌릴 수 있는 것이 전혀 없다.

그렇기에 그의 이 말은 아무 의미 없는 지극히 형식적인 수사에 불과하지만 하나님에 대한 신앙의 관계에 비추어 본다면 상당한 문제를 지니고 있는 말이다. 즉 지금의 자신이 있게 된 것이 가나안 사람들과의 관계에서 온 것이요 그러기에 앞으로의 삶도 그들과의 관계를 원만히 하고 더욱 소중히 하는 것에 마음을 둔 것이기 때문이다. 그렇게 될 때 신앙의 관계는 그의 삶에서 그 비중이 줄어드는 것은 피할 수 없는 일이다. 과연 어떤 의식에서 나온 말일까? 자신의 모든 것이 하나님으로부터 온 것이라는 믿음이 확고하다면 이러한 말이 가능한 것일까?

"원컨대 종을 떠나 지나가지 마옵시고". 여기서도 "원컨대"라는 표현은 상당히 간절한 마음을 담고 있는 표현이다. 즉 절대로 자신을 그냥 지나가서는 안 된다고 하는 제발 잠시라도 머물다가 지나가십시요 하며 간절히 권하는 표현이다. 그리고 저들을 '주'라고 칭한 아브라함은 이번에는 자신을 '종'이라고 칭한다. 사람이 사람을 대해 이보다 더 겸손하게 자신을 낮출 수는 없다는 어지러움을 느낀다. 우리는 이 속에서 마치 아브라함이 하나님을 맞이하는 것과 같은 착각을 느낀다. 다만 나그네일 뿐인데 말이다. 혹 이들이 어떤 작은 도움이라도 요청하였다면 그에 응하여 합당한 도움을 주는 것은 아름다운 일이다. 하지만 그가 하나님과의 만남을 끝낼 때 진노하고 돌아서는 하나님을 대해 전혀 붙잡으려거나 그 만남을 이렇게 간절히 추구하지도 않았다는 것을 지금의 모습 속에서 다시 떠올리게 됨은 어찌된 일일까?

이제 우리는 여기서 아브라함의 이와 같은 모습이 지금까지 아브라함의 삶에 비추어 볼 때 과연 정상적이고 일반적이었느냐 하는 사실을 생각해 본다. 만일 그가 가나안에 들어오던 때부터 사람을 대한 태도가 이러하였다면 지금 그의 모습은 섬김의 도를 실천하는 대단히 아름다운 신앙인의 삶이라고 할 수 있을 것이다. 하지만 만일 아니라면 문제는 전혀 달라진다. 바로 이와 관련하여 아브라함의 이전 모습을 말해주는 가장 상징적인 사건을 성경은 그대로 기록하고 있다.

"아브람이 그돌라오멜과 그와 함께한 왕들을 파하고 돌아올 때에…소돔 왕이 아브람에게 이르되 사람은 내게 보내고 물품은 네가 취하라 아브람이 소돔 왕에게 이르되 천지의 주재시요 지극히 높으신 하나님 여호와께 내가 손을 들어 맹세하노니 네 말이 내가 아브람으로 치부케 하였다 할까 하여 네게 속한 것

은 무론 한 실이나 신들메라도 내가 취하지 아니하리라"(창 14:17-23)

그가 오래 전 가나안을 휩쓸던 엘람 왕 그돌라오멜의 연합군을 쳐부수고 모든 포로와 약탈당한 물건들을 되찾아 올 때 그의 명성은 하늘을 찌를 듯 하였다. 그 때 그는 자신을 영접나온 살렘 왕이자 하나님의 제사장인 멜기세덱에 대해 하나님을 찬양하며 소유의 십분일을 바쳤다. 오늘의 결과가 오직 하나님으로부터 온 것임을 모든 사람 앞에서 표현하는 것이었다. 하지만 가나안의 왕들 중 소돔 왕에 대해서는 네게 속한 것은 한 신들메라도 취하지 않겠다고 선포한다. 혹 사람들이 소돔 왕의 은혜로 말미암아 아브라함이 큰 재물을 얻었다고 말하지 못하도록 하기 위해서였다. 모든 것이 하나님으로부터 왔다는 사실이 조금이라도 사람들에게서 퇴색되어지지 않도록 그는 대단한 분별력을 갖고 사람을 대하였다.

사람이 자신의 삶에 끼어들 여지를 남기지 않는 오직 하나님의 은혜로 살고 그 은혜를 위해 죽음을 각오할 만큼 철저한 신앙의 사람이었다. 이러한 아브라함의 말은 당당하고 의연하였고 신앙의 기상이 충만하였다. 그 때 그는 가나안 남부의 맹주인 소돔 왕을 대해서도 '주' 라고 칭하지 않았고 자신을 '종' 이라고도 하지 않았으며 오늘의 결과가 왕의 은혜라고 하는 의례적인 말도 상상할 수 없는 일이었다. 가나안의 어떤 세력일지라도 함부로 그를 건드릴 수 없는 위세 당당한 세력가와도 같은 그의 모습이었다. 실제 그러했다. 그 모든 것이 하나님의 은혜로 된 일이었고 하나님에 대한 올곧은 믿음이 가져다 준 열매였다.

그런데 오늘 그가 한낱 지나가는 나그네를 대해 **"내 주여"** 라고 높이고 자기를 '종' 이라고 낮추며 아무 은혜도 입은 것이 없지만 은혜를 입었다고 말하며 지나가려는 자를 제발 나를 그냥 떠나가지 말라고 소매 끝을 부여잡는다. 하나님이 진노하고 돌아서실 때에도 전혀 붙잡으려고 하는 간절함이 없었던 그가 오늘 지나가는 나그네를 대해 얼마나 간절히 붙잡고 있는지.

나그네를 대하는 아브라함의 태도와 말은 단순한 겸손이 아니었다. 그날 그들라오멜의 군대를 격파하고 돌아오던 때의 그의 모습과 비교하면 더욱 그러하다. 그 때보다 그의 재산이 더 늘어났으면 늘어났지 결코 줄어들지 않았다. 삶을 사람에게 의탁해야 할 만큼 쪼그라들지 않았던 것이다. 그렇게 인도하여 오신 하나님 또한 여전히 그의 '주'로서 존재하고 있다. 그러기에 그의 외적인 세력도 사람인 누구를 두려워해야 할 만큼 작아지지 않았다. 그런데 그러했던 그가 왜 이렇게 지나가는 나그네 앞에서도 비굴하리만치 굽신거리는 것인가? 이는 겸손이 아니라 비굴함이었다. 더불어 사는 이웃들에 대한 일반적인 감사가 아니라 사람을 대한 굴종이었다.

오늘 그의 태도는 지난 20여 년 세월 동안 그가 어떻게 변해 왔는지를 단적으로 보여준다. 하나님을 대해 굳은 신뢰가 있었던 때는 참으로 의연한 신앙인의 모습이 있었다. 겸손하되 불의에 타협하거나 굴종하지 않는 의연함이 함께 있었고 당당하되 거만하고 불손한 모습이 아니라 의와 선을 잃지 않는 올곧음이 더불어 있었다. 하지만 오늘 그는 대단히 겸손한 듯 사람을 대하고 맞이하지만 그의 이 겸손함은 의연함과 올곧음을 잃어버린 비굴함이 가득 적셔져 있다.

그의 이러한 모습이 하나님을 간절히 찾지도 않고 그의 진노를 크게 두려워하지도 않으며 그의 말씀을 성실히 귀 기울이지 않는 상태에서 나온 것이라는 사실을 주목한다. 곧 그의 신앙이 허물어진 자리에서 나온 것이었다. 신앙을 잃으면서 당당함도 의연함도 함께 사라지고 겸손한 것 같지만 겸손이 지나쳐 오히려 비굴해져 버린 그의 삶이었다. 신앙이 사라질 때 나타나는 결과이다. 지난 20여 년 간 하나님과의 관계가 약화된 그 자리에 인간과의 관계를 더욱 중시하는 태도가 대신 자리하였고 구원에 대한 열망보다는 세상에서의 삶을 더욱 크게 추구하는 모습으로 바꾸어진 것이었다.

신앙 없는 인간의 겸손은 언제든 비굴함으로 바뀔 수 있다. 때로 당당한 것 같을지라도 그 당당함은 의연함이나 올곧음에서 나온 것이 아니라 오만함과 독선을 가지고 있고 때로는 잘못된 신념에서 나오는 것이기도 하다. 재산이 있고 세력이 있고 사람이 있고 번듯한 직장이 있고 남에게 보일만한 어떤 것이 있기에 당당할 수 있지만 그 어느 것 하나라도 잃게 되면 이내 추해지고 마는 것이 인간이다. 그런가 하면 아무것도 가진 것이 없을 때는 무엇인가를 얻기 위해 겸손한 듯한 모습을 보이지만 작은 것 하나라도 소유하게 되면 또 금방 오만해지는 것이 인간이다.

신앙을 잃을 때 인간으로서의 존엄성과 인간됨의 참된 가치마저도 잃게 되는 것을 아브라함은 온 몸으로 보여준다. 신앙 있는 자가 신앙을 잃어버릴 때 얼마나 더 추해지는지를 단적으로 증거하고 있다. 신앙인으로서 똑바로 서는 것이 하나님의 은혜뿐만이 아니라 이 세상에서의 인간다운 삶과 그 존엄성도 지켜준다는 것을 우리는 명심해야 하리라. 생명과 삶의 진정한 가치도 하나님에 대한 올곧은 믿음에서 나온다는 것을 뼈에 새겨야 하리라. 돈이나 학식이나 명예나 권력이나 사람에게서가 아니라는 것을.

병든 잔치집 (창 18:4-7)

"물을 조금 가져오게 하사 당신들의 발을 씻으시고 나무 아래서 쉬소서"(:4)

인적 드문 광야 길을 오래도록 걸어 피곤해진 나그네가 취할 수 있는 가장 평안한 쉼은 어떤 것일까? 이 때 그의 몸에서 가장 혹사당하여 피곤한 부분이 있다면 그것은 발이다. 지금으로부터 4000여년 전의 시대였다. 발을 보호할 변변한 신발이 있을 리 없는 때였다. 짐승의 가죽 같은 것으로 발을 감싼다면 최고의 호사였을 것이고 이나마도 광야의 거친 길을 걷기에는 충분치 않았다. 맨발로 걷는 때가 많았을 테고 따라서 낙타와 같은 짐승을 타고 여행할 수 있는 대상들이나 부유한 사람들을 제외하면 오래도록 길을 걷는 자의 발은 부르틀 수밖에 없다. 더군다나 가나안 땅은 물이 귀하고 나그네에게 쉼을 제공할 수 있는 나무 그늘도 그리 흔치 않은 곳이다. 이러할 때에 사방에 위협이 없는 안전한 곳의 나무 그늘에 앉아 시원한 물에 지친 발을 담근 채 어루만져 씻을 수 있다면 그야말로 가장 편안하고 즐거운 쉼이 될 것이다.

만일 이것이 저절로 주어진 것이 아니라 누군가의 호의로 제공되어질 수 있다면 이보다 더 고마운 일은 없다. 특히 광야나 사막을 지나는 나그네들에게 있어서 물은 생명선이다. 그러므로 충분히 마실 수 있는 물만 제공

받아도 고마운 일인데 발을 씻을 물까지 제공받는다면 고마움과 즐거움은 더욱 커진다. 세 사람의 나그네를 손님으로 맞이한 아브라함은 그들을 나무 그늘에서 쉬게 하고 시원한 물로 발도 좀 씻을 수 있도록 배려한다. 손님에 대한 가장 정성스런 마음의 표현이다. 더구나 이들이 내 집에 정식으로 찾아온 귀한 손님이거나 아는 사람이 아니요 한 번도 본 적이 없는 지나가는 나그네일 때에는 더할 수 없을 만큼 극진한 섬김이다.

아브라함의 오늘 태도는 나그네의 고달픔을 십분 이해한 데서 나올 수 있는 모습이다. 그 자신 길에서 나그네의 때를 보내본 자요 낯선 곳에서 외면당하고 거절당해 본 아픈 기억을 갖고 있는 자이기에 나그네의 지친 몸과 긴장된 마음을 잘 알고 있는 사람이다. 그러하기에 그는 더욱 정성스런 마음으로 나그네들의 피곤함을 위로하고자 했던 것이리라. 20여년 헤브론에 정착하여 살아오며 이미 부유하고 어느 정도의 힘도 지니고 있는 아브라함이다. 지나가는 나그네쯤이야 모르는 척 하고 살아가도 큰 허물 될 것이 없는 그였고 약간의 성의만 보여도 충분하다고 할 수 있다. 하지만 아브라함은 어떤 나그네에게도 최고의 친절을 베풀 수 있는 사람이었다. 약한 자 피곤한 자 길 가는 자들을 외면하고 고개를 세우며 살아가는 사람이 아니라 겸손히 섬기는 삶의 소유자라는 것을 알 수 있다.

고달프고 긴장된 인생 길에서 뜻 모르게 만난 누군가로부터 이런 친절함을 선사받을 수 있다면 얼마나 큰 힘을 얻고 위로를 얻을 수 있겠는가? 오늘 내 삶에 있어서 누군가가 말 없는 섬김으로 다가온다면 참으로 고맙고 감사한 일이다. 아는 자 많으나 진심으로 마음을 터놓고 대화를 나눌 자가 없는 외로운 나그네들의 세상이기 때문에 더욱 그러하다. 내 집 마당 나무 그늘에 나그네를 맞이하여 쉬게 하며 발 씻을 물을 떠다주는 섬김이 있다면 내 인생은 그 자체로 아름답고 풍성해질 것이다.

"내가 떡을 조금 가져오리니 당신들의 마음을 쾌활케 하신 후에 지나가소서 당신들이 종에게 오셨음이니이다 그들이 가로되 네 말대로 그리하라"(:5)

발 씻을 물을 줄 뿐만 아니라 먹을 떡도 조금 가져올 터이니 먹고 몸과 마음의 힘을 얻은 후에 지나가십사고 정중히 권한다. **"당신들의 마음을 쾌활케 하신 후에"**. 나그네 길의 긴장된 마음을 잠시 풀고 마음의 쉼도 충분히 누린 후에 다시 길을 가십시오라는 요청이다. 아브라함의 섬세함이 베여있는 말이다. 몸만 피곤한 것이 아니라 광야 길은 언제 어떤 일이 닥칠지 모르는 곳이기에 잠시도 긴장을 늦출 수 없다. 이러한 긴장으로 인해 마음까지도 대단히 지쳐있다는 것을 알고 편안히 쉬어 마음에 여유를 얻으라고 함이다. 상대의 몸뿐만이 아니라 마음까지도 헤아리는 아브라함이다. 인간의 내면에 대한 이해와 따뜻한 배려는 그가 사람에 대한 인간의 정이 살아있는 사람이라는 것을 보여준다. 아브라함의 이러한 섬세함이 어느 정도인지 우리는 나그네들을 위한 그의 계속되는 접대에서 볼 수 있다.

"아브라함이 급히 장막에 들어가 사라에게 이르러 이르되 속히 고운 가루 세 스아를 가져다가 반죽하여 떡을 만들라 하고"(:6)

집에 있던 양젖이나 소젖 그리고 이미 만들어진 치즈나 빵을 대접하는 것이 아니었다. 이 큰 아브라함의 집에 지금 당장 먹을 수 있는 마른 떡이나 음식이 없을 리 없지만 아브라함은 고운 밀가루로 맛있는 빵을 급히 만들라고 사라에게 말한다. 해가 뜨거운 한낮 오정 즈음이었다. 뜨거운 불판 앞에 앉아 떡을 구워내는 일이 쉽지 않고 유목민들의 관습상 한낮에 새 빵과 같은 음식을 만들어내는 것이 일반적이지도 않다. 있으면 있는 대로 없으면 없는 대로 이미 있는 음식을 그냥 내어 놓아도 손님 접대에 흠이 되는 것은 아니었다.

그런데 왜 아브라함은 떡을 새로 만들라고 하는 것일까? 특히 우리는 여기서 아브라함이 만들라고 하는 떡의 양을 주목해 본다. 고운 가루 세 스아라고 할 때 스아는 약 7.33리터(4되)에 해당하는 부피 단위로써 세 스아라고 하면 22리터, 12되 부피의 양이다. 찾아온 나그네는 세 사람이다. 세 사람이 먹을 수 있는 양이 아무리 많다고 한들 얼마나 되겠는가? 12되, 22리터의 곡식가루로 떡을 만든다고 할 때 이는 수십 일을 두고 먹을 수 있는 엄청난 분량이다. 아무리 배가 고픈들 세 사람이 지금 다 먹을 만한 양이 아니다.

지금 당장의 먹을 한 끼 식사가 아니라 이들의 갈 길이 멀다고 생각하여 남은 여행길에 먹을 수 있는 충분한 양의 떡까지 만들어 주고자 함이었다. 찾아온 저들의 수중에 충분한 양의 떡이 없다는 것을 그들의 차림에서 보았던 것이다. 떡이 다 떨어졌다고 보고 혹시 떡이 필요해서 자기에게 찾아온 것이라고 생각한 것은 아니었는지 생각해 볼 수 있다. 상대가 말하기 전에 그의 필요한 것을 미리 살펴 제공해 주고자 하는 아브라함의 배려이다. 섬세함, 자상함이 물씬 풍겨나는 장면이다. 나그네의 입장에서라면 평생 잊을 수 없는 환대이다.

"아브라함이 또 짐승 떼에 달려가서 기름지고 좋은 송아지를 취하여 하인에게 주니 그가 급히 요리한지라"(:7)

22리터나 되는 엄청난 양의 떡을 준비하는 것만도 대단한데 아브라함은 이에 더하여 기름지고 좋은 송아지까지 한 마리 잡는다. 한 마리의 송아지 고기 양이 이 한 끼만을 위한 것인지 아니면 이들에게 길에서도 먹을 수 있도록 특별히 준비하여 주고자 함인지 확실히 알 수는 없다. 하지만 고기를 제공하는 뜻은 오랜 광야 길에서 오는 고단함을 이겨내려면 이러한 동물성 에너지가 충분히 공급되어야 한다는 것을 알고 있었기 때문이다. 사실 오래도록 험한 길을 걸어야 하는 일은 대단히 힘든 육체적 노동이기에 떡과 같은 식물성 음식만으로는 필요한 에너지를 충분히 얻을 수 없다. 중간 중간에 휴식을 취하고 동물성 단백질과 지방을 충분히 섭취해 주어야 몸이 그 고단함을 이겨낼 수 있다.

  기름지고 좋은 송아지 요리를 준비하여 내는 아브라함의 태도는 손님을 접대하는 최고의 정성을 나타낸다. 가장 육질이 연하고 맛있기는 하지만 가축을 키우는 자들은 어느 누구도 감히 먹기 위해 죽이려고 하지 않는 것이 송아지이다. 그러기에 송아지 고기는 육류 중에 가장 귀하고 비싼 음식이기도 하다. 나그네들에게 시원한 나무 그늘에 앉아 쉬게 하고 찬 물을 떠다주어 피곤한 발을 씻게 한다. 또 빵을 새로 만들어 대접하고 남은 여행길에서도 먹을 수 있도록 준비하여 주는 것만도 나그네에게 줄 수 있는 최고의 정성스런 친절이라고 할 수 있다. 그런데 그 위에 더하여 귀하고 값비싼 송아지까지 잡아 고기를 제공하는 것은 진정 마음에서 우러나오는 극진한 섬김이라고 할 수 있다.

  나그네를 대접함이 어떤 것인지 섬김이란 어떤 것인지 아브라함은 광야 시대를 배경으로 하여 온 몸으로 보여준다. 오늘 아브라함의 집은 갑자기 찾아온 전혀 낯모르는 나그네를 대접하기 위해 갑자기 부산해진다. 떡을 만들고 송아지를 잡아 고기를 요리하는 이 집은 어쩌면 갑자기 생겨난 잔치집과도 같은 분위기가 아니었겠는가? 이러한 아브라함의 섬김은 사람으로서 이 세상에 살면서 행할 수 있는 최고의 섬김이요 사랑이라고 할 수 있다. 왜 하나님께서 아브라함을 당신의 선지자로 삼아 신앙의 조상으로 세우고자 하셨는지 또 그가 어떻게 가나안까지 오는 수고를 할 수 있는 사람이었는지 그 이유를 생각하게 해 주는 부분이기도 하다.

하지만 여기서도 우리는 참으로 중요한 신앙과 삶의 문제 한 가지를 생각하게 된다. 그것은 거의 완벽하다고 할 수 있는 삶의 소유자라고 해서 그리고 그 위에 하나님을 믿는 신앙을 소유하고 있다고 해서 그의 신앙이 온전하다고 할 수 있느냐 하는 문제이다. 오늘 우리가 아브라함과 같은 사람이 내 이웃으로 살고 있는 것을 보고 있다면 과연 어떻게 판단할까? 지금 우리들의 일반적인 기준에서 생각해 본다면 그 대답은 정말 좋은 신앙인이라고 할 것이 틀림없다. 하지만 정말로 그러한가? 이러한 아브라함의 삶이지만 하나님과의 만남에서 나타난 하나님을 대한 신앙과는 분명한 괴리가 있다는 것을 우리는 다시 한 번 생각할 수밖에 없다.

어떤 면에서 오늘 많은 사람들이 오해하는 것이 바로 이 부분이다. 곧 그 사람이 천성적으로 성품이 좋은 것을 두고 신앙이 좋다고 여기게 되는 경우이다. 본래 정직하고 성실한 사람, 본래 선하고 남 돕기를 잘하는 사람은 신앙인이 아니더라도 많이 있다. 그런데 이러한 사람이 신앙 안에 들어올 경우 그가 신앙에 대하여 아직 알아야 될 것을 알지 못할지라도 이러한 그의 삶 때문에 사람들은 그의 신앙이 좋다고 여길 수 있게 되는 것이다. 어쩌면 아브라함이 지금 하나님과의 관계에서 나타내 보이는 신앙의 문제점도 이와 같은 사람과의 관계에서 나타내 보이는 흠 없는 삶의 태도 때문에 생겨난 것인지도 모른다. 하나님을 믿고 있고 지나가는 사람 누구에게라도 소홀히 대하지 않는 이러한 모습이 사람들로 하여금 그의 신앙을 좋다고 말하게 하고 그 스스로도 거기에 만족하고 있는 것일 수도 있기 때문이다.

과연 아브라함은 기름지고 좋은 송아지를 잡아 나그네를 대접하는 것과 같은 마음으로 하나님께 예물을 드리려고 해 본 적이 있었을까? 나그네에게 그의 남은 여행길까지 배려하여 고운 가루로 충분한 양식을 준비하는 것과 같이 하나님을 섬기려고 한 적이 있었을까? 그의 온 집이 나그네를 영접하기 위해 마치 잔치집처럼 부산을 떨 때 아브라함은 하나님을 섬기는 일로 온 집안이 이렇게 흥겹도록 한 적이 있었던 것일까? 적어도 이스마엘이 탄생한 이후 지난 13년의 세월동안 말이다.

사람과의 관계가 아무리 원만해도 그것이 신앙의 척도가 될 수는 없다는 사실을 본다. 하나님과의 관계가 얼마나 바르냐 하는 것만이 신앙의 유일한 기준이며 사람과의 관계는 이 신앙의 관계 하에서 이루어져야 한다는 것을 알게 된다. 그러기에 때로 신앙을 지키기 위해서 그리고 불의한 죄와 타협하지 않기 위해서라면 죄의 길에 서서 죄의 길을 따를 것을 요구하고 유혹하는 사람들과는 불화할 수 있어야 하는 것이다. **"내가 세상에 화평을 주러 온 줄로 생각지 말라 화평이 아니요 검을 주러 왔노라"**(마 10:34)하는 말씀이 바로 그것이다. 의를 위해 인간과 불화하게 되는 것이 때로 화평을 이루는 것보다 더욱 힘들다는 것을 우리는 우리의 신앙 길에서 참으로 많이 느끼게 될 것이다. 그가 참된 신앙의 길을 걷고자 하는 사람일수록 말이다.

내 삶이 아무리 온전한 것 같이 보여도 하나님과의 관계가 올바르게 정립되어 있지 않으면 그 삶은 속으로 누추하고 병들 수밖에 없다. 때로는 사람과의 원만한 관계가 우리의 신앙을 속이게 만드는 것이 될 수도 있다는 것을 명심해야 한다.

무당의 말씀 하나님의 말 (창 18:8-10)

"아브라함이 뻐터와 우유와 하인이 요리한 송아지를 가져다가 그들의 앞에 진설하고 나무 아래 모셔 서매 그들이 먹으니라"(:8)

뻐터와 우유와 송아지고기 요리 등 이 모두는 동물성 음식이다. 이러한 음식은 체력 소모가 심한 광야 여행을 무사히 마치기 위해 필수적으로 필요한 동물성 지방과 단백질을 공급해 주는 음식들이다. 아브라함이 이러한 음식들로 준비한 것은 이와 같은 내용을 충분히 알고 배려한 것이라는 사실을 분명히 읽을 수 있다. 특히 22리터나 되는 고운 곡식가루로 준비케 한 빵이 여기 올라와 있지 않다. 물론 이 식탁에도 떡이 차려져 있을 수 있다. 하지만 그 떡이 차려진 음식의 목록에 빠져 있는 것은 적어도 아브라함이 지금 먹을 수 있도록 주로 준비한 것은 동물성 음식들이었다는 것을 알려준다. 떡은 저들이 광야 길에서 먹을 수 있도록 따로 준비되어 있었을 것은 두말할 필요가 없다.

이토록 세밀하게 저들의 사정을 미리 살펴 음식을 준비한 아브라함은 저들이 음식을 먹는 동안 그들의 곁에 서 있는다. 마치 먼 길 떠났다가 돌아온 주인을 위해 음식을 정성껏 준비하여 차린 종이 주인 곁에 서서 수발드는 모습을 연상케 한다. 그들이 무엇이든 말만 하면 그대로 할 참이다. 참으로 아름다운 한 폭의 그림 같은 장면이다. 아브라함에게는 하인이 많이 있다. 그러기에 손님에게 필요한 것들을 하인에게 시키고 자신은 뒤로 물러나 앉아 주인으로서 그리고 베푸는 자로서의 점잖은 권위를 지니고자 할 수도 있었다. 하지만 아브라함은 몸소 자기 집을 찾아온 자들의 종이 된 것처럼 겸손하게 서서 섬긴다.

지금 이 땅에서 그가 어떤 마음과 태도로 살아가고 있는지를 한 눈에 그려볼 수 있게 하는 장면이다. 오만하지 않고 누구에게나 겸손하며 선하게 대하고자 하는 것이 저의 마음가짐이라는 것을 쉽게 짐작할 수 있다. 이러한 태도가 그의 삶에 어떤 결과를 가져다주고 있는 것인지 생각해 보는 것도 그리 어려운 일은 아니다. 사람들로부터 인정받고 칭찬받고 있으리라는 것을.

하지만 이것이 오히려 아브라함으로 하여금 그의 신앙을 흐리게 하고 그 실체가 어떻게 퇴색되고 있는지를 간과하게 만들었던 것은 아닌지. 사람과의 관계를 좋게 하고자 하는 것에 지나치게 집착하고 그 좋은 결과에 도취한 나머지 하나님과의 관계와 사람과의 관계를 분별하지 못하게 된 것은 아닌지 다시 한 번 생각해 보게 된다. 오늘 우리의 삶 속에서도 사람과의 좋은 관계를 해치게 될까봐 염려하여 또 그 좋은 관계를 유지하기 위해 신앙을 양보하는 경우가 많은 것을 보기 때문이다. 명백한 악에 대해서도 상대의 기분과 감정과 관계를 고려하고 또 사회적으로 내게 미칠 불이익 때문에 대단히 유화적으로 말하거나 못 본 척 묵인하고 피해가는 경향이 있는 것이다.

나그네는 시원한 나무 그늘에 앉아서 정성껏 차려진 귀한 음식을 먹고 큰 인물인 주인은 곁에 공손히 서서 수발드는 모습은 그림 같은 모습이다. 어쩌면 아브라함은 나그네들이 맛있게 먹어주는 것이 흡족하고 그들이 떠나며 남길 감사하다는 말과 자신에 대해 갖게 될 선한 인상을 기대하며 스스로 만족하고 있었을 것이다. 하지만 이제 상황은 이러한 기대와는 전혀 다른 곳으로 흘러간다.

"그들이 아브라함에게 이르되 네 아내 사라가 어디 있느냐 대답하되 장막에 있나이다"(:9)

정성껏 차려준 음식을 대하는 나그네들이 자신들의 곁에 서있는 아브라함에게 문득 묻는다. **"네 아내 사라가 어디 있느냐"**라고. 고대 사회에서 그리고 그 풍속이 아직도 남아있는 오늘날 중근동 지역에서는 집안의 여자가 자기 집을 찾아온 외부 사람이나 낯선 손님에게 얼굴을 보이는 것은 금기시 되어 있다. 훗날 이삭의 아내가 될 리브가 멀리서 이삭을 처음으로 바라보게 되자 면박을 취하여 얼굴을 가린 것은 이러한 풍습을 확인하여 주고 있다. 지금 아브라함이 손님을 접대하느라 분주한 이 자리에 사라가 함께 있지 않고 장막 안에 머물러 있다는 것도 그러하다. 아브라함 당시에도 집의 여주인은 뒤에서 손님을 위해 필요한 음식을 준비는 할지언정 직접 얼굴을 대면하여 손님을 맞이하는 것은 관습이 아니었던 것이다. 그러므로 이러한 관습 아래서는 찾아온 손님 자신도 그 집 여주인의 얼굴을 보려거나 그를 묻고 찾는 일은 대단한 무례였다.

그런데 아브라함으로부터 감히 기대할 수 없는 융숭한 대접을 받고 있는 나그네들이 갑자기 이 집의 여주인 사라를 찾는다. 이는 그러한 관습이 없을지라도 대단히 무례한 행동이다. 아브라함의 입장에서 보면 대단히 불쾌한 일이요 지금까지의 정성이 헛수고로 변해 버리는 순간이다. 하지만 이러한 불쾌감을 느끼기도 전에 그의 머리를 후려치고 지나가는 것과 같은 충격이 있다. 그것은 이들이 아브라함의 아내의 이름을 '사라'라고 정확히 호칭하고 있다는 점이다.

　사라라는 이름은 불과 며칠 전 하나님께서 새로이 지어준 이름이다. 이 이름을 외부 사람이 그것도 한 번도 본 적이 없는 낯선 나그네가 알고 있다는 것은 이해할 수 없는 일이다. 아브라함 자신도 그 이름에 대해 아직 적응이 되어 있지 않고 사래라는 이전의 이름으로 그녀를 부르는 것이 더 자연스러운 때였다. 어쩌면 이삭의 탄생을 말하지 않고 감추었던 것처럼 '열국의 아비' '열국의 어미'라고 하는 자신과 아내의 이름에 대해서도 사람들 앞에서 아직 공개적으로 말하지 않고 있었을 수도 있다. 그 이름의 무게 때문에 두 사람만이 비밀처럼 간직한 채로. 그런데 바로 그 이름의 비밀을 낯선 나그네들이 드러내고 있는 것이다.

　낯선 나그네가 정성껏 차려준 음식을 그저 감사하게 먹고 가면 되지 왜 그 집 여주인이 어디 있느냐고 묻는 것인가? 더군다나 여주인의 이름을 정확히 알고 있는 것은 어찌된 일인가? 적어도 이들의 물음은 자신들이 그냥 지나가는 평범한 나그네가 아니라는 사실을 드러내는 효과가 있다. 단순히 나그네를 잘 대접하여 보내야겠다고 생각하고 정성을 다하는 아브라함으로 하여금 정신이 번쩍 들게 하는 무언가가 이 말 속에 들어가 있는 것이다. 물론 이들의 말은 장막 안에서 이 말을 듣는 사라의 마음에도 깜짝 놀라게 하는 결과가 있었을 것임은 분명하다. 그런데 이어서 이들의 입을 통해 흘러 나오는 말은 더욱 충격적이다.

"그가 가라사대 기한이 이를 때에 내가 정녕 네게로 돌아오리니 네 아내 사라에게 아들이 있으리라 하시니 사라가 그 뒤 장막문에서 들었더라"(:10)

오늘 하나님께서 왜 이들을 아브라함에게 보내셨는지 그 이유를 뚜렷이 드러낸다. 지금 이들의 말은 바로 며칠 전 하나님께서 아브라함에게 언약으로 들려주셨던 내용이다. 그런데 왜 지금 또 다시 그 약속을 사람의 입을 통해 듣게 하시는가? 만일 아브라함이 이를 분명하게 인식하고 있었다면, 사라 또한 아브라함의 말을 확실하게 전해 듣고 아브라함의 믿음을 그 속에서 확인하였더라면 지금의 사건이 필요한 것인가? 그래서 두 사람이 이 언약의 실현을 기대하고 있고 이를 공동체에게 알려 공동체 또한 이를 궁금히 여기며 기다리고 있다면 또 이 공동체의 사람들을 통해 공동체 밖의 사람들도 이 소식을 소문처럼 전해 듣고 이를 신기해하며 화제거리로 삼고 있다면 지금 이 언약의 말씀을 다시 들려주어야 할 이유가 있겠는가?

나그네들이 전하는 이 언약은 며칠 전 아브라함이 이를 믿지 아니함으로 인해 하나님께서 화를 내며 떠나가셨던 바로 그 언약이다. 그 언약을 오늘 아브라함은 전혀 낯선 나그네들로부터 다시금 듣고 있다. 그저 비슷하다거나 우연히 일치한 것이라고는 조금도 생각할 수 없는 그 언약이다. 그 때는 하나님의 면전에서 그 말씀을 부인하였지만 오늘 생각도 못한 사람들의 입을 통해 그 내용을 다시 듣게 될 때 이를 쉽게 부인할 수 있겠는가? 만일 이전에 하나님으로부터 먼저 들은 것이 없었더라면 오늘 이들의 말도 웃음거리에 불과할 뿐이었다. 하지만 지금 이들의 말은 결코 가벼이 대할 수 없는 무게를 지니고 다가온다. 왜냐하면 자신이 처음 하나님의 언약 앞에 나타내 보였던 태도와 그래서 하나님께서 화를 내시며 떠나가셨던 그 상황을 떠올리게 만들기 때문이다.

하나님께서는 당신의 말씀을 전혀 믿으려 하지 않는 아브라함을 대해 오늘 당신의 천사들을 보내셔서 그 말씀을 다시 듣게 하시는 것이었다. 하나님의 약속을 다시금 진지하게 생각하고 받아들이도록 하기 위함이었다. 더군다나 이 말씀을 지금까지 아브라함이 나그네를 섬기는 모든 과정을 다 행하게 한 후 들려주신다. 나그네들의 곁에 종처럼 서서 시중을 들고자 하는 아브라함의 모습을 배경으로 하고서였다. 왜인가? 사람을 대해서는 지극 정성을 다하여 섬기고 사람의 말은 그 어떤 말이라도 주의하여 듣고 행하고자 한다. 하지만 하나님의 찾아오심을 아무렇지도 않게 맞이하고 그의 말씀일지라도 아주 가볍게 소홀히 여긴 아브라함이었다. 이러한 상이한 두 모습을 오버랩시켜 나타내고 있는 것이다.

이스라엘이 광야에 있을 때 모압 왕 발락이 하나님의 이름으로 이스라엘을 저주하려 하여 메소포타미아의 브돌에 사는 발람이라는 선지자를 데려오고자 한다. 발람이 발락에게로 갈 때 하나님께서는 나귀의 입을 열어 선지자의 잘못된 길을 책망하신다. 사람이 하나님의 음성을 듣고도 분별하지 못할 때 짐승의 입을 열어서라도 알 것을 알게 하시는 장면이었다.

예수 그리스도께서 이스라엘 땅에 오실 때에도 그 땅에 하나님의 말씀을 가르치는 선지자 제사장들이 많이 있었지만 저 멀리 세 사람의 동방박사들을 불러 그 소식을 전하도록 하셨다. 오늘 아브라함에게 세 명의 나그네를 통하여 하나님의 계시의 말씀을 들려주시는 것과 똑같은 구도이다. 하나님의 말씀을 직접 듣고 알 수 있는 귀와 마음이 닫혀진 때문이었다. 신령한 말씀을 듣고 분별할 수 있는 영적 지혜가 막혀진 자들이었기에 인간의 목소리를 통해서라도 듣게 하시는 것이었다.

오늘도 우리는 어떤 점쟁이가 무엇인가 들을만한 '말씀'을 들려주면 귀가 솔깃해서 듣는다. 혹 술 취한 자, 정신없는 자가 당신 부자 되겠소 당신 크게 될 인물이요 '말씀' 하면 쓸데없는 말인 줄 알면서도 속으로는 좋아하고 누군가에게 이를 들려주고자 할 것이다. 하지만 하나님의 '말'에는 얼마나 귀를 기울이는가? 내게 허황된 복을 말하는 지나가는 무당, 점쟁이 노파의 다 헤진 '말씀' 만큼이라도 관심을 두고 있는 것인가? 어떤 술취한 주정뱅이의 '말씀' 만큼이라도 여기는 것일까?

하나님께서 하나님 나라의 역사를 통해 많은 선지자들을 세우고 보내신 것은 왜였는가? 하나님의 직접적인 음성을 들을 수 있는 귀가 막힌 자들이기에 대신 분명히 알아들을 수 있는 사람의 목소리를 통해서라도 당신의 말씀을 전하며 저들로 바른 길 가도록 하기 위함이 아니었는가? 하지만 이 시대는 부르지도 아니한 선지자가 듣지도 아니한 말을 저 혼자 지껄여도 잘도 듣는다. **"이 땅에 기괴하고 놀라운 일이 있도다 선지자들은 거짓을 예언하며 제사장들은 자기 권력으로 다스리며 내 백성은 그것을 좋게 여기니 그 결국에는 너희가 어찌하려느냐"**(렘 5:30-31). 소경이 소경을 인도하고 귀머거리가 귀머거리를 이끄는 것처럼.

하나님과 대면하여 말씀을 듣던 아브라함이었다. 그런 그가 이스마엘의 탄생 이후 그 신령한 귀가 막혀버렸다. 현실의 평안함에 안주하며 현재의 삶을 변화시킬 수 있는 어떤 변화도 거부하는 마음이 되어 버렸다. 그러한 아브라함을 대해 하나님께서는 당신의 사자들을 낯선 나그네로 보내셔서 잠자는 마음이 깨어나도록 하신다. 사람에 대해서는 지극히 민감한 아브라함을 보고 알고 계셨기에 말이다.

세상에서 들려오는 소리에는 극히 민감하여 스스로 어떻게 반응해야 할지를 살핀다. 이 소리를 듣고 어떻게 판단하는 것이 유리한지 쉬지 않고 계산한다. 하지만 하나님의 말씀에 대해서는 스쳐 지나가는 바람 소리만큼도 예민하게 느끼지 못하는 것이 오늘의 우리가 아니던가? 그러하니 세상의 되어지는 일들 속에서라도 당신의 뜻을 담아 전하고자 하나 그마저도 분별하지 못한다. 다가오는 모든 결과들을 뻔히 보아 알면서도 애써 외면하고자 하는 우리들이다.

할 일을 하지 못하니 (창 18:9-10)

"그들이 아브라함에게 이르되 네 아내 사라가 어디 있느냐 대답하되 장막에 있나이다"(:9)

하나님은 당신이 보내신 사자들을 통해 사라가 어디 있느냐고 물으신다. 인간의 관습으로 본다면 대단히 무례하고 불쾌한 일이다. 낯선 나그네가 자신을 영접하고 모든 편의를 정성껏 제공하여 준 집에서 그 집 여주인에 대해 묻는 것은 그 정성을 욕되게 하는 커다란 실수이다. 사람들은 이러한 관습을 대단히 소중히 여기고 이러한 것을 규칙으로 삼아 서로의 삶의 영역을 지키고자 한다. 그러므로 나그네들은 아브라함의 극진한 대접에 감사하고 그의 섬김을 칭찬해야 하는 것이 당연할 것 같고 아브라함도 이러한 것을 기대하고 있었다. 그러나 하나님은 오히려 그의 수고에 답하기 보다는 이러힌 괸습을 께어 버리심으로 아브라함의 모든 수고를 무위로 돌려버리신다. 왜 그런 것일까?

그것은 인간이 사람 사이의 관습을 하나님의 법보다도 우선하고 있기 때문이었다. 관습을 지켜 사람들 사이에서 인정받고 칭찬받는 그것으로 자기 스스로를 그럴듯한 사람으로 여기고 있었다. 반면 이 때문에 하나님에 대해서는 얼마나 부족한지 알지 못하고 알려고도 하지 않기 때문이었다. 사람 사이의 관계 때문에 정작 보아야 할 소중한 것을 보지 못하고 반드시 알아야 할 것을 알려고 하지 않기 때문이었다.

그러므로 하나님께서 이러한 관습을 깨어 버리실 때 이는 관습이나 사람 사이의 약속된 룰을 지켜 사는 것보다 하나님의 법을 아는 것이 더 중요하다는 것을 나타낸다. 사람들 사이에 정해진 룰을 지켜 사는 것은 인생이 사는 동안 잠시 유익을 얻게 하지만 하나님의 법을 지키는 것은 영원한 유익을 주기 때문이다. 사람 사이에 혹 관습을 어겨 제재를 당하면 그 불이익은 인생의 사는 동안 잠시이지만 하나님으로부터 인정을 받지 못하면 그것은 영원한 고통이 되기 때문이다. 그러므로 사람과 사람 사이에 정해진 룰을 알고 지키는 것보다 하나님의 법을 알고 지키는 것이 더 소중하고 우선해야 하는 것을 우리에게 알려준다.

사람의 관습과 신앙 이 둘이 서로 충돌함이 없이 함께 갈 수 있다면 다행이다. 하지만 이 둘이 서로 대립 될 때 어느 쪽을 선택하여야 하겠는가? 사람이 내게 관습을 어기는 행동을 한다면 내가 대단히 불쾌하게 여기며 때로는 불같이 화를 내고 그 무례함을 비난하고자 할 수도 있다. 때로는 이것이 이웃 혹은 부족 집단 간에 나아가 나라와 나라 사이에 전쟁을 일으킬 수도 있다. 하지만 내가 하나님의 법을 어기는 것에 대해서 하나님은 어떻게 받아들이실지 생각해 본 적이 있는가? 아브라함이 자신의 정성에도 불구하고 나그네들이 관습을 깨는 무례한 행동을 한다고 해서 기분 나쁘게 여기고 혹 이를 따지고자 하는 마음이 있을 수도 있다. 그렇다면 자신이 하나님과의 만남에서 하나님의 말씀을 거스르므로 그를 화나게 한 것에 대해서는 어떤 책임을 져야 하는 것일까?

교회가 신앙을 전파하는 중에 때로 부닥치는 심각한 문제가 이것이다. 신앙이 중남미, 아시아, 아프리카 등의 지역들로 넓혀져 갈 때 지역 사회의 토착 문화와 타협하여 그들의 전통과 관습을 신앙의 영역 속에 포함시켜 왔다. 그 결과 각각 기묘한 형태의 종교의식을 지니게 된 것이 바로 이러한 문제를 보여준다. 관습과 전통을 신앙 속에 포함시켜 포용한 것 같지만 실제로는 신앙을 그러한 미신적 전통과 관습 속에 복속시켜 버린 것이었다. 잃지 말아야 할 신앙의 소중한 가치들을 탈색시켜 버린 채 말이다. 그런데 이것이 오늘날도 교회 속으로 그대로 스멀스멀 기어들어와 그 중심부를 차지하고 있다. 성도들의 의식과 교회의 문화와 가치관 속에 말이다.

하나님의 사자들이 지극 정성으로 음식을 장만하고 섬기는 아브라함의 행위가 다 이루어진 다음에 일부러 관습을 깨는 이러한 행위를 하는 것은 왜일까? 사람을 섬기되 마치 하나님 섬기듯 하며 사람과의 관계를 하나님과의 관계보다 더 소중히 여기는 아브라함이었다. 그것 때문에 사람들 사이의 관습을 하나님의 말씀보다도 더 중하게 여기는 아브라함의 삶의 틀을 깨 버리고자 하심이 아니겠는가? 그 속에 갇혀져서 그것으로 신앙의 기준을 삼고 살아가는 아브라함이었기에 그것을 지적하여 신앙이 자리할 수 있는 공간을 넓히고자 하심이 아니겠는가?

"그가 가라사대 기한이 이를 때에 내가 정녕 네게로 돌아오리니 네 아내 사라에게 아들이 있으리라 하시니 사라가 그 뒤 장막문에서 들었더라"(:10)

하나님은 수일 전 아브라함에게 들려주셨던 아들에 대한 약속의 말씀을 다시 하시면서 굳이 사라의 존재를 묻는다. 그리고 나그네들의 말을 사라가 그 뒤 장막 문에서 들었다고 성경은 전하고 있다. 그들이 사라의 존재를 물었던 것은 사라가 어디 있는지 몰라서가 아니라 사라의 주의를 끌기 위해서였다. 그리고 나서 하나님의 약속을 전하는 것은 사라가 이를 분명하게 들을 수 있도록 하기 위함이었다. 따라서 이는 사라가 이 약속을 아브라함으로부터 전해 듣지 못했다는 사실을 증거하고 있다. 아브라함이 불가능하다고 여겨 숨겼던 언약을 사라에게 직접 전하고 있는 것이었다.

나그네들의 입에서 사라라는 이름이 들려지고 이어서 하나님의 약속이 들려질 때 아브라함의 마음은 어떠했을까? 사라에게 이 언약을 들려주는 일은 아브라함 자신에게 주어진 사명이었다. 사라에게 뿐만이 아니라 공동체 전체에 대한 책무였다. 그런데 아브라함 자신이 이 책임을 이행하지 못하였을 때 하나님 자신이 직접 당신의 천사들을 보내셔서 이 일을 행하시는 것이었다. 아브라함의 마음은 납덩이처럼 무거워지지 않았겠는가? 하나님께서 아브라함에게 지금 이 순간 요구하고 있는 마음이 아니겠는가?

하나님께서 우리에게 하나님 나라의 일을 맡기실 때 사람이 없어서 나에게 맡기신 것이 아니라는 사실을 알아야 한다. 하나님은 당신의 천사들을 보내셔서 이 땅에 필요한 모든 일을 당신이 직접 할 수도 있다. 그러나 내게 맡겨진 일을 다하지 못함으로 인해 그 일이 다른 사람에게 주어지는 그 때 버림받은 자의 처절함이 어떠할지 알아야 한다. 한 달란트를 받았으나 그것을 숨겨두고 명한 대로 행하지 않은 자가 그것을 빼앗기고 밖에 쫓겨나 슬피 우는 결과를 예수님은 말씀하신다.

희미한 웃음 (창 18:11-12)

"아브라함과 사라가 나이 많아 늙었고 사라의 경수는 끊어졌는지라 사라가 속으로 웃고 이르되 내가 노쇠하였고 내 주인도 늙었으니 내게 어찌 낙이 있으리요"(:11-12)

나그네들이 전하는 자손의 언약에 대해 사라는 어떻게 반응하는 것일까? 먼저 보게 되는 것은 이 말씀에 대해 아브라함이 어떻게 반응하고 있었는가 하는 것은 생략되어 있다는 점이다. 그리고 다만 사라의 반응만이 기록되고 있다. 그것은 지금 이 순간에 아브라함이 이를 어떻게 받아들이고 반응하느냐 하는 것은 그리 중요하지도 않고 또 굳이 기록하여 설명할 필요도 없다는 것을 나타낸다. 그러므로 중요한 것은 사라에게 이 말씀을 전하고자 하는 것이라는 사실을 우리는 확인하게 된다. 물론 사라의 반응을 통해 역으로 아브라함에게 전하고자 하는 메시지 또한 함께 있다는 것을 우리는 분명히 알 수 있다.

사라 또한 그 때 아브라함이 하나님 앞에서 엎드려 그러했던 것처럼 속으로 웃는다. 이 웃음은 아무도 보는 자 없었고 보고 있었을지라도 알지 못하는 웃음이었다. 장막 뒤 보이지 않는 곳에 있었기에 아브라함이나 이들 나그네들이나 알 수 없는 일이었고 속으로 혼자 웃는 웃음이었기에 더욱 그러했다. 그런데 이 웃음은 어떤 의미를 가지고 있는 것일까? 아브라함의 웃음처럼 있을 수 없는 일이라고 비웃는 듯한 그러한 웃음인 것일까? **"내가 노쇠하였고 내 주인도 늙었으니 내게 어찌 낙이 있으리요"**라는 사라의 말은 표면적으로는 '이 늙은이에게 어찌 그러한 일이…' 라는 내용이 담겨져 있고 그러므로 그 가능성에 대한 의심과 불신이 들어가 있는 말처럼 들린다. 하지만 우리는 그녀의 말 속에서 아브라함이 하나님께 나타냈던 무조건적인 거부감과는 다른 어떤 희미한 감정의 흐름을 보게 된다.

"내게 어찌 낙이 있으리요". 이 말의 의미는 나도 늙었고 내 남편도 늙었는데 어찌 그러한 기쁨이나 즐거움이 있을 수 있겠습니까 하는 말이다. 좀더 자세히 말한다면 아들을 얻게 되는 그 기쁨이 어찌 이 늙은이에게 가능하겠습니까 하는 말이다. 즉 여기서 낙(기쁨 즐거움)이라고 표현되는 말은 아들을 얻게 되는 사실을 가리킨다. 그러므로 그녀의 이 말은 나그네들이 전하는 이 말을 믿지 못하고 거부하는 것이 아니라 그러한 일이 있으면 좋겠지만 나이가 있고 육체가 노쇠하였는데 어찌 그러한 일이 있을 수 있겠느냐고 하는 의미인 것이다. 자녀에 대한 간절한 기다림이 있지만 이제는 꿈과 기대를 접어버리고 체념해 버린 여인의 한스러운 고백이다.

그녀의 말 속에는 부정이나 불신이라기보다는 자식 없이 늙어가는 자신의 삶에 대한 체념의 마음이 들어있다. 동시에 지금이라도 그러한 일이 있게 된다면 얼마나 좋겠습니까 하는 소망이 담겨 있는 것이기도 하다. 아들 자체에 대한 소망과 미련이 오히려 이 속에 강하게 담겨 있는 그러한 말인 것이다. 비록 그녀에게 아들이 없어 소망이나 즐거움이 없지만 만일 아들이 있게 된다면 그것이 그녀의 기쁨과 즐거움이 되리라는 의미를 함축하고 있다. 즉 희미하게나마 여전히 마음 속에 불씨처럼 꺼지지 않고 남아 있는 아들에 대한 미련과 소망 그리고 아쉬움과 설움 같은 감정이 함께 묻어나는 표현이다. 그러므로 사라의 속으로 웃는 이 웃음은 그 날 아브라함의 비웃는 것과 같은 웃음과 달리 마치 가을날 허공을 향한 것과 같은 쓸쓸하고도 허전한 웃음이라고 할 수 있다. 남들 다 낳는 아들 하나 얻지 못한 채 노년을 맞이한 여인의 허허로운 웃음이다.

왜 아브라함과 사라의 웃음에 이러한 차이가 나는가? 먼저 아브라함에게는 이스마엘이라는 아들이 있었고 그 아들로 인해 충분한 만족감을 누리고 있었다는 점이 중요하게 나타난다. **"이스마엘이나 하나님 앞에 살기를 원하나이다"**라는 아브라함의 말이 이를 입증하여 준다. 만일 아브라함에게 이스마엘이 없었다면 과연 그렇게 강하게 불신하고 거부할 수 있었던 것일까? 반면 사라는 어떠한가? 아브라함은 이스마엘을 인해 후사에 대한 욕구를 충족시킬 수 있었지만 사라는 그 아들이 자신의 아들이 아니었다. 오히려 그로 인해 늘 자기 곁에 있었던 아브라함의 관심마저도 잃어버렸다.

그리고 그 아들이 신앙의 자녀가 되지 못하고 있음을 보고 있었다. 그가 아브라함의 후사가 될 때 이 집이 어떻게 되리라는 것과 그의 어미 하갈이 이 집의 모든 것을 차지하게 되리라는 것도 알고 있었다. 그리고 결과적으로 자신이 희생하고 수고하여 얻은 이 모든 것을 잃어버리게 되리라는 것까지도. 더군다나 그 아들이 사라 자신의 잘못된 판단으로 생겨난 것이기에 그녀는 인생의 황혼에서 만족하게 저녁노을을 보고 있는 것이 아니라 쓸쓸하게 한스러운 마음으로 지는 해를 보고 있었던 것이다.

하나님은 아브라함이 믿지 못한 언약을 왜 이토록 급하게 당신의 사자들을 보내어 사라에게 알려주시는 것일까? 이 언약은 누구보다도 사라에게 평생을 기다리고 기다리던 복음이었다. 만일 아브라함이 이것을 분명히 믿고 사라에게 전하였더라면, 혹 사라가 괜한 말을 하지 말라고 핀잔을 줄지라도 믿음을 갖고 내년을 함께 기다려 보자고 했더라면 어떻게 되었을까? 늙은 여자로서 아기를 임신하는 부끄러움이 있었겠지만 분명 새로운 설레임과 기대가 생겨나지 않았겠는가? 아기를 잉태하는 기쁨, 아이를 낳고 기르는 즐거움을 누려보지 못한 여인의 한스러움을 이해한다면 이는 분명한 사실이다. 예수님 때에 요한을 잉태한 엘리사벳을 주목하여 본다면 이는 확연해진다. 그런데 아브라함은 자기에게 아들이 있다는 이유로 이 언약을 기대하지도 않았고 사라에게 전하지도 않은 채 마음 한 구석에 감추어버렸던 것이다.

하나님께서 내게 맡기신 사역을 소홀히 여기고 그 책임을 다하지 못할 때 그것은 다른 사람이 누려야 할 삶의 가장 소중한 기쁨을 빼앗는 것이라는 사실을 아는가? 피어나는 꽃처럼 새롭게 돋우어져야 할 생명을 무참히 짓밟는 행위라는 사실을 아는가? 바로 아브라함이 사라에게 이와 같았던 것이다. **"내가 복음을 전할찌라도 자랑할 것이 없음은 내가 부득불 할 일임이라 만일 복음을 전하지 아니하면 내게 화가 있을 것임이로라"**(고전 9:16)는 사도의 고백이 이를 나타내고 있다.

도저히 가능성이 없다고 여겨질 때 하나님은 가능성으로 다가오신다. 소망이 있을 수 없다고 느껴지는 때에 하나님은 희망의 등불을 켜고 다가오신다. 그 때 우리는 어떻게 하나님을 대할 것인가? 내 스스로 희망과 가능성을 갖고서 하나님을 기다리고 찾을 것인가 아니면 의심과 거부로 하나님을 맞이할 것인가? 오늘 하나님께서 아브라함이 무시하고 내버린 아들에 대한 언약을 다시 주워들고 사라에게로 오신 것은 왜일까? 사라에게 있는 희미한 신앙의 불씨, 체념과 아쉬움과 서글픔에 싸여 빛을 잃어버린 그 불씨를 다시 살리기 위해서가 아니겠는가? 분명 1년 후에 현실로 나타날 결과요 가장 놀라운 하나님의 은혜임에도 아무도 기대하는 자 없고 기다리는 자 없는 속에서 사라만이라도 알고 준비하도록 하기 위해서였다. 그 되어질 일이 결코 우연이 아니라 하나님의 은혜와 섭리로 되어졌고 언약의 증거로 되어진 것이라는 사실을 세상에 알려줄 증인이 되도록 말이다.

하나님의 은혜를 덧입고도 벙어리 같은 자, 그저 우연히 된 일로 여기는 자가 있고 놀라운 은혜 속에서도 하나님을 전혀 발견하지 못하는 자가 있다. 그들은 불가능을 가능으로 바꾸시는 하나님을 기대하지 않는 자요 하나님의 것이 아닌 세상의 것으로 대리 만족하고 사는 자들이다. 다니엘이 예루살렘이 멸망당해 완전히 폐허가 된 이후에도 예루살렘을 향하여 난 창을 열고 어떤 죽음의 위협 속에서도 그 창을 닫지 아니했다. 70년이 지나면 예루살렘을 회복시켜 주리라는 하나님의 언약을 믿고 준비하였으며 하나님은 그를 통해 언약대로 예루살렘의 회복을 이루어 주셨다.

늙어 오히려 청청함은 (창 18:11-12)

"아브라함과 사라가 나이 많아 늙었고 사라의 경수는 끊어졌는지라 사라가 속으로 웃고 이르되…"(:11-12)

사라가 아들을 낳으리라는 하나님의 언약에 대해 아브라함도 사라도 다 웃음으로 대답한다. 아브라함과 사라의 웃음이 분명 그 의미는 달랐지만 그러나 그들이 하나님의 말씀을 믿음으로 받아들이지 못한 것은 한가지였다. 이유가 무엇인가? 그것은 그들 두 사람 모두가 아이를 낳기에는 나이가 너무 많다는 것이었다. 육체적으로 그 가능성이 소멸되어졌기 때문이었다. 육체적으로 늙었고 현재의 삶을 변화시킬 수 있는 때가 지났다는 것을 그들 스스로 인식하고 있었기 때문이다. 사라의 속에서도 아이에 대한 소망이 사그러들지 않고 어쩌면 세월이 흐를수록 더욱 강하게 버릴 수 없는 미련처럼 마음 한 쪽에 자리하고 있지만 그 소망도 나이라고 하는 육체적 한계 앞에 이제는 포기하고 체념한 상태가 되어버렸다.

인간에게 있어서 정신의 나이는 대체로 육체의 나이와 비례한다. 정신의 나이에 따라서 육체의 나이가 자라가는 것이 아니라 육체의 나이에 따라 정신의 나이도 성장하고 또 함께 시드는 것이 보통이다. 이제 막 태어난 아이는 육체가 자라감에 따라 정신의 나이도 자라간다. 육체가 꽃봉오리처럼 피어오를 때면 정신도 미래에 대한 비전과 의욕을 품으며 힘차게 자라난다. 그리고 이러한 정신적인 의욕과 미래에 대한 꿈과 소망 등 내적인 요소들은 육체의 나이가 정점에 이를 때쯤이면 거의 함께 정점에 도달한다. 그리고 일정 기간 육체가 성장을 멈추고 정지 상태에 있을 때면 우리의 정신은 젊어서 품은 꿈과 비전을 이루기 위해 현실적으로 노력한다. 물론 이에 성공하는 자도 있고 실패하는 자도 있다.

그러다가 육체가 노쇠해지기 시작하면 정신도 마찬가지로 노쇠해지는 길을 따라간다. 물론 이 시기의 정신을 성숙해져 간다고 말하기도 한다. 하지만 그 성숙은 그 동안의 여러 경험들로 인해 세상을 알 만큼 알았고 그래서 경험한 만큼 조금 더 아는 차원에서 보고 느끼고 생각하고 행동하는 것에 지나지 않는다. 그러므로 자기가 경험해 보지 못하고 알지 못하는 세계에 대해서는 여전히 미숙아에 불과하다. 그렇기 때문에 세상을 알면 아는 만큼 더 소극적이고 더욱 강하게 육체에 예속되는 경향을 나타내는 것이 일반적이다.

그러므로 이 시기는 지금까지 자신이 경험한 지식을 통해 또 지금까지 이룩한 것을 가지고 남은 삶을 편안하게 누리려고 하거나 이미 얻은 것을 지키려고 하는 경향이 강하게 나타난다. 전혀 경험해 보지 못한 세계에 도전을 하거나 미래에 대한 의욕을 품고 지금 소유한 것들을 다 바쳐 새로운 결과를 얻고자 하는 시도들은 거의 불가능해진다. 육체가 점점 쇠하여져 갈 수록 이러한 경향도 비례한다. 그리고 육체가 노쇠하여 어린아이처럼 작아지면 그의 정신도 아이가 마른 사람의 돌봄을 필요로 하는 것과 같은 상태에까지 내려간다. 그러므로 정신의 나이는 육체의 나이에 비례하여 움직이는 함수관계에 있다고 할 수 있다.

그렇다면 신앙의 사람은 어떠해야 하는 것일까? 오늘 아브라함과 사라는 자신들의 육체적 나이에 가로막혀 미래에 대한 의욕을 상실한 채 현실에 만족하고 현재의 것을 지키고자 한다. 이루지 못한 일을 포기하고 미래에 대한 소망도 체념한 채 살아가고 있다. 이는 무엇을 말하는가? 이들의 노년은 정신의 나이가 육체의 나이에 비례하여 성장하고 쇠하는 보통 사람들의 길을 그대로 따라가는 모습을 보이고 있다. 그렇다면 과연 우리의 신앙일지라도 정신이 육체의 한계를 극복할 수 있는 힘을 줄 수 없다는 것인가? 젊은 날 이후에도 계속 의미 있는 일을 하도록 하며 늙어서도 생명력 있는 비전을 세우고 시들지 않는 의욕으로 추구해 가게 하는 힘을 우리는 신앙 안에서도 얻을 수 없다는 것인가?

이에 대해 우리는 모세라는 한 사람을 생각해 본다. 그가 하나님께 처음 부름을 받은 것은 80세 때의 일이었다. 그 때 그는 애굽으로 돌아가서 이스라엘 백성을 광야로 이끌어내며 가나안 땅으로 인도하여 들이라는 사명을 부여받는다. 300만에 이르는 거대한 한 민족의 지도자가 되어 소임을 다하라고 하는 부르심이었다. 대단히 놀라운 어쩌면 흥분에 들떠 감사해야 하는 커다란 영광일 수도 있었다. 모든 인생이 한 번은 꿈꾸어 봄직한 의미 있는 일이었다. 그런데 그는 이 부르심을 다섯번이나 거절한다. 나이로 보나 능력으로 보나 도저히 불가능하다고 하는 것이었다. 그의 나이 80세 노년기에 있는 때였다. 그가 이러한 반응을 보이는 것은 육체적으로 이미 늙었다고 하는 것 때문이었다.

그러면 그가 젊어서는 어떠했는가? 젊어서 그는 히브리 사람으로서 자기 동족이 애굽 사람에게 학대 받는 것을 못 견뎌하였다. 그는 모든 것이 편안한 애굽 왕궁의 왕자로서 살았지만 자기 동족을 위해 무엇인가 일을 하고

자 하는 의욕에 사로잡혀 있었다. 그래서 어느 날 자기 동족 히브리 사람을 괴롭히는 애굽 사람을 쳐서 죽이기까지 하였고 자기들끼리 다투는 히브리 사람들을 타이르고 깨우쳐 인도하고자 하였다. 이것이 그의 나이 40세의 일이었다. 젊어서 그의 육체가 승할 때 그의 정신도 의욕과 열정이 넘쳐나는 모습을 보여주고 있는 것이다. 하지만 그 이후 미디안 광야로 도망하여 40년을 지냈고 80세가 되었을 때 그가 가지고 있는 모습이 바로 위의 부르심의 사건이었다.

젊어서 그렇게 패기가 넘쳐났던 모세였지만 육체가 시듦과 동시에 그의 정신도 시들어 버렸던 것이다. 40세 때 동족 이스라엘을 위하여 가지고 있었던 꿈을 이룰 수 있는 길이 80세 때에 하나님의 부르심으로 제시되어졌지만 그는 다만 고개를 가로저을 뿐이었다. 정신이 육체의 한계를 극복하지 못하고 육체가 정신을 지배하는 보통 사람들의 길을 그도 걸어가고 있었다.

하지만 어떠한가? 하나님의 부르심을 따라 이스라엘을 가나안으로 인도하기까지 광야에서 보낸 그의 나머지 40년 인생의 끝은 어떠했는가? 만일 이러한 보통의 흐름을 그도 따랐다면 120세 때 그의 모습은 축 늘어져 기운 없는 늙은 노인이어야 했다. 실제 그의 육체는 그러했다. "…내가 오늘날 일백 이십 세라 내가 더는 출입하기 능치 못하고 여호와께서도 내게 이르시기를 너는 이 요단을 건너지 못하리라 하셨느니라"(신 31:2). 그는 다리에 힘이 없었고 마음대로 걸어 다닐 수도 없는 지경에까지 이르렀다. 자연히 그의 정신 또한 그렇게 쇠해 있어야 했다. 하지만 이 때 그의 정신은 어떠하였는가?

"모세의 죽을 때 나이 일백 이십 세나 그 눈이 흐리지 아니하였고 기력

(vigor)이 쇠하지 아니하였더라"(신 34:7). 그의 나이 일백 이십 세로 더는 출입하기도 능치 못한 몸이었지만 그의 눈은 여전히 가나안을 바라보고 있었고 그의 백성과 더불어 그 땅에 들어가고자 하는 의욕과 기백이 넘쳐나고 있었다. 80세 이후 하나님과의 진실한 만남 속에서 그는 결코 쇠하지 않는 영혼을 소유하게 되었고 그의 정신은 오히려 더욱 승하여 살아났던 것이다.

보다 훗날 우리는 이러한 사람을 또 한 사람 만나게 된다. 마리아라고 하는 남자를 알지 못하는 처녀였다. 그녀는 결혼을 앞 둔 어느 날 남자와 가까이 함이 없이 아기를 갖게 되리라는 천사의 계시를 듣는다. 이것은 할머니가 아이를 낳게 되리라는 것보다 더 엄청난 일이었다. 할머니가 아이를 낳게 되는 것은 조금 신기할 수는 있어도 전혀 불가능한 일은 아니었다. 아이를 낳았다고 해서 조금 쑥스러워할 수는 있어도 축복 받을 일이지 저주 받을 일은 아니다. 하지만 처녀가 아이를 임신한다고 하는 것은 이제 눈 앞에 둔 결혼이 깨어질 수도 있었다. 나아가 부정한 혼외 임신으로 몰려 돌에 맞아 죽을 수도 있는 일이었다. 온 집안이 함께 사회로부터 손가락질 당하며 그 사회에서 쫓겨나는 고통을 당할 수도 있었다. 하지만 마리아는 전혀 거리낌 없이 자신의 삶에 받아들인다.

모세와 마리아 공히 정신의 힘으로 육체의 한계를 극복한 사람들이었다. 그리고 그 요인은 하나님을 향한 진실한 신앙이었다. 바로 이 신앙이 육체의 한계를 이길 수 있는 힘을 우리의 정신에 공급하여 준 것이었다. 하나님의 백성들에게 있어서 신앙은 모든 불가능을 극복하게 하는 힘의 근원으로 작용하는 것이다.

늙었기에 아무 것도 할 수 없다고 하는 아브라함과 사라이다. 하나님의 말씀, 하나님의 능력일지라도 육체의 한계를 이길 수 없다고 생각하고 있는 이들의 신앙은 쇠하여 가는 육체를 따라 함께 늙어가는 정신을 보여주고 있다. 쇠하여 가는 정신을 일으켜 세울 힘이 그 속에 없다는 것을 보여준다. 젊어서 그토록 의욕적이고 도전적이었던 아브라함과 사라였다. 하지만 육체의 한계에 사로잡혀 정신마저도 꿈과 활력을 상실하고 있고 평생의 소망도 포기한 채 살아가고 있을 뿐인 모습이다. 지금 이들의 고꾸라진 신앙의 실상을 그대로 반영하고 있는 것이다. 몸은 살아있지만 정신은 이미 죽어버린 그런 상태를 말이다.

"그 후에 내가 내 신을 만민에게 부어 주리니 너희 자녀들이 장래 일을 말할 것이며 너희 늙은이는 꿈을 꾸며 너희 젊은이는 이상을 볼 것이며"(욜 2:28)// "야곱아 네가 어찌하여 말하며 이스라엘아 네가 어찌하여 이르기를 내 사정은 여호와께 숨겨졌으며 원통한 것은 내 하나님에게서 수리하심을 받지 못한다 하느냐 너는 알지 못하였느냐 듣지 못하였느냐 영원하신 하나님 여호와, 땅 끝까지 창조하신 자는 피곤치 아니하시며 곤비치 아니하시며 명철이 한이 없으시며 피곤한 자에게는 능력을 주시며 무능한 자에게는 힘을 더하시나니 소년이라도 피곤하며 곤비하며 장정이라도 넘어지며 자빠지되 오직 여호와를 앙망하는 자는 새 힘을 얻으리니 독수리의 날개치며 올라감 같을 것이요 달음박질하여도 곤비치 아니하겠고 걸어가도 피곤치 아니하리로다"(사 40:27-31)

신앙이 우리에게 주는 힘과 능력을 약속하시는 말씀이다. 아직 어린 자녀들이요 먹고 뛰어노는 것에 만족하며 말하는 것이 유치하지만 그 눈이 밝아 장래의 일을 이미 마음에 품을 것이라고 하신다. 현실의 벽을 뛰어넘지 못한 채 세상과 타협하며 살아가는 젊은이가 아니라 남이 보지 못하는 것을 보고 남들이 불가능하다고 여기는 일에 자신의 삶을 헌신할 수 있는 젊은이가 되리라고 하신다. 이제 죽을 날만 기다리며 소망 없이 살아가는 늙은이가 아니라 오히려 내 죽은 이후의 날까지도 마음에 품고 후손에게 귀한 열매를 남겨주고자 마지막까지 자신의 삶을 불태울 수 있는 노년이 되리라고 하신다. 육체는 쇠하나 영혼은 오히려 날로 승하는 삶을 살게 되는 것이 신앙이 우리에게 주는 은혜라는 것을 증거하시는 말씀이다.

아이들일지라도 순진함을 잃어버리고 영악스럽고 악하기조차 하다. 자라나는 청소년에게서도 순수함을 기대하는 것은 고인돌 같은 옛날 일이 되어버렸다. 힘이 넘쳐나는 청년일지라도 미래에 대한 올곧은 비전을 품은 패기를 찾아볼 수 없다. 찢어진 청바지처럼 너덜거리는 이미 썩을 대로 썩어 냄새나는 내면의 모습들이다. 중년이지만 당당하지 못하고 오히려 음탕하고 게걸스럽다. 노년이지만 인자하지도 여유롭지도 못하고 더욱 사납고 인색하다. 이것이 신앙 안에 있는 자나 밖에 있는 자나 한 가지로 보여주는 오늘의 모습이다.

내 인생의 마지막 순간까지도 의미 있게 보내고자 하는 뜻이 중요하지 않은가? 꺾이지 아니하는 소망을 가지고 늙음의 마지막 때에도 눈이 쇠하지 않고 기백이 쇠하지 않는 사람이 될 수 있다면 참으로 아름답지 않겠는가? 이것이 하나님의 약속인 것을. 하나님의 사람이라면 이래야 하는 것을.

너 때문이야 (창 18:13)

"여호와께서 아브라함에게 이르시되 사라가 왜 웃으며 이르기를 내가 늙었거늘 어떻게 아들을 낳으리요 하느냐"(:13)

90세 된 자신이 내년 이맘때에 아들을 낳게 되리라는 나그네들의 말에 대해 사라는 속으로 웃음 짓는다. 그 말이 싫어서가 아니었다. 원치 않아서가 아니었다. 할머니가 아들을 갖게 되는 것이 부끄러워서도 아니었다. 오히려 너무도 간절히 원하던 것이었고 지금도 가슴 한 편에 흩어져 가는 안개처럼 아스라이 남아 있는 꿈과 소망이기도 한 것이었다. 인생을 홀로 울음 짓게 만드는 서글픔이기도 하였다. 그렇기 때문에 만일 아브라함이 하나님의 약속을 듣는 그 날 온 집안 남자들에게 할례를 행하던 때에 이 사실을 일찍 일러주었더라면 어쩌면 오늘 이렇게 웃음 짓는 일은 없었을 것이다. 그러나 그 언약을 아브라함으로부터 듣지 못했고 이들 또한 지나가는 나그네에 불과한 사람들이었기 때문에 그들의 말을 그저 지나가는 말로 듣고 속으로 웃게 되는 것은 당연한 것이었다. 그 누구라도 사라의 입장에서 지나가는 과객의 말을 진지하게 경청하여 사실로 받아들일 사람은 없었다.

그런데 나그네들은 사라의 웃음에 대해 사라를 대해 말하는 것이 아니라 아브라함을 향하여 말한다. "사라가 왜 웃으며 이르기를 내가 늙었거늘

어떻게 아들을 낳으리요 하느냐". 사라는 나그네들이나 아브라함의 눈에 보이지 않는 장막 뒤에 있었다. 보이지도 않고 또 사라가 소리를 내어 웃은 것도 아니었기 때문에 아브라함은 사라가 웃었는지 울었는지 알 수가 없는 일이었다. 그러기에 그는 나그네들이 사라가 왜 웃느냐고 자기에게 말할 때 그 내용을 알 리가 없었다. 하지만 이들은 사라가 왜 웃는지 그녀가 입 밖에 내지 아니한 이유까지 정확히 지적하고 있다.

설혹 사라가 웃었다면 또 어떻단 말인가? 아브라함 자신도 웃지 않았던가? 그의 생각으로는 이루어질 수 없는 일이요 있을 수도 믿을 수도 없는 일이기에 말이다. 하지만 성경은 이 부분에서 이 말을 나그네들의 말로 표현하는 것이 아니라 **"여호와께서 아브라함에게 이르시되"** 라고 기록하고 있다. 즉 이 순간부터 아브라함에게는 나그네들의 존재가 단순히 지나가는 나그네가 아니요 하나님께서 보내신 하나님을 대신한 존재로 인식되기 시작하였다는 것을 드러낸다. 저들의 입에서 나오는 말은 사람의 말이 아니라 하나님의 말씀으로 들려지기 시작하였던 것이다. 곧 나그네들은 이 때부터 그 말 속에 아브라함이 하나님을 충분히 느낄 수 있도록 하나님의 권위와 위엄을 담아 전하고 있다는 것을 알게 한다.

그렇다면 아브라함은 이들의 말이 하나님의 말씀으로 들려지기 시작하였을 때 어떤 결과가 그의 마음에 생겨나는 것이었을까? 무엇보다도 이들의 말에 대해 감히 거역할 수 없고 소홀하게 흘려들을 수 없는 어떤 두려움이 아브라함의 마음을 강하게 움켜잡게 되는 것은 당연한 것이 아니었겠는가? 여기서 우리는 하나님께서 **"사라가 왜 웃으며 이르기를 내가 늙었거늘 어떻게 아들을 낳으리요 하느냐"** 라고 말씀하실 때 왜 이를 사라가 아니라 아브라함에게 말씀하고 있는 것인지 생각해 본다. 분명 사라의 웃음이 지금

이 시점에서 하나님을 실망시키는 것이라면 하나님은 사라의 웃음을 누구의 책임으로 보시는가 하는 점이다. "사라가 왜 웃느냐" 하는 말씀은 단순한 이유가 아니라 아브라함의 책임을 추궁하는 말씀이다. **"내가 늙었거늘 어떻게 아들을 낳으리요 하느냐"**는 말씀 또한 사라의 불신앙에 대한 아브라함의 책임을 묻는 것이기 때문이다.

적어도 하나님께서 자손에 대한 언약의 말씀을 아브라함에게 먼저 하셨고 사라의 이름도 고쳐 부르도록 명령하셨을 때는 이 말씀이 사라에게 전달되도록 하신 것이었다. 그리고 이 말씀이 사라에게 전달될 때는 그녀가 분명히 믿음으로 받아들이도록 해야 하는 것이 아브라함의 책임이었다. 사라가 혹 믿지 못하고 의심할지라도 그녀를 설득하여 믿게 하며 아브라함 자신의 믿음을 먼저 보여주어야 했다. 그것은 사라뿐 아니라 공동체 전체에 대한 아브라함의 의무였다. 그런데 아브라함은 자기 자신부터 이를 믿지 않았고 나아가 이를 사라에게조차도 전하지 않고 숨겨버렸다. 아예 말씀의 흐름을 차단시켜 버린 것이었다.

그러므로 지금 **"사라가 왜 웃으며 이르기를 내가 늙었거늘 어떻게 아들을 낳으리요 하느냐"** 하는 나그네의 말이 아브라함을 향해 들려지고 있고 이를 아브라함이 하나님의 말씀으로 받아들이고 있다는 것은 이 말씀이 아브라함에게 무언가를 느끼도록 하기 위해서라는 것을 알 수 있다. 곧, 사라가 지금 저렇게 웃는 것은 누구 때문이냐, 네가 어떻게 하였기에 사라가 나의 언약을 웃음으로 대꾸하느냐 하는 준엄한 책망이다. 사라가 이 언약의 말씀을 들은 적이 있었느냐 하는 질책이다. 나 여호와 하나님의 말씀이 이미 있었음에도 전혀 듣지 못한 자처럼 저러한 반응을 보이는 것은 어떻게 된 일이냐 하는 추궁이다. 네가 먼저 나의 말을 무시하고 한낱 쓸데없는 농담으로 여겼었다고 하는 사실을 지적하는 말씀이다.

아브라함에게 지금 나그네들의 말이 하나님의 말씀으로 들려졌다고 하는 것은 그가 그들의 말 속에서 이와 같은 하나님의 책망을 들었다는 것을 드러낸다. 하나님께서 아브라함이 당신의 약속을 불신하였을 때 얼마나 불쾌하셨는지 그리고 그가 약속의 말씀은 숨기고 장래에 대한 축복만을 강조하여 자신의 집 사람들에게 전할 때 얼마나 화가 나셨는지 그러한 하나님의 마음을 아브라함에게 그대로 전하고 있고 아브라함은 이를 지금 온 몸으로 느끼고 있는 것이다. 하나님의 약속을 불신하고 무시한 자신의 행동이 얼마나 어리석은 것이었는지 얼마나 엄청난 죄였는지를 충분히 인식할 수 있도록 하는 것이었다.

신앙은 내가 나의 삶에 담아 내가 짊어져야 하는 부분이 있고 또 하나님께서 은혜로 우리에게 더하여 주시는 부분이 있다. **"너희는 먼저 그의 나라와 그의 의를 구하라 그리하면 이 모든 것을 너희에게 더하시리라"**(마 6:33)는 말씀에서 **"그리하면"**이라는 부분이 바로 이러한 내용을 드러내는 말씀이다. **"먼저 그의 나라와 그의 의를 구하라"**는 것이 우리에게 주어진 책임이라면 **"그리하면 이 모든 것을 너희에게 더하시리라"**는 것은 그러한 우리들에게 더하여 주실 은혜의 부분이다.

그런데 아브라함은 **"너희는 먼저 그의 나라와 그의 의를 구하라"**고 하는 신앙의 핵심이자 내가 감당해야 하는 부분은 내가 받아들일 수 없다는 이유로 거부해 버렸다. 그 대신 **"이 모든 것을 너희에게 더하시리라"**는 은혜의 측면만 강조하여 받아들이고 사람들에게 전하였던 것이다. 내가 받을 은혜는 본래 내게 의무와 책임으로 주어진 신앙의 과업을 전제로 하는 것인데도 말이다. 이것은 오늘날도 마찬가지이다. 오늘도 사람들은 내가 감당해야 하는 신앙의 의무와 책임은 알지 못한 채 내가 누릴 은혜만을 하나님의 언약으로 기대하고 있다. 이것만을 전달받고 있기 때문이다.

그러므로 여기에서 우리가 깨닫게 되는 것은 나에게 신앙을 전하는 자가 누구냐에 따라 나의 신앙의 모습도 그대로 결정된다고 하는 사실이다. 내가 어디에서 누구로부터 신앙을 배우는가에 따라 각 사람의 신앙은 전혀 다른 형태로 형성되는 것이다. 사라가 아브라함으로부터 하나님의 약속을 정확하게 전달받고 그로 인해 또한 믿음을 가질 수 있었다면 지금 그녀는 이 사자들의 방문이 하나님의 약속을 확인받는 참으로 즐거운 자리였을 것이다. 그들이 전하는 약속을 기쁨으로 맞이할 수 있었을 것이다. 하지만 사라에게 하나님의 약속을 전해야 하는 아브라함이 그 약속을 믿지 않았고 그래서 정확하게 전달하지 않았기에 사라 또한 오늘 이러한 모습으로 하나님을 맞이하게 되는 것이었다.

기쁜 날 두려워함은 (창 18:14-15)

"여호와께 능치 못한 일이 있겠느냐 기한이 이를 때에 내가 네게로 돌아오리니 사라에게 아들이 있으리라"(:14)

재차 사라가 아들을 낳을 것이라는 사실을 확증하여 들려주신다. 앞서 하신 말씀이 얼떨결에 들려진 말씀이라면 이 말씀은 아브라함과 사라 공히 이들이 하나님의 사자라는 것을 인식하게 된 후 다시 들려주는 말씀이다. 왜 이 언약을 다시 들려주시는 것인가? 이 언약이 하나님의 은혜를 확정적으로 들려주는 말씀이지만 아브라함을 책망하는 가운데 다시 들려진 말씀이라는 것에 주목하여 본다. 과연 아브라함은 일년 후에 이렇게 약속된 자녀가 태어나는 것을 볼 때 그것을 어떻게 받아들이게 될 것인가? 마냥 감사할 것인가? 하나님의 신비한 섭리에 그저 입을 열어 찬양하게 될 것인가?

아니다. 그것보다는 하나님의 언약을 믿지 못한 오늘 자신의 불신앙을 생각하고 그로 인해 하나님으로부터 책망 받은 오늘의 사건을 떠올리게 될 것이었다. 그리고 이 일이 분명 하나님의 약속을 따라 하나님의 능력으로 되어진 것이었지만 자신이 숨겼기 때문에 사라가 아이를 낳은 것을 기이한 사건으로만 받아들이는 주위 사람들을 바라보아야 했다. 만약 자신이 이를 이미 알렸다면 모든 사람들이 이 날을 기다리며 마침내 약속대로 이루어진 아이를 보며 하나님을 찬양해야 했다. 그런데 그냥 기이한 일로만 보는 그들을 대해 자신의 잘못을 고통스럽게 인정해야만 했다.

이에 더하여 오늘 이 만남 이후에 아브라함이 범하게 될 더 큰 실수와 관련하여 본다면 사라의 잉태와 해산은 사람들에게 말할 수 없는 당혹감을 안겨다 주는 사건이 된다. 왜냐하면 아브라함 자신 이 언약이 있음에도 얼마 지나지 않아 사라를 블레셋의 그랄 왕 아비멜렉에게 아내로 주어버리는 엄청난 잘못을 범하기 때문이다. 아들 이삭의 탄생이 아브라함의 아들인지 아비멜렉의 아들인지 의심하게 만드는 사건이 벌어지는 것이다.

하나님의 신비하고 놀라운 은혜 앞에 감사해야 하는 것이 마땅하나 오히려 자신의 죄를 떠올리게 되는 것이 아브라함의 결과이다. 그 은혜 앞에 감사의 예물이 아니라 자신의 불신앙을 회개하는 처절한 속죄의 제물을 바쳐야만 하는 것이 내년 아이가 태어날 때 그가 치루어야 할 곧 닥칠 현실이었다. 그러므로 이 말씀은 내년 이맘때 사라에게 약속의 자녀가 태어날 때에 너는 오늘의 실수를 기억하게 될 것이라는 의미가 포함되어 있다. 너의 오늘의 죄가 얼마나 큰 것이었는지 그 때 너는 고통스럽게 깨닫게 될 것이라는 차가운 꾸짖음이다.

하나님의 은혜가 어떤 사람에게는 감사이나 또 어떤 사람에게는 자신의 믿음 없음을 드러내는 고통스런 결과일 수도 있다는 것을 알아야 하리라. 그것이 바로 내가 될 수도 있다는 사실을 가지고 오늘 우리는 나의 신앙을 되돌아보아야 한다.

"사라가 두려워서 승인치 아니하여 가로되 내가 웃지 아니하였나이다 가라사

대 아니라 네가 웃었느니라"(:15)

사라는 오늘 자신이 꿈에 그리며 평생 하나님을 향하여 눈물로 기도드렸을 자녀에 대한 약속을 듣는다. 그 약속을 두 번씩이나 확인받는다. 당연히 기뻐해야 했다. 엎드려 감사해야 했다. 하지만 사라는 두려워한다. 사라 자신에게도 지금 밖에서 나그네들과 아브라함 사이에 벌어지고 있는 일들이 대단히 심각하게 느껴지고 있는 것이었다. 그리고 사라는 자신이 웃었다는 사실이 드러난 것에 대해 두려워하고 있다. 자신의 속 마음을 감추고 웃지 않았노라고 거짓을 말해야 했다. 이는 자신에게 아들을 낳게 해주겠다는 하나님의 약속보다 자신의 실수로 인한 두려움이 더 크게 자리잡게 되었다는 것을 드러낸다. 평생을 기다리며 눈물로 기도해 온 소망을 응답받는 축복된 약속 앞에서 그것을 듣고 기뻐하는 것이 아니라 도리어 자신의 거짓이 탄로나는 부끄러움을 겪고 있는 것이다. 아브라함으로부터 정확하게 전해 듣고 믿음을 가질 수 있었다면 겪지 않아도 되는 일이었다.

사라의 부끄러움과 두려움이 누구의 책임인가? 사라 자신이 져야 하는 책임인가? 아니다. 인간의 상식으로는 있을 수 없는 불가능한 일에 대해 그것도 지나가는 낯선 나그네가 들려주는 말을 믿지 않았다고 해서 그 책임을 져야 하는 것이 우리의 신앙은 아니다. 전적으로 아브라함의 책임이라고 밖에는 말할 수 없다. 아브라함 때문에 사라는 평생 기다려 오고 갈망하여 왔던 은혜의 소식을 들으면서도 감사하고 기뻐하는 것이 아니라 두려워하고 부끄러워해야만 하는 것이었다.

아브라함과 사라 공히 오늘 하나님의 사자가 자신들의 거처를 방문하는 놀라운 은혜의 사건 앞에 감사하는 것이 아니라 심한 책망을 듣고 또 두려움에 몸을 떤다. 복된 언약의 소식을 기쁨으로 맞이하는 것이 아니라 고통스럽게 맞이한다. 나그네를 대한 정성을 다한 섬김도 물거품이 되어 사라져 버렸다. 그리고 그 결과로 곧 있게 될 기적적인 은혜가 또 다른 죄스런 고통이 될 것이었다.

무엇이 소중한 것인가? 무엇을 이들이 잃어버렸기 때문인가? 전하는 자가 바로 전하는 것이 얼마나 중요한지. 그렇기 때문에 들을 때에 바로 듣는 것이 또 얼마나 중요한 것인지. 바로 듣고 정확히 알기 위해 말씀 앞에 선 우리의 믿음은 또 어떠해야 하는지 생각하게 된다. 그것이 훗날 하나님 앞에 섰을 때의 결과를 결정짓는다는 사실을 알 수 있어야 한다. 오늘 내가 어떻게 듣느냐 하는 것이 전하는 나의 모습을 결정지을 것이요 그것이 나로부터 신앙을 전해 받을 사람의 결과도 만들어낸다는 것을 명심하여야 한다.

반쪽 사랑 (창 18:16)

　아브라함과 나그네들의 만남. 아브라함의 입장에서 본다면 어느 날 자신의 장막을 지나가는 낯선 나그네들을 만나 최선을 다해 정성껏 섬겼다. 저들이 보통의 사람들 같았다면 헤브론에 살고 있는 아브라함이라는 한 노인의 이름이 저들의 가는 곳마다 아름답게 들려졌을 일이었다. 하지만 오늘 나그네들로 인해서 돌아온 것은 자신의 하나님을 대한 감추어진 허물과 이로 인한 책망뿐이었다. 반면 나그네들의 입장에서 보면 아브라함으로부터 그토록 정성어린 섬김을 받았지만 그에 대해 감사하고 칭찬하는 것이 아니었다. 오히려 이러한 사실과 극적으로 대비되어 나타나는 하나님에 대한 불성실을 준엄하게 꾸짖는 것이었다. 그의 섬김에 대해서는 일언반구의 언급도 없었다.

　아브라함의 섬김이 어느 나그네들을 대한 섬김이었지만 저들이 하나님의 보내신 사자들이었다는 점에서 그 섬김은 하나님을 대한 것이었다. 그러므로 저들이 그 섬김을 전혀 가치 없는 것으로 돌려버린 것은 결국 하나님께서는 인간의 이러한 섬김을 원하는 것이 아니라는 사실을 드러내신다. 도리어 이 속에서 당신의 언약을 무시한 것에 대해 책망하신 것은 하나님께서 진정 원하시는 것은 당신의 말씀을 청종하는 것이라는 사실을 명확하게 가르쳐 주시는 것이었다. 인간에 대한 섬김을 하지 말라는 것이 아니라 하나님의 말씀이 그 관계 속에 먼저 담겨져 있어야 한다는 것을 알려주시는 것이었다. 우리는 이러한 점에서 아브라함의 하나님과의 만남(17장) 그리고 이어지는 나그네들과의 만남(18장)을 통해 나타나는 신앙과 삶의 관계에 대해 보다 자세히 고찰해 본다.

먼저 17장에서는 하나님과의 관계가 언급되고 있는데 하나님을 향한 아브라함의 신앙이 설명되고 있다. 여기서는 무엇보다도 언약을 중심에 두고 있는 하나님의 말씀이 핵심으로 등장한다. 즉 하나님과의 관계는 하나님의 입에서 나오는 말씀이 관계를 결정짓는 핵심적 요인이다. 물론 말씀과 말씀 속에 들어있는 언약은 그 언약을 지닌 자에게 그에 합당한 삶을 살 것을 요구하는 삶의 내용을 담고 있다. 그런데 결과적으로 등장하는 아브라함의 결정적 오류는 하나님의 언약을 온전히 믿지 못하였다는 것이었다.

인간의 이성에 비추어 보아 자신이 받아들일 수 있는 것만을 취사선택하는 모습으로 말씀을 대하는 모습이 드러난다. 곧 미래에 대한 축복의 언약은 믿고 받아들이나 인간의 눈에 불가능해 보이는 현재의 언약은 무시하고 거부해 버린다. 몸은 하나님 앞에 있었지만 말씀을 듣고 귓등으로 흘려 버리는 것이었고 그러므로 하나님께서 하고자 하시는 하나님 나라의 일들에 대한 온전한 이해가 있을 수 없었다.

그리고 18장에서는 아브라함의 삶의 부분 곧 사람과의 관계가 아주 자세하게 그려지고 있다. 그의 인간관계는 사람이 사람을 대해 표현할 수 있는 최고의 정성이 섬김이라는 형태로 나타나고 있다. 하지만 중요한 것은 이 섬김 속에 하나님의 말씀과 말씀이 가지고 있는 언약이 결여되어 있다는 점이다. 그의 하나님을 대한 신앙 자체 속에 언약이 무시되어져 있기 때문에 그의 섬김 속에도 언약의 신앙이 함께 자리할 여지가 없다는 것은 당연한 결과이다. 즉 그가 아무리 사람을 정성으로 섬긴다고 할지라도 그 섬김 속에는 하나님 신앙의 본질이 배제된 채 인간적인 정성만으로 제한되어 나타나고 있다. 그러므로 섬김이라는 형태로 나타나는 아브라함의 인간관계 속에는 언약에 기초한 신앙의 관계가 없었다.

이러한 결과를 놓고 볼 때 우리는 아브라함이 하나님을 믿고 섬길 때 하나님 신앙에 대해 그가 가지고 있었던 이해의 초점을 발견할 수 있다. 인간관계를 좋게 하는 것 곧 인간이 인간을 서로 정성을 다해 섬기는 것이 신앙의 본질이었다는 사실을 우리는 보게 된다. 그렇다면 과연 우리는 이러한 형태의 신앙을 참된 신앙이라고 할 수 있는 것일까? 우리는 이 문제에 대해 말씀이 인간에 대한 섬김 속에 들어가 있지 못할 경우의 문제점과 반면 말씀이 중요한 요소로 자리하게 되는 경우에 나타나는 결과를 비교함으로써 답을 얻을 수 있다.

먼저 말씀과 하나님의 언약이 인간에 대한 섬김 속에 들어가 있지 못할 때 이 섬김은 나그네를 도와주고자 하는 것처럼 어려운 이웃을 불쌍히 여기고 적극적으로 도와주고자 하는 형태로 나타나고 이것이 이웃사랑으로 이해된다. 이럴 때 이웃사랑의 대상은 주로 가난한 사람, 병든 사람, 여러 재난을 당한 사람들 혹은 길가는 나그네와 같은 사람들이 된다. 여기서 나타나는 중요한 결과는 부자나 건강한 사람 등 물질적으로 이웃의 돌봄을 필요치 않는 사람들은 이웃사랑의 대상에서 제외된다고 하는 사실이다.

나아가 이보다 더욱 중요한 사실은 인간의 내면적인 요소들 곧 이기심, 탐욕, 분노, 미움, 시기, 질투 그리고 정욕과 같은 것들이 전혀 이웃사랑의 요인들로 생각될 수 없다는 점이다. 세상에서 우리 인간을 괴롭히고 있는 것은 가난이나 질병뿐만이 아니라 이러한 정신적인 요인들이 더욱 크게 작용한다. 세상이 이토록 험악해지고 있는 것도 가난이나 질병 때문이 아니라 바로 이러한 인간의 내면적 요소들 때문인데 말이다.

이 세상에 살고 있는 사람 중 이러한 정신적 요인에 의한 고통을 겪지 않는 사람은 단 한 사람도 없다. 가난과 질병 혹은 여러 재앙들도 모두 이러한 인간의 내면의 산물이요 그리고 이러한 내면들이 바로 죄가 우리의 마음에 심어놓은 죄악의 요소들이다. 그러므로 인간의 섬김 속에 하나님의 말씀이 없고 단순히 정성을 다해 섬기는 구제 행위를 이웃사랑이라고 이해하게 될 때 나타나는 문제는 비록 질병을 가진 자나 가난한 자나 재난을 당한 자는 돌봄을 받겠지만 죄로 인해 고통 받는 사람들의 아픔과 슬픔 등 모든 사람들의 내면적 고통은 제외되게 된다. 즉 죄의 문제는 그대로 남아있게 되는 것이다. 이러한 결과가 가져오는 최종적인 결과는 우리의 신앙이 줄 수 있는 가장 최고의 선물이요 궁극적으로 목표하는 구원의 은혜가 간과된다고 하는 사실이다.

이러한 사실을 가장 잘 드러내고 있는 사례가 바로 아브라함의 아내 사라의 경우이다. 아브라함이 아무리 지극한 정성으로 나그네들을 섬기고자 하고 있고 이를 이웃사랑이자 신앙의 실천이라고 이해하고 있을지라도 그의 아내 사라는 지금 인생에 대한 허무를 곱씹고 있다. 자녀가 없어 외로우며 모든 것을 빼앗긴 자로서의 내적인 고통을 전혀 위로받지도 치료받지도 못한 채 지내고 있다. 그녀는 가난하지도 않았고 병이 들어 힘든 자도 아니었고 오히려 그러한 점에서는 부유하고 모든 것이 부족하지 않은 상태에 있었다. 하지만 그 내면은 견디기 힘든 고통을 안고 있었던 것이다. 어린아이들이 장래 일을 말할 것이요 노인이 꿈을 꿀 것이며 젊은이가 이상(vision)을 갖게 될 것이라는 신앙의 은혜가 그녀에게는 전혀 해당사항이 없는 말씀이었다. 그저 신앙 없이 늙어 가는 보통의 노인의 삶에 불과할 뿐이었다.

문제는 이것이 당연한 것이 아니라 하나님께서 그녀의 이 모든 고통이 치료받고 위로받으며 소망을 가질 수 있는 은혜를 주셨지만 아브라함이 이를 막아버렸다고 하는 사실이다. 그 원인은 그가 하나님의 말씀에 주목하지 않았다고 하는 것 그 한 가지 때문이었다. 하나님의 말씀을 전달하는 것이 그에게 주어진 사명의 첫 번째였지만 이 부분이 그에게서 망각되어지고 있었기 때문이었다.

아브라함이 그토록 깊은 배려로 나그네들을 만족케 하고자 하였다. 하지만 정작 그들의 만족을 위해 함께 수고하는 그의 아내 사라는 자녀에 대한 축복이 이미 선포되어졌음에도 이를 알지 못한 채 깊은 한숨을 내쉬며 서글픈 눈물을 짓고 있었다. 어쩌면 하나님을 위해 그토록 열심히 살았음에도 남들 다 낳는 자녀 하나 주지 않는 하나님을 대한 원망의 마음이 있을 수도 있었다. 아브라함의 인간관계 속에는 이러한 인간의 슬픔과 아픔 그리고 구원받지 못한 영혼의 근원적인 고통은 전혀 위로받거나 치료받지 못한 채로 가려져 있는 것이었다. 구원 받은 영혼의 하나님을 향한 감격과 찬양 진정한 영혼의 기쁨과 이로 인한 삶의 변화는 기대할 수 없었던 것이다.

그러면 하나님의 언약이 담긴 말씀이 우리의 신앙의 중심에 있고 그것이 우리의 삶을 통해 인간관계 속에 구현되어질 때 나타나는 결과는 어떠한가? 첫 번째는 죄 문제의 해결이다. 말씀이 가지고 있고 우리에게서 수행하는 첫 번째 기능이 바로 이 죄의 문제이기 때문이다. 이럴 때 비록 가난은 그대로 있고 질병의 고통도 그대로 있을지라도 우리의 내면이 치료받고 위로받으며 여러가지 집착으로부터 해방되고 자유하게 된다. 특히 이 때의 이웃사랑이 가지고 있는 구별되는 차이점은 죄의 문제를 해결하기 위해 개인에 대한 징계가 사용될 수 있다는 점이다. 즉 죄를 범한 개인이 다시는 동일한 죄를 반복하지 않고 죄로부터 벗어나도록 하기 위해 그리고 그 개인의 죄가 다른 사람들과 공동체로 침투해 들어오지 못하도록 하기 위해 죄에 합당한 치리가 행해지는 것이 이 사랑에 포함되고 있는 것이다.

두 눈 다 가지고 지옥에 들어가는 것보다 한 눈만 가지고서 천국에 들어가는 것이 더 나으며 두 손 다 가지고 지옥에 가는 것보다 한 손 없이도 천국에 들어가는 것이 더 나으며 그렇기 때문에 눈이 너로 범죄하게 할 때는 눈을 뽑아버리고 손이 너로 범죄하게 할 때는 손을 잘라버리라고 하는 예수님의 가르침이 바로 이를 나타낸다. 말씀의 요구이자 이에 대한 예수 그리스도의 가르침이다. 따라서 하나님의 말씀이 우리 신앙의 핵심에 들어오고 이것이 이웃사랑으로 나타날 때 이를 통해 얻게 되는 최종적인 결과는 죄로부터 자유해진 영혼의 구원이다. 만일 사라에게 하나님의 말씀이 그대로 전달되어졌더라면 그녀가 새로운 힘과 소망을 얻고 그녀의 영혼이 기뻐하며 감사하게 되었을 결과가 바로 이것이다.

결국 이 모든 사실들을 통해 우리가 깨닫게 되는 것은 아브라함의 신앙은 그 속에 언약의 이해라는 신앙의 핵심을 빠뜨리고 있었고 그렇기 때문에 그의 인간관계 또한 신앙의 핵심적인 요소가 빠진 채 이루어지고 있었다는 사실이다. 따라서 아브라함이 믿음이라고 여기는 신앙이 있다면 그것은 하나님의 언약 말씀에 대한 정확한 이해가 결여된 느슨한 형태의 하나님 인식과 인간관계에 있어서 나타나는 친절함과 정성스런 섬김이 그 신앙의 실체라고 할 수 있는 것이었다.

말씀을 통한 하나님과의 관계는 약화되어 있었던 반면 섬김을 통한 이웃 간의 관계는 대단히 고양되어 있었던 것이 아브라함의 신앙의 실상이었다. 이처럼 하나님을 대한 신앙이 절름발이 반쪽 신앙이었기 때문에 이웃사랑도 절름발이 반쪽 사랑이었다. 말씀을 대한 이해와 청종함이 없이 행하여지는 섬김은 행하는 자나 받는 자 모두에게 전혀 무익한 헛된 것이 될 수도 있고 도리어 악하게 작용할 수도 있기 때문이다. 왜냐하면 이러한 종류의 선이나 사랑은 자칫 인간의 게으름과 무지 등을 부추기는 것이 될 수도 있고 인간의 악을 가리는 도구로 혹은 또 다른 욕심을 이루기 위한 수단으로 이용될 수도 있기 때문이다. 선을 행한다고 하면서도 주는 자나 받는 자 모두의 속에서 때로는 마치 들짐승들이 먹잇감을 놓고 실갱이를 하듯 못되고 독한 다툼과 갈등을 보이는 것도 바로 이러한 요인들 때문이다.

무엇보다도 중요한 것은 선을 행하는 자가 신앙의 근본인 하나님의 말씀을 이해함이 없이 선을 행할 때는 그 속에 하나님의 구원의 은총이 담겨 있을 수 없게 된다는 사실이다. 그러므로 이럴 때의 선은 하나님과는 상관없는 것이 되고 다만 선을 행하는 자의 이름만을 높이는 결과를 빚고 마는 것이다.

"그 사람들이 거기서 일어나서 소돔으로 향하고 아브라함은 그들을 전송하러 함께 나가니라"(:16)

이제 하나님의 천사들은 자신들이 분명 하나님의 보내신 사자들이라는 것을 충분히 알려주고 난 후 소돔을 향하여 발걸음을 옮긴다. 아브라함이 그토록 정성을 들여 섬겼지만 그 섬김은 아무 열매도 맺지 못한 채 전혀 무의미한 것으로 끝이 나버렸다. 다만 아브라함의 불신앙만을 아픔이자 해결해야 할 중요한 과제로 남겨둔 채 나그네들은 이제 또 다른 목적지 소돔을 향해 떠나간다. 소돔이 저들의 최종 목적지였다. 아브라함과 소돔, 어떤 관계를 가지고 있는 것이었을까? 왜 저들은 소돔을 가기 위해 아브라함에게 먼저 들렀던 것일까?

지붕도 고치고 문짝도 새로 달지만 (창 18:17-19)

하나님께서 어느 날 오후 장막에 앉아 느긋이 쉬고 있는 아브라함에게 찾아오셨고 그 목적은 하나님의 말씀에 대한 그의 불신앙을 드러내고 책망하시기 위해서였다. 그가 무엇을 잘못하였고 그로 인해 어떤 일이 생겨났는지에 대해 또렷한 어조로 말씀해 주셨다. 하지만 이것이 그에 대한 심판은 아니었다. 당신 자신이 직접 오기도 하시며 또 당신의 사자들을 이렇게 보내셔서 하나님과의 만남을 거푸 갖도록 하시는 것은 그를 사랑하기 때문이요 그가 이러한 오류를 극복하고 진정 바른 신앙의 길을 가기를 원하기 때문이었다. 이미 버린 자식이었다면 이렇게 찾아오거나 책망할 필요도 없는 일이다.

"여호와께서 가라사대 나의 하려는 것을 아브라함에게 숨기겠느냐"(:17)

"여호와께서 가라사대". 지금의 말 또한 분명히 아브라함을 찾아온 나그네들의 말이다. 하지만 이 때도 이들의 말은 사람의 말이 아니라 하나님의 말씀으로 들려왔다. 앞에 있는 존재는 분명 사람이고 들려오는 말도 분명 사람의 입에서 나오는 말이지만 더 이상 사람의 말이 아니라 하나님의 말씀으로 들려오는 것은 신앙 안에서 늘 경험하는 사건들이다. 그리고 이러한 경험이 시작될 때 우리의 신앙은 비로소 자라나기 시작한다. 때로 신앙의 현장에서 하나님의 말씀이라고 들려오는 말들이 있다. 그러나 하나님의 절대적 권위와 신비한 감동이 느껴지기 보다는 보통 듣는 사람의 교훈이나 가르침과 아무 차이가 없을 때 짜증스러움과 회의감 혹은 무덤덤한 마음으로 대하게 된다.

하지만 그것이 진정 하나님의 말씀이라면 그 말씀은 들을 당시에나 들은 후에도 오래도록 감동이 느껴지고 지속되며 감히 거역할 수 없는 힘에 우리의 삶이 압도된다. 내 삶의 치료와 변화가 일어나기 시작하는 것이다. 아브라함은 이제 나그네들의 존재와 말에 대해 감히 무시할 수 없고 거역할 수 없는 힘을 느끼고 있다. 자신의 불신앙을 책망하는 순간부터 나그네들은 하나님의 존재로 자기에게 다가옴을 느끼고 있는 것이다. 진정한 하나님의 말씀과 말씀인 듯 하나 말씀이 아닌 것들과의 차이점이다.

"**나의 하려는 것을 아브라함에게 숨기겠느냐**". 아브라함에게로 왔던 나그네들은 소돔을 향해 가려고 일어섰다. 아브라함은 이들을 전송하기 위해 따라 나왔다. 이렇게 따라 나온 그를 대해 하나님은 소돔을 대해 무엇을 하고자 하는지 말씀해 주고자 한다. 이는 소돔에 대해 하실 일이 아브라함과 깊은 연관이 있기 때문이다. 아브라함에게 이 일은 어떤 관계를 가지고 있고 아브라함은 왜 이 일을 알아야 하는 것일까?

"**아브라함은 강대한 나라가 되고 천하 만민은 그를 인하여 복을 받게 될 것이 아니냐**"(:18)

왜 하나님은 아브라함이 이 일을 반드시 알아야 한다고 보신 것이었을까? 그것은 아브라함이 강대한 나라가 될 것이기에 또 그 나라를 인해 천하의 많은 사람들이 복을 받게 될 것이기 때문이라고 설명하신다. 즉 아브라함이 강대한 나라가 되기 위해서는 소돔 성의 사건을 반드시 보아야 하며 또 이 사건은 아브라함으로 하여금 강대한 나라를 이루게 하기 위해서 계획되어진 일이라는 것을 말씀하신다. 그리고 그를 통해 강대한 나라를 세우시는 이유는 장차 온 천하의 수많은 사람들이 하나님께서 주시는 복을 받게 하고자 하심이었다. 그 일을 위해서 오늘의 사건을 아브라함이 반드시 알아야 한다는 것이다. 이제 소돔 성에 되어질 일로 인해 드러나는 교훈을 알지 못하고서는 아브라함이 절대 강대한 나라를 세울 수 없고 천하 만민이 하나님의 복을 누리게 되는 일도 불가능하기 때문이라는 이유를 가지고 있다.

소돔에 대해서 행하실 일이 다른 모든 사람들에게는 우연한 자연재해의 사건이었다. 하지만 아브라함은 이 사건이 하나님께서 의도해서 일으키신 사건이요 또 왜 일으키셨는지 알아야 할 것을 알아야 했다. 이것이 우리의 신앙에 어떠한 의미를 남기고 있는지를, 아브라함 자신에게 무엇을 가르쳐 주고자 하시는지를 분명하게 인식해야만 했다.

하나님은 언제나 당신의 하고자 하는 일들에 대해 그리고 이 땅에서 되어져 가는 일들에 대해 숨기지 않으신다. 우리가 알기를 원하셔서 천사들과 선지자들의 입을 통해 낱낱이 알리셨고 하나도 숨기신 것이 없었다. 종말의 때가 되기까지 되어져 갈 역사의 흐름과 그 종말의 사건 자체에 대해서도 아주 세세히 다 밝혀 놓으셨다. 한 개인의 삶에 대해서도 그가 하나님의 말씀을 들을 수 있는 귀가 있는 한 그가 잘못된 길을 갈 때는 반드시 경고의 말씀을 들려주신다. 이유가 무엇일까? 주님은 이렇게 알려주신 장차의 일에 대해 주목하지 못하고 그것으로 오늘 이 세대를 분별하지 못하는 자들을 이렇게 책망하신다.

"예수께서 대답하여 가라사대 너희가 저녁에 하늘이 붉으면 날이 좋겠다 하고 아침에 하늘이 붉고 흐리면 오늘은 날이 궂겠다 하나니 너희가 천기는 분별할 줄 알면서 시대의 표적은 분별할 수 없느냐// 또 무리에게 이르시되 너희가 구름이 서에서 일어남을 보면 곧 말하기를 소나기가 오리라 하나니 과연 그러하고 남풍이 붊을 보면 말하기를 심히 더우리라 하나니 과연 그러하니라 외식하는 자여 너희가 천지의 기상은 분변할 줄을 알면서 어찌 이 시대는 분변치 못하느냐"(마 16:2-3//눅 12:54-56)

왜 분별해야만 하는 것인가? 왜 분별하지 못하는 것이 우리의 책망이 되어야 하는 것인가? 예를 들어보자. 어떤 사람이 집을 사서 이사를 왔다. 그리고 문짝이 낡은 것을 보고 새 문을 달았다. 지붕이 새는 것을 알고 많은 돈과 큰 노력을 기울여 지붕도 고쳤다. 그리고 만족한 마음으로 바라보고 이 집에서 오래도록 살리라고 생각하였다. 그런데 중요한 사실은 그 집이 얼마 지나지 않아 곧 철거될 집이었다는 점이다. 이미 정해진 일이었지만 그는 그것을 전혀 알지 못했다. 어떻게 되겠는가? 헛수고요 허망한 결과를 맞이하게 되지 않겠는가?

주님께서 이 말씀을 하시는 당시 이스라엘이 그러했고 하나님께서 소돔에 일어날 일을 말씀하시는 이 때 소돔의 백성들도 그러했다. 로마에 참혹하게 멸망당해 천지에 흩어질 비극의 날을 바로 앞에 두고서도 이들의 관심은 오로지 집 짓고 땅 사고 돈을 모으는 일이었다. 마지막 날에 대한 준비는 전혀 없었다. 이를 두고 이렇게 탄식하는 것이었다. 소돔의 백성들도 그러했다. 곧 참혹하게 멸망당할 일이 임박해 있지만 아무도 이를 아는 자 없었고 알려줄지라도 귀담아 듣는 사람이 없었다. 시집가고 장가가며 장사하여 이익을 남기는 것에 힘을 쏟을 뿐이었다.

장차의 일을 아브라함에게 그리고 오늘의 우리에게도 알려주시는 이유는 우리가 그 모든 것을 알아야만 하기 때문이다. 그 날들이 우리의 신앙과 삶에 대해 직접적인 연관성을 가지고 있기 때문이다. 우리가 알 필요가 없다면 굳이 이렇게 알려주실 필요도 없는 일이다. 이러한 것들을 알게 됨으로써 우리는 내 자신이 지금 가는 길을 알 수 있다. 허망한 일에 힘을 쏟다가 허망하게 끝을 내는 헛수고를 면할 수 있는 것이다. 곧 하나님께서 장차 되어질 모든 일들을 미리 알려주시는 것은 우리 자신이 바른 생명의 길을 갈 수 있도록 하기 위해서 불을 밝혀 놓으신 것과 같은 것이었다.

어쩌면 아브라함의 입장에서 생각해 본다면 오늘 자신의 믿음 없음과 하나님의 말씀에 지극히 불성실했던 자신의 실수에 대해 심각한 책망을 받은 만남의 자리였기에 이제 이들이 어디로 가든지 왜 가든지 관심을 갖지 않을 수도 있는 일이었다. 이제 나를 어떻게 할 것인가에 대해서만 주의를 기울이는 것 그것이 중요한 것이지 하나님께서 다른 곳에서 다른 사람들에 대해 어떤 계획을 가지고 있고 어떻게 하시든지 상관없는 일로 여길 수 있는 것이었다.

하지만 아브라함에게 소돔에 일어날 사건을 미리 알려주고자 하시는 것은 아브라함이 이를 알아야만 했기 때문이다. 그 속에서 아브라함이 미처 생각지 못했고 알지 못했던 어떤 사실들을 깨달을 수 있어야만 했다. 이 사건이 전해 오는 어떤 내용을 그가 알고 그의 신앙 속에 용해하여 내야만 하는 것이 그에게 지금 반드시 필요했던 것이다. 지금 그가 가지고 있는 신앙의 약점이 이를 통해 깨어지고 새롭게 정립되어지는 일이 생겨나야만 했고 이 사건이 아니면 그 일은 절대 불가능했기 때문이었다.

오늘 내가 나의 일과 내가 얻을 어떤 결과에만 집착하여 주변의 되어져 가는 일에 무관심할 수 있다. 내 인생에만 몰두하여 이웃들과 지금 이 시대의 변해가는 상황을 둔감하게 바라볼 수 있다. 나의 이익과 직접적으로 연관된 것일 때에만 관심을 갖고 바라본다. 그러나 마지막 때가 되어갈수록 나와는 전혀 상관없는 저 멀리 떨어진 어떤 곳에서 생겨난 일일지라도 그것이 곧 나의 삶에 직접적인 영향을 미치게 된다는 것을 볼 수 있어야 한다. 그러므로 예민한 시각으로 시대를 분별할 수 있어야 하는 것이다. 나 개인의 일만이 아니라 이 시대의 되어져 가는 일들 속에서 하나님의 일 하나님 나라의 진행되는 일들을 분별하여 알 것을 주님은 요구하신다. 그것이 진정 하나님의 사람 된 표적이라는 것을 말씀하신다.

그렇다면 아브라함을 통해 이루실 강대한 나라는 어떤 나라이며 그 내적 요인을 어디에 두고 있는 것일까? 어떻게 천하 만민이 복을 받게 되는 것이며 그들이 받을 복은 어떤 것인가? 물리적 힘으로 강대함을 이룬 나라이며 백성들이 받을 복은 물리적 복인가?

"내가 그로 그 자식과 권속에게 명하여 여호와의 도를 지켜 의와 공도를 행하게 하려고 그를 택하였나니 이는 나 여호와가 아브라함에게 대하여 말한 일을 이루려 함이니라"(:19)

아브라함으로 하여금 자식과 공동체의 식구들에게 여호와의 원하시는 신앙의 길을 가르치고 그 신앙에서 나오는 의와 공도를 행하게 하려 하심이 하나님께서 아브라함을 택하신 목적이었고 이것이 아브라함에게 주어진 사명이었다. 그리고 그 강대한 나라는 바로 여호와의 도가 가르쳐지고 그것을 지켜 의와 공도가 행하여지는 하나님의 나라였다. 안으로 여호와의 말씀을 따라 의와 공도가 행하여지고 밖으로 말씀이 퍼져나가 나라가 확장되어져 가는 것이 그 나라의 목적이었던 것이다.

물리적으로 강대한 나라는 언제나 더 강한 나라가 일어나면 자리를 내어주어야 하고 그 자리를 지키고 또 빼앗기 위해 늘 긴장해야 한다. 한 개인의 야심이 지배하는 나라이다. 인간은 물리적 힘을 유지하기 위한 도구에 불과하며 이 힘을 얻기 위해 값비싼 희생의 대가를 치루어야만 한다. 소수의 사람만이 결과를 향유하며 역사는 이것이 반복되어 일어난 흐름이었다. 하지만 여기 하나님의 강대한 나라는 물리력을 바탕으로 한 나라가 아니다. 일개인의 야심을 위해 세워진 나라도 아니요 인간이 수단으로 이용되는 나라도 아니다. 어떤 시련이 와도 넘어지지 않는 나라요 천하 만민에게 복을 전하는 나라이다. 물질이 정신을 지배하는 강대한 나라가 아니라 신앙의 정신이 물질을 다스리는 나라이다.

하나님께서 아브라함을 통해 계획하신 것은 이러한 나라였으나 지금 아브라함은 이를 이루어가지 못하고 있었고 이루어 갈 힘을 결여하고 있었다. 아브라함이 이스마엘에게 집착하며 꿈꾸는 나라가 바로 이를 드러내고 있었다. 그러므로 이제 그는 소돔 사건을 보아야만 했다. 이것이 아니고서는 그의 잘못된 신앙관이 깨어질 수가 없었기 때문이었다.

오늘 우리는 하나님께서 아브라함을 통해 계획하셨던 이 강대한 나라에 동참하고 있다. 과연 우리 개인 개인은 어떤 죄악과도 싸워 이기며 유혹과 시련 앞에서도 무너지지 아니하는 강한 믿음과 정신을 소유하고 있는지, 우리의 공동체는 천하 만민에게 복을 주고 있는지, 이 종말의 때에 내가 애써 얻으려 하는 것은 무엇인지 돌아보고 확인하여야 할 때이다.

金樽美酒는 千人血이건만 (창 18:20-21)

하나님은 아브라함을 통해 이루실 하나님 나라에 대해 여호와의 도를 지켜 의와 공도를 행하는 나라라고 설명하신다. 아브라함이 만들어가야 할 그에게 주어진 사명이 바로 여호와의 도를 지켜 행하도록 자손과 권속들을 가르치는 것이었으며 여호와의 도가 그들을 통해서 계속 이어져 가도록 하는 것이었다. 이에 대해 아브라함이 가지고 있었던 신앙과 그가 생각하고 있었고 만들어가고 있었던 하나님 나라는 어떤 것이었을까? 무엇보다도 그의 신앙 속에는 하나님 나라의 근본 속성인 하나님의 도 곧 언약의 말씀이 없었다. 그러므로 그의 신앙은 인간중심적이었다. 이러한 편협하고 왜곡된 신앙이 지향하는 목표는 인간이 편안하고 부유하게 되는 것이 그 본질일 수 밖에 없었다.

이와 같은 그의 신앙은 그가 불법으로 얻은 자식 이스마엘을 자신의 후계자라고 생각하고 그에게 자신의 모든 것을 물려주고자 하는 것으로 이어져 간다. 하나님께서 이스마엘을 하나님 나라의 상속자에서 제외하셨을 때 이는 이스마엘의 속에 하나님이 요구하시는 여호와의 도는 전달되지 않았으며 의와 공도가 행하여지지도 않았고 그렇게 되어질 가능성도 없었다는 것을 증거한다. 그러므로 그가 아브라함의 모든 것을 이어받는 상속자가 될 때 아브라함의 하나님 나라는 그대로 끊어지게 될 것임을 의미하는 것이었다. 분명 하나님께서 노아를 통해 아브라함에게 전달해 주신 본래의 신앙과 또 아브라함을 통해 이루어 가고자 그에게 부여해 주신 사명은 아브라함이 현재 가지고 있는 신앙관과 가치관 그리고 삶의 모습들과는 크게 다른 것이었다.

과연 100세 된 아브라함의 이러한 신앙과 삶의 오류가 바뀌어질 수 있을 것인가? 이미 새로운 삶의 변화를 받아들이기에는 너무 늦은 때였고 그의 정신은 육체의 늙음과 더불어 함께 늙어 역동적인 힘을 상실한 상태였다. 과연 하나님께서 새롭게 보여주시는 신앙의 바른 길로 스스로 고쳐 갈 수 있을 것인가? 또 만일 아브라함의 이러한 신앙관과 가치관들이 변화되지 않고 그대로 이어져 간다면 어떤 결과에 이르게 될 것인가?

"여호와께서 또 가라사대 소돔과 고모라에 대한 부르짖음이 크고 그 죄악이 심히 중하니"(:20)

소돔과 고모라. 이 나라들은 지금 아브라함이 머물고 있는 가나안 남부의 중심 세력들이다. 하나님은 그들을 대한 부르짖음이 크다고 말씀하시며 그 죄악이 심히 중하다고 증거하신다. 이는 소돔과 고모라의 지배세력들이 억압과 착취를 일삼는 자들이요 그 백성들이 하나님을 두려워함이 없이 악하고 더러운 문화를 만들어 전파하고 있다는 것을 드러내신다. 저들로 인해 고통당하는 자들이 많고 저들을 욕하고 비난하는 소리가 세상에 가득하다는 것을 나타내시는 말씀이다. 이러한 점에서 보면 소돔과 고모라는 하나님께서 조금 전 아브라함에게 제시하여 주신 하나님 나라와는 정반대에 있는 나라였다.

"내가 이제 내려가서 그 모든 행한 것이 과연 내게 들린 부르짖음과 같은지 그렇지 않은지 내가 보고 알려 하노라"(:21)

그런데 이상한 것은 소돔과 고모라의 이러한 실상을 하나님 자신이 당신의 사자들을 통해 직접 알아보겠다고 하시는 점이다. 전지전능(全知全能)하시고 무소부재(無所不在)하신 하나님이다. 당신이 직접 오셔서 눈으로 보지 않으면 이 땅의 실상을 제대로 알 수 없어서 이렇게 직접 땅에 두루 다니며 눈으로 봐야만 하는 것인가? 땅에서 들려오는 목소리는 들을 수 있어도 눈으로는 그 실체를 볼 수 없는 소경 같은 시력이 약한 하나님이신가?

바로 여기서 우리는 소돔과 고모라에 대한 아브라함의 관계를 생각하여 본다. 아브라함이 이 땅에 들어온 것은 돈을 많이 벌고 편하게 살 수 있는 사업 기회를 찾아 온 것이 아니었다. 하나님 나라를 건설하는 것이 본래의 목표였다. 그리고 그가 롯과 헤어지고 난 후 정착하여 살아온 곳이 소돔과 고모라를 생활영역으로 하는 가나안 남부의 헤브론이었고 여기서 지금까지 20여년의 세월을 살아왔다. 그렇다면 이 곳에 그는 하나님 나라를 건설하여야 했고 그것을 위해 수고해야만 했다. 그의 사역과 관심의 대상지였기 때문이다. 어떤 형태로든지 열매를 맺어야 했고 열매가 있다면 이를 유지하고 확대시키기 위해, 없다면 있게 하기 위해 진력하는 모습을 가지고 있어야 했다. 그런데 지금 그는 어떠한가?

죄로 인한 고통의 부르짖음이 들려오고 그 죄악이 심히 중하다고 하나님께서 말씀하실 때 이는 이 땅에서 살아온 아브라함의 20년 세월이 이 곳을 전혀 변화시키지 못하였다는 것을 의미한다. 오히려 악화되었으며 하나님 나라는 흔적도 찾아볼 수 없다고 하시는 것이었다. 하지만 아브라함은 이 땅의 이런 현실을 보지 못하고 있었고 그는 오직 자기 삶에만 몰두하고 있었던 것이다.

바로 여기서 우리는 이 말씀이 지금 아브라함이 가지고 있는 그의 신앙과 삶에 대하여 던지는 중대한 메시지가 있다는 것을 발견할 수 있다. 첫째, 너 아브라함이 메소포타미아의 고향 땅을 떠나 이 땅에 들어온 것은 하나님의 의를 전파하고 하나님 나라를 세우고자 하는 것이었을진대 너는 지금까지 무엇을 해왔고 이 땅에 있는 저들의 불법과 만행을 보고 있느냐 하는 음성이다. 그리고 지금 이 순간도 내게 들려오는 고통당하는 자들의 외침을 너는 듣고 있고 저들의 아픔을 알고 있느냐 하는 것과 저들을 위해 무엇을 해왔느냐 하는 것이 두 번째이다. 그리고 셋째, 내가 이 땅에서 들려오는 저 신음소리를 듣고 여기 이 곳에 이렇게 찾아오기까지 하였지만 너는 저들의 아픔을 가지고 내게 부르짖어 기도한 적이 있느냐 하는 것이다.

한 마디로 사람들의 피를 짜내 만들어내는 왁자지껄한 잔치 소리, 그로 인해 고통 받는 내 백성들의 절규와 고통을 못 이겨 부르짖는 비명소리가 내 귀에 이렇게 쟁쟁한데 죄악을 행하는 자들과 그들로 인해 고통당하는 자들을 위한 너의 목소리는 어찌 없는 것이냐 하는 준엄한 질책이 이 말씀 속에 담겨 있는 것이다.

지금 세상의 실상이 이러하며 바로 너의 곁에 고통 받는 자들의 삶이 어지러이 흩어져 있건만 너는 무엇하고 있으며 내가 너에게 그 일을 하도록 하기 위해 더해준 은혜를 가지고 너는 무슨 생각을 하고 있느냐 하는 노기 어린 지적이다. 너의 곁에 이러한 일이 벌어지고 있고 이러한 자들이 가득하건만 너는 지금 어디에 정신을 팔고 있느냐 하는 것이 주님의 이 말씀 속에 담겨 있는 요지이다. 네가 낯선 자에게 송아지를 잡아 대접하는 것이 신앙이라고 생각할 때 이 땅에 죄로 인해 고통스러워하는 자들의 신음소리를 들어보았느냐 하는 것, 네가 불법으로 얻은 자식 이스마엘에게 정신이 팔려 있을 때 하나님 나라가 어떻게 병들어 가고 어떻게 무너져 가고 있는지 생각해 본 적이 있느냐 하는 질책이다.

이성을 지닌 인간이라면 불법을 행하는 자들의 악한 행실을 다 보고 느끼고 분노할 수 있다. 이는 신앙이 있든 없든 상관이 없다. 신앙인의 차이는 이것을 느끼느냐 느끼지 못하느냐 하는 것이 아니다. 문제는 이 현실을 어떤 신앙의 기준을 갖고 어떻게 행동하며 살아가느냐 하는 점이다. 신앙인이라고 하면서도 세상의 죄와 죄로 인해 고통 받는 이웃의 아픔을 인식하고 있지를 못한다면, 나아가 인식은 할지라도 이런 현실을 위해 어떤 행동도 취할 수 있는 의지가 없고 그래서 무기력하게 바라보며 나 혼자만의 삶에 집착한다면 그는 신앙의 요구를 외면하고 있는 자이다. 이럴 때 그의 신앙은 무슨 의미가 있겠는가?

종말 때의 인간의 특징은 자기를 사랑하는 것이라고 성경은 증거하고 있다(**"네가 이것을 알라 말세에 고통하는 때가 이르리니 사람들은 자기를 사랑하며…"(딤후 3:1-2)**). 곧 삶의 주요 관심 영역이 '나' 라고 하는 한정된 대상으로 대단히 좁아지고 제한 당하게 될 것이라고 설명한다. 그 이유는 종말이 가까워질수록 삶이 불안정하고 사람을 속이는 일이 만연하여 그러므로 이웃에 대한 불신이 팽배해지기 때문이다. 그러므로 믿을 것은 오직 나와 돈뿐인 세상이 될 것이요 신앙인 또한 자신의 삶만을 위한 대단히 편협한 신앙관을 가지게 될 것이라는 사실을 우리 앞에 보여주고 있다. 그렇기 때문에 종말의 때에 신앙인으로서 신앙의 요구를 따르며 신앙의 의무와 책임을 지켜 행하는 것은 더욱 힘들 것이라는 사실은 자명하다. "…**할 수만 있으면 택하신 자들도 미혹하게 하리라**"(마 24:24)는 주님의 말씀이 이러한 종말의 상황을 증거한다. 이 시대가 바로 그러하다.

불법과 불의 그리고 이로 인한 고통의 절규가 세상에 가득하지만 나 홀로 유유자적하며 살아가고 있는 아브라함이었다. 하나님이 그에게 주신 사명이 하나도 이루어진 것이 없었고 또 아직 75년의 살아갈 날이 그에게 남아 있었지만 내 할 일 다 끝났다고 생각하고 그저 편하게 살아가고자 하였다. 오늘 우리 또한 내가 좋은 사람이라는 소리를 듣고 내가 편하게 살면 그것으로 감사하고 만족하게 생각한다. 남이야 어찌되든 내 얻을 것만 기대하고 추구하며 그것을 위해 갈등하고 자기를 태우며 살아가는 오늘의 우리들이다. 이웃의 신음 소리가 하늘 가득 들려지지만 나는 들어도 듣지 못한다.

하나님 실수하시는 거예요 (창 18:22-23)

어느 날 하나님의 사자들이 찾아올 때까지 아브라함의 삶은 누가 봐도 성공적인 인생이었다. 전혀 낯선 이방인으로 거친 가나안 땅에서 많은 부를 소유하고 편히 살아가고 있으며 누구에게도 무시당하지 않고 살아갈 수 있는 힘도 있었다. 낯선 나그네에게 송아지를 잡아 섬기고자 할 만큼 사람을 대한 친절과 섬김이 있었기에 사람들로부터 칭찬 받기에 부족함이 없었고 실제로 그러하였다. 단 한 가지 자녀가 없는 것이 결점이었으나 이 문제도 이스마엘이라는 아들을 통해 해결되었다. 그리고 무엇보다 그에게는 하나님을 섬기는 신앙이 있었기에 그의 모든 삶은 세상에서 소유할 수 있는 거의 모든 것이 완벽하게 채워진 것이나 다름없었다. 그러므로 모든 것을 하나님의 은혜로 여기며 만족하고 감사할만한 것이었다. 누가 봐도 성공적인 인생이었다. 하지만 오늘 하나님의 사자들을 통한 하나님의 방문은 이 모든 것을 한 순간에 전혀 아무것도 아닌 것으로 헝클어놓고 말았다.

사람 보기에는 성공한 삶 같았지만 하나님 보시기에는 실패한 삶이었다. 하나님이 진정 원하시는 언약과 언약의 삶이 그에게서 무시되어 있었고 이웃들에게로 전달되지 않았다. 그러했기에 소돔과 고모라의 사람들이 죄악으로 고통 받고 있을지라도 벗어날 길이 없었다. 저들에게 진정 필요한 것이 이것이었는데 말이다. 이것이 오늘 아브라함 자신도 하나님으로부터 심각한 책망을 듣게 만드는 요인이 되고 말았다.

사람 보기에 성공한 것이 아니라 하나님 보시기에 성공한 삶이 되는 것이 중요하지 않은가? 사람 보기에는 실패한 것 같을지라도 하나님 보시기에 성공한 삶을 사는 것이 더 중요하지 않은가? 하나님 보시기에 성공한 삶은 때로 사람 보기에는 실패한 것 같고 비극적인 것처럼 보일 때도 있다. 앞서간 신앙의 사람들이 걸어간 길이 그러했다. 그러므로 신앙을 위해서는 내가 사람 앞에서는 실패한 사람으로 보일 수도 있고 이 세상에서는 실패한 삶이 될 수도 있다는 것을 인식하고 있어야 한다. 진실한 신앙에서 나오는 참된 용기는 하나님 앞에서 성공한 신앙인이 되기 위해 세상과 사람을 대해서는 실패할 수도 있다는 것을 각오하고 내 삶에 받아들이고자 하는 것이다. 이것이 있을 때 우리는 하나님 앞에서 성공한 신앙인으로 남을 수 있을 것이다.

"그 사람들이 거기서 떠나 소돔으로 향하여 가고 아브라함은 여호와 앞에 그대로 섰더니"(:22)

그러면 아브라함은 오늘의 상황을 어떻게 받아들였을까? 만일 아브라함이 방탕하고 게으른 삶을 살아왔다고 한다면 그가 이 속에서 느껴야 하는 것은 부끄러움이어야 했고 회개하여 다시 한번 새롭게 일어나고자 하는 다짐이 있어야 했다. 하지만 나그네들을 대하는 그의 모습과 삶은 그 나름대로 신앙의 요구를 따라 최선을 다해 살아온 삶이었다. 나름대로 가나안에서의 삶을 의미 있게 정리하고 있는 때였다. 그런 중에서 그는 오늘 하나님으로부터 심각한 질책을 받게 된 것이었다. 그러므로 하나님의 말씀 속에는 아브라함을 대한 책망이 담겨져 있지만 그가 이를 인식하느냐 못하느냐 하는 것은 또 다른 문제라는 것을 볼 수 있다. 왜냐하면 위에서와 같은 나름대로의 신앙의 삶이 그에게 있어 왔기 때문이다. 따라서 그는 이 말씀과 상황을 의아하게 받아들일 수도 있는 것이었다.

이제 그 만남과 대화를 마치고 하나님의 사자들이 소돔으로 떠난다. 그들이 소돔으로 행하는 이유가 무엇인지 말씀되어졌기에 결과가 어떠하리라는 것은 또 확실해졌다. 이제 과연 아브라함은 어떻게 반응해야 하는 것일까? 우선 본문의 말씀은 나그네들이 소돔을 향해 떠나갔을 때 아브라함은 하나님 앞에 그대로 서 있었다고 증거하고 있다. 이 때 아브라함의 앞에 선 하나님은 어떤 존재를 의미하는 것일까? 하나님 자신의 직접적인 현현인가? 앞뒤의 말씀을 자세히 살펴보면 아브라함에게 찾아온 나그네는 세 사람이었는데 반해 소돔 성으로 간 나그네는 두 사람, 두 천사였다는 것을 성경은 증거하고 있다("**날이 저물 때에 그 두 천사가 소돔에 이르니…**" (19:1)). 결국 지금 아브라함 앞에 선 하나님은 이들 세 나그네 중 하나임을 알 수 있고 아브라함은 그에 대해 하나님의 존재를 느끼고 있다는 것을 보게 된다.

그러면 왜 하나님으로 인식되는 이 나그네는 소돔으로 가지 않고 아브라함 앞에 그대로 남아있는 것일까? 그것은 무언가 아브라함에게 아직 해야 할 일이 남아있다는 것을 보여준다. 그리고 이어지는 대화는 이제 소돔 성에 되어질 사건을 통해 아브라함이 확인해야만 하는 것이 무엇이고 아브라함의 신앙이 어디에 문제가 있는 것인지 알아야만 하는 것이 중요한 과제라는 것을 알려주고 있다. 하나님께서 아브라함을 왜 찾아오셨는지 궁극적으로 그에게서 원하시는 것이 무엇인지를 깨닫게 하기 위해 하나님은 지금 그대로 아브라함 앞에 머물러 있는 것이다.

"가까이 나아가 가로되 주께서 의인을 악인과 함께 멸하시려나이까"(:23)

아브라함은 하나님께서 당신의 사자들을 소돔 성으로 보내실 때 그 목적이 성을 멸하는 것으로 이해하고 있음을 알 수 있다. 그런데 우리는 아브라함의 말에서 이상한 점을 발견하게 된다. 하나님께서는 분명 그 성에 사람의 부르짖음을 만들어내는 죄악이 가득하다고 보고 있고 그 죄를 응징해야 한다고 말씀하고 있다. 그렇다면 이에 대한 아브라함의 반응은 '그 성을 용서해 주십시오 그들이 변화될 수 있는 기회를 주십시오'라는 말이 나와야 옳은 것이었다.

만일 그가 하나님이 우리에게 제시하시는 신앙을 올바로 이해하고 있었다면 그래서 그에게 진정 그들을 대한 안타까움이 있었다면 그는 지금이라도 사자들보다 먼저 가서 저들에게 이 사실을 알려야 했다. 살릴 자들은 옷깃을 잡아끌어서라도 살리고자 하는 노력이 있어야만 했다. 왜냐하면 그 성에는 자신의 조카 롯을 비롯하여 자신이 이곳에서 20여 년 살아온 결과로서 자기와 친분관계를 가지고 있는 이웃들이 많이 있기 때문이다.

그런데 이러한 모습은 전혀 없고 하나님을 대해 **"주께서 의인을 악인과 함께 멸하시려나이까"**라고 말할 때 이 말은 어떤 의미를 담고 있는 것인가? 이는 만일 하나님께서 지금 저 성을 멸하신다면 그것은 악인과 더불어 의인도 함께 멸하는 것이라고 하는 뜻을 가지고 있다. 곧 지금 저 성에는 의인들도 많이 있는데 그 성을 멸하시는 것은 의인도 함께 죽이는 것이요 그러므로 지금의 결정은 잘못된 것이며 재고되어야만 한다는 뜻이다. 이는 지금 하나님의 보시는 것과 하나님이 하고자 하시는 일이 잘못된 것이라고 하는 내용을 가지고 있다.

하나님께서는 그 소돔과 고모라 성에 부르짖음이 가득하고 죄악이 넘쳐 흘러 더 이상 두고 볼 수 없어 멸하겠다고 하셨다. 그런데 이에 대해 아브라함은 그 성에 의인이 있다고 말한다. 하나님의 말씀은 그 성에 의인이라고는 눈을 씻고 봐도 없으며 앞으로의 가능성도 찾을 수 없다는 것이었다. 그러나 아브라함의 눈에는 의인이 많이 있고 그러므로 그 성은 변화될 가능성이 있기 때문에 멸해서는 안 된다고 하는 주장이었다.

어찌된 것일까? 바로 여기서부터 아브라함이 가지고 있는 문제의 본질이 드러나고 있다. 신앙과 신앙인에 대한 인식 그리고 현실 상황에 대한 판단이 하나님이 원하시는 그것과는 현격하게 차이가 있다는 것이 나타나고 있는 것이다. 즉 이는 아브라함이 하나님의 명령을 받아 그 뜻을 전하는 사자로서의 사명을 감당하는 자라고 할 때 하나님의 뜻과 아브라함의 이해하는 바가 서로 상충하고 있다는 것을 나타낸다. 종이 주인의 시킴을 받아 일을 하나 주인이 원하는 바를 제대로 알지 못하고 일을 엉뚱하게 해 놓고도 그것을 지적하는 주인에게 무엇이 잘못되었느냐고 항변하는 것과 같다고 할 수 있다.

그러면 아브라함이 말하는 의인과 악인에 대한 판단 기준은 무엇일까? 우리는 이미 앞에서 살펴본 대로 아브라함이 가지고 있는 신앙 속에서 이에 대해 이해할 수 있는 근거를 찾아볼 수 있다. 즉 첫째는 하나님을 알고 그를 신앙의 대상으로 받아들여 그에게 단을 쌓고 제사드리는 자이다. 물론 이 속에 하나님의 언약에 입각한 삶은 없다. 아브라함 자신에게 이러한 모습이 없기 때문이다. 그리고 또한 하나님을 믿기에 이웃을 도우며 착하고 바르게 살고자 하는 자이다. 적어도 아브라함의 신앙관 속에서 나올 수 있는 의인에 대한 이해는 이것이 전부다.

그렇다면 아브라함이 말하는 이 의인들은 어떻게 생겨난 것일까? 이들이 하나님을 믿게 되었다는 것은 누군가가 하나님에 대한 신앙을 전하였다는 것이다. 아브라함이 가나안으로 온 목적과 연결시켜 살펴본다면 이들은 적어도 오늘까지 아브라함이 전도인으로서의 사명을 수행한 결과라는 것을 알 수 있다. 바로 여기서 우리는 아브라함이 오늘까지 신앙을 전하는 전도인의 사명에 대해 전혀 손을 놓고 놀면서 살아온 것이 아니라는 사실을 이해하게 된다.

곧 그는 자기 나름대로 하나님을 전파하고 그들이 하나님을 믿는 신앙의 삶을 살도록 힘을 기울여 왔다. 그래서 그 성에 신앙을 받아들여 하나님을 믿는 자가 생겨났고 그들을 구원받을만한 의인들이라고 그는 보고 있는 것이다. 아브라함이 게으르고 방탕한 삶을 살아온 것이 아니라 지난 20년 동안 나름대로는 신앙을 전하기 위해 힘을 기울여 왔고 이러한 결과를 만들어 왔던 것이다. 바로 이것이 지금 아브라함으로 하여금 스스로 만족하게 하고 편안하게 하는 요인이 되고 있다는 것을 알 수 있다.

하나님은 가서 집을 지으라고 명령하시고 아브라함을 가나안으로 보내셨다. 그리고 아브라함은 와서 지금까지 집을 짓는 일을 수행하여 왔다. 그런데 시간이 지난 뒤 하나님께서 와서 보시고 이는 내가 지으라고 한 집이 아니라고 말씀하고 있다. 그런데 아브라함은 내가 하나님의 뜻대로 집을 지었다고 말하고 있다. 무엇이 문제인 것일까? 그것은 하나님께서는 아브라함의 짓는 신앙의 집 속에 하나님의 언약의 말씀이 들어있기를 원하셨지만 아브라함은 이 언약의 말씀을 빼고 집을 지어놓은 것이 문제였다. 곧 하나님은 반석 위에 집을 지으라고 하셨으나 아브라함은 모래 위에 집을 지어놓은 것이었다.

"그러므로 누구든지 나의 이 말을 듣고 행하는 자는 그 집을 반석 위에 지은 지혜로운 사람 같으리니 비가 내리고 창수가 나고 바람이 불어 그 집에 부딪히되 무너지지 아니하나니 이는 주초를 반석 위에 놓은 연고요 나의 이 말을 듣고 행치 아니하는 자는 그 집을 모래 위에 지은 어리석은 사람 같으리니 비가 내리고 창수가 나고 바람이 불어 그 집에 부딪히매 무너져 그 무너짐이 심하니라"(마 7:24-27)

예수님의 이 말씀이 지금 아브라함이 가나안에 만들어놓은 결과를 그대로 말하는 것이라는 사실을 우리는 발견할 수 있다. 이제 곧 일어날 소돔과 고모라 성의 결과가 바로 모래 위에 지은 집의 결과와 그대로 일치하는 상황이다.

오늘 우리의 신앙관과 교회의 신앙 현실은 어떠한가? 지금까지 우리가 지어왔고 지금 짓고 있는 신앙의 집이 오래 전 아브라함이 가나안에 지어놓았던 바로 그 집은 아닌가?

뭐가 달라서 (창 18:24)

"그 성중에 의인 오십이 있을찌라도 주께서 그 곳을 멸하시고 그 오십 의인을 위하여 용서치 아니하시리이까"(:24)

하나님께서는 소돔과 고모라에 의인은 없고 오직 죄악이 가득할 뿐이라고 하시지만 아브라함은 의인이 있다고 말한다. 그 의인들은 악인과 함께 하나님의 진노로 멸망당해서는 안 될 자들이라고 말하고 있다. 이는 그 의인들이 하나님을 믿는 자들이라는 것과 그러므로 그들은 구원받을 자들이라는 자신의 신앙관을 드러내는 것이었다. 이는 아울러 나름대로 신앙을 위해 수고해온 자신의 삶의 결과를 나타내는 것이기도 하였다.

그리고 이제 그는 그 성에 있는 의인에 대해 구체적인 숫자를 말하고 있다. **"의인 오십"**. 아브라함은 적어도 그 성에 하나님을 믿는 자들이 오십은 있다고 보고 있는 것이다. 그리고 이 50명을 인해 그 성까지도 용서해 달라고 한다. 왜 50명만이라도 구원해 달라는 것이 아니라 그들로 인해 그 성까지 용서해 달라고 하는 것일까? 이는 그 50명의 의인들이 구원받을 수 있는 신앙인들이라고 하는 그의 신앙을 반영하고 있음과 동시에 소돔성을 용서해 달라고 하는 것은 이들로 인해 그 성은 달라질 수 있다고 스스로 생각하고 있음을 알게 한다.

우리는 여기서 아브라함이 말하고 있는 50여명의 의인이 과연 구원받을 수 있는 자들인지 그리고 그들이 아브라함의 생각대로 한 사회를 변화시킬 수 있는지 그 가능성에 대해 생각해 본다. 당시 소돔 성은 왕이 다스리는 큰 성이기는 하나 지금으로부터 4000년 전의 세계라는 점을 감안한다면 그 성의 인구는 많아도 수천 명 정도에 불과하다고 할 수 있다. 이러한 숫자와 연결시켜 볼 때 50명의 숫자는 결코 작은 숫자는 아니다. 만일 이 50명이 힘을 모아서 무엇인가를 하고자 한다면 분명 의미 있는 결과를 만들어낼 수 있다. 하나의 공통된 가치관을 갖고서 분명한 목표를 향해 일치된 힘을 모을 수 있다면 수천 명의 사회를 변화시키는데 있어 50명의 숫자는 충분한 가능성을 가지고 있다.

그런데 문제는 이 사람들이 어떤 사람들인가 하는 점이다. 과연 이들이 한 사회의 변화를 만들어낼 만한 역량을 갖춘 이들이냐 하는 것이 핵심 관건이다. 이러한 점에서 이들의 역량을 가늠해 볼 필요가 있다. 이미 살펴본 대로 아브라함이 말하는 50명의 의인은 하나님을 믿는다는 것과 이 믿음에 근거하여 선하고 바르게 살고자 하는 사람들이다. 과연 이들이 한 사회를 변화시킬 힘을 가질 수 있는 것일까?

보통의 사회에서 보면 사회를 구성하고 있는 사람들은 이웃 간의 관계에서 착하고 바르게 살고자 하는 사람들이 거의 대부분을 차지한다. 아주 악한 사회에서도 거의 모든 사람들은 어떻게 사는 것이 바른 삶인가에 대한 고민을 가지고 있고 이웃을 그렇게 대하며 또 자신들의 사는 사회가 선하고 의로운 사회가 되기를 바라는 사람들이다. 특별히 악한 사람은 겨우 몇몇 정도의 극히 소수이다. 아무리 악한 사회라도 악을 주도하고 퍼뜨리며 그것을 통해 자기 유익을 추구하는 자들은 소수일 뿐이지 한 사회 전체가 혹은 대다수의 구성원이 악의 주체가 되어 행동하는 경우는 거의 없다.

하지만 다수가 선하고 평화를 희구할지라도 그들의 바람이 무시당하고 소수의 악이 승리하며 사회전체를 다스리게 되는 것은 왜인가? 그것은 선하고 바른 삶을 추구하는 다수의 사람들이 선과 평화를 실현하고자 하는 굳은 의지를 갖고 있지 못하기 때문이다. 또한 이를 위협하는 악의 세력이 일어날 때 이에 맞서 자유와 평화와 선을 지킬 수 있는 실제적 힘을 가지고 있지 못하기 때문이다. 그리고 오히려 저들이 가지고 있는 힘을 두려워하고 이에 굴종하는 삶을 선택하기 때문이다.

그들이 마음으로는 무엇이 옳은 지 어떻게 행동하는 것이 바른 지 다 알고 있다. 하지만 결국에는 자기 목숨을 두려워하고 자기의 이익을 잃게 될까 염려하며 작은 이익이라도 자기에게 유리한 어떤 것을 얻고자 하는 것이 저들의 마음이다. 최종적으로는 어떤 가치관이나 신념이 아니라 자기 유익을 따라 행하게 되는 것이 보통의 사람들인 것이다. 따라서 확고한 의식이 세워져 있지 않은 군중은 수가 아무리 많아도 소총 소리 한방이면 그대로 무너지고 마는 것이 일반적이다.

혹 선과 의를 추구하는 보편적 다수가 사회의 지배권을 갖는다고 할지라도 이내 똑같이 부패하게 되고 나아가 더 큰 악을 행하는 자들로 등장하게 되는 것을 역사는 증거하고 있다. 이는 권력과 돈 앞에서 갖게 되는 인간의 숨어 있던 욕심과 이기심이 드러나기 때문이요 이를 다스릴 수 있는 보다 강한 정신적, 영적 힘이 마음 속에 없기 때문이다. 결국 선과 의를 알고 원하는 것보다 더 중요한 것은 그것을 실천하고 지킬 수 있는 힘이요 이는 물리적인 요소보다는 인간의 내면적인 능력에 더 크게 좌우된다는 것을 알 수 있다.

그렇다면 아브라함이 말하는 의인들은 어떠한가? 이들 또한 선하고 바르게 살아야 한다는 의식을 지니고 있고 그 위에 하나님을 믿고 있다. 그렇다면 그들이 하나님을 믿는다고 할 때 이 믿음이 그들의 의식에 얼마나 깊은 영향을 미쳤느냐 하는 것이 문제이다. 즉 의와 선에 대한 가치관의 기준이 무엇이며 바른 삶을 위해 얼마나 진지하게 고민하며 또 만일 그것이 도전 받는 상황이 생겼을 때 거기에 맞서 싸울 의지가 있고 그것을 위해 자기의 유익과 혹은 목숨을 잃는 것까지도 각오하고 있느냐 하는 것이 중요하다.

만일 이 모든 것이 하나님 없는 자들과 다를 바가 없다면 이들의 신앙과 삶은 하나님을 믿는다고 하는 자기인식 이외에 하나님을 믿지 않는 자들의 그것과 전혀 다르지 않다. 곧 하나님을 믿는다는 자기고백 외에는 의와 선에 대한 가치 기준부터 삶의 행태에 이르기까지 외적으로 보통의 사람들과 하등 다를 바가 없는 것이다.

그러면 하나님을 믿는 자들에게 사회 일반의 보편적 의와 선이 아닌 하나님이 신앙으로 요구하시는 의와 선에 대한 가치관은 어디에서 나오는가? 그것은 오직 하나님의 언약이 가지고 있는 말씀이다. 그리고 신앙의 의외 선을 지켜가고 실현시켜 갈 수 있는 실질적인 힘도 하나님의 말씀에서 나온다. 그런데 과연 아브라함이 말하는 의인들은 이것을 가지고 있는가? 중요한 것은 아브라함 자신부터 언약에 입각한 말씀의 삶이 없다는 사실이다. 그러므로 아브라함으로부터 신앙을 전달받은 의인이라고 여겨지는 자들도 그러한 신앙의 요소들이 삶에서 스며나올 여지는 전혀 없다. 따라서 이들 또한 하나님을 믿는다고 하는 자기 고백 이외에 생각과 가치관 그리고 구체적 삶에 있어서 보통의 사람들과 전혀 다르지 않다.

이들이 과연 사회를 변화시킬 힘이 있겠는가? 하나님께서는 그 성을 멸하겠다고 하신다. 이는 이들에 의한 사회적 변화 가능성 자체를 부인하는 말씀이다. 나아가 그 성에 죄악이 가득하며 죄인만이 있을 뿐이라고 하시는 것은 저들의 의인됨 자체를 부정하는 것이요 이들에 대한 구원의 은혜도 거부하시는 증거이다. 즉 저들이 하나님을 믿고 이를 신앙이라고 여기는 것 자체를 신앙이 아니라고 부정하시는 것이다. 아브라함은 저들을 의인이라고 하며 저들의 구원을 당연시하고 또 나아가 저들에 의한 사회의 변화를 믿고 있지만 하나님은 이 모두를 부정해 버리시는 것이다. 이유는 저들에게 하나님이 원하는 바 언약의 말씀이 전해지지 않았고 언약이 줄 수 있는 내면의 힘도 외적인 능력도 전혀 없기 때문이다.

> "너희는 예루살렘 거리로 빨리 왕래하며 그 넓은 거리에서 찾아보고 알라 너희가 만일 공의를 행하며 진리를 구하는 자를 한 사람이라도 찾으면 내가 이 성을 사하리라 그들이 여호와의 사심으로 맹세할찌라도 실상은 거짓 맹세니라"(렘 5:1-2)

넓은 예루살렘 거리. 전부가 하나님을 믿는 자였다. 모두가 하나님께 예배드리는 자였다. 하지만 하나님은 공의를 행하며 진리를 구하는 참된 의인으로서의 신앙인을 단 한 사람이라도 찾을 수 없다고 하신다. 여호와의 사심을 두고 맹세할 만큼 스스로 신앙을 자랑하는 자들이 많았지만 다 거짓이었다.

오늘날도 하나님을 믿는 자들이 전세계 인구의 1/5을 차지하고 있지만 과연 변화가 있고 변화를 기대할 수 있는 것인가? 이 나라 안에만도 천만을 헤아리는 신앙인들이 있지만 사회가 변화의 가능성을 찾을 수 없는 것은 왜인가? 그 답은 교회를 들여다보면 쉽게 찾을 수 있다. 과연 하나님을 믿는다고 하는 자들만이 모인 하늘나라 공동체로서의 교회일지라도 다른 사회 공동체 조직보다 선과 의에 대한 차원 높은 가치관을 유지하고 있는가? 그 작은 영역 속에서만이라도 조그마한 변화나마 만들어낼 역량을 갖추고 있는 것인가? 더 지독하고 더러운 다툼들이 있고 고요하나 무기력하며 분주하나 허무할 뿐이다. 지금의 의인들도 아브라함이 말하는 의인과 예레미야 때의 이스라엘의 의인들과 똑같을 뿐인 것을 증거하고 있다.

과연 나는 내 삶에 있어서만이라도 하나님이 원하시는 선과 의에 대한 분별이 있으며 이를 실현시켜 갈 수 있는 능력이 있는 것일까? 그것이 도전 받을 때 나를 희생해서라도 그것을 지켜갈 의지와 힘이 과연 있는 것일까? 변화의 싹을 내 삶에서도 찾을 수 없다면….

어허 저런 당돌한 (창 18:25-26)

"주께서 이같이 하사 의인을 악인과 함께 죽이심은 불가하오며 의인과 악인을 균등히 하심도 불가하니이다 세상을 심판하시는 이가 공의를 행하실 것이 아니니이까"(:25)

성 중에 의인 50이 있고 또 그들로 인해 성이 변화될 수 있다고 하는 아브라함의 주장은 과연 얼마나 정확한 것일까? 그저 막연히 그 정도는 있을 것이라는 것인가 아니면 나름대로의 정확한 계산과 확신을 갖고 나온 말일까? 위에 이어지는 그의 말은 단순히 하나님께 무엇을 간구하는 말이 아니다. 의인은 없고 악인만이 있으며 죄악이 난무할 뿐 앞으로도 변화될 수 있는 약간의 가능성도 없다고 하시는 하나님의 말씀과 뜻을 정면으로 반박하며 소돔성을 멸하고자 하는 계획의 부당성을 지적하는 말이다. 그리고 그 계획을 취소할 것을 강력하게 촉구하는 그러한 내용을 가지고 있다.

"**의인을 악인과 함께 죽이심은 불가하오며**", "**의인과 악인을 균등히 하심도 불가하니이다**"라는 그의 말에서 "**불가하오며**", "**불가하니이다**"라는 표현들은 그 일은 절대 있을 수 없고 있어서도 안 된다고 하는 강한 반발을 나타내는 표현이다. 나아가 "**세상을 심판하시는 이가 공의를 행하실 것이 아니니이까**"라는 아브라함의 말은 만일 하나님께서 그 성들을 멸하신다면 이는 공의가 결여된 것이요 불의한 일이 될 것이라는 일종의 강력한 항의요 강한 불만을 나타내는 말이다. 하나님은 공의의 하나님이 아니요 불의한 하나님이라고 하는 대단히 망령되고 거친 의사표현이기도 하다.

아브라함의 이러한 말은 표현의 적절성 여부를 떠나 소돔성의 오십 의인에 대한 강력한 자기 확신이 있다는 것을 보여주고 있다. 이것이 깨어지지 않는 바위처럼 단단하게 그의 생각에 자리하고 있다는 것을 드러낸다. 하나님은 소돔성에 의인도 없고 죄악만이 가득할 뿐이며 의인이 있다고 할지라도 구원받을 수 있는 의가 아니며 그들로 인한 변화의 가능성도 부인한다. 하지만 이에 대해 아브라함은 그것이 의요 신앙이라고 하는 강한 자기 주장을 견지하고 있는 것이다.

그러면 아브라함은 과연 하나님의 공의를 문제삼을 만큼 또 하나님을 잔인하다고 소리칠 만큼 소돔 사람들을 사랑하여 왔고 그들을 위해 어떤 작은 희생이라도 감당해 왔던가? 하나님께서는 소돔 성으로부터 죄로 인해 고통 받는 영혼의 부르짖음이 들려오고 있지만 아브라함 너는 그 소리들을 들어보았느냐고 말씀하셨다. 나 하나님이 그 사실의 정도를 보기 위해 이렇게 오기까지 할 때 그러함에도 너는 무엇하고 있었느냐 하시는 말씀이었다. 아브라함은 그들의 고통을 그렇게 가슴 아프게 생각해 보지 않았다는 것을 드러내시는 말씀이었다. 자신의 소유한 것에 스스로 만족하며 현재의 삶에 평안해 하던 자였던 것이다.

그러므로 지금 아브라함이 나타내야 하는 반응은 저들을 용서해 달라고 하는 것이거나 저들을 위해 자신이 다시금 새롭게 일할 수 있는 기회를 달라고 하는 것이어야 했다. 죄를 심판하시는 하나님의 심판이 잘못되었다고 비난할 수 있는 것은 아니었다. 진정 저들을 향해 자신을 불사르는 것 같은 사랑이 있었다면 모를 일이지만 말이다.

물론 아브라함이 정신 이상자가 아니라면 아무 이유 없이 이렇게 하나님의 공의를 문제 삼으면서까지 망령된 말을 할 수는 없다. 오십 의인이 있다고 할 때 이는 그 나름대로 수고와 정성을 기울인 결과이다. 적어도 오늘 이전 온 힘을 쏟아 신앙을 전달하고자 하였고 그 열정 어린 수고 속에는 소돔과 고모라의 사람들에 대한 어느 정도의 사랑이 담겨있었던 것도 사실일 것이다. 그렇게 해서 생겨난 50여 명의 신앙인들에 대해 마치 신앙 안에서 낳은 자식들처럼 애착을 갖고 대하게 되는 것도 당연한 일이라고 할 수 있다. 그러면서 그는 이 결과를 가나안에서의 삶에 대한 최고의 열매로서 자부심을 갖고 있고 지금은 그러한 결과와 또 그들에 의해 만들어져 나갈 하나님 나라를 기대하며 스스로 만족하고 있는 것인지도 모른다.

하지만 그의 모든 수고는 인간적인 노력에 지나지 않았고 그가 쌓아올린 것은 모래성에 불과했다. 그 수고와 사랑이 오늘 이렇게 허무하게 무너지는 것은 자신의 속에서부터 의와 신앙에 대한 본질을 잘못 이해하고 있었기에 벌어진 결과이다. 그리고 어쩌면 그가 이렇게 하나님 앞에서 분노하는 것은 그 수고가 허물어지고 있는 것에 대한 거부인지도 모른다.

"여호와께서 가라사대 내가 만일 소돔 성중에서 의인 오십을 찾으면 그들을 위하여 온 지경을 용서하리라"(:26)

그러면 이에 대해 하나님은 어떻게 반응하셔야 되는 것일까? 하나님이 공의의 하나님이 맞습니까 하나님은 불의합니다라고 소리치는 아브라함의 거칠고 무례하며 망령된 언사에 대해 내용의 옳고 그름을 떠나 그러한 언동 자체를 책망해야 하는 것이 아니겠는가? '네가 나보다 의로우냐? 네가 나보다 더 지혜로우며 나보다 사람을 더 많이 더 잘 아느냐?' 라고 큰 소리로 나무라는 것이 당연하지 않겠는가? 오늘 우리의 신앙의 관념으로 본다면 이러한 말 자체가 이미 용서받을 수 없는 무거운 죄일 것 같은데 말이다. 그런데 하나님의 말씀 속에는 이를 책망하고자 하는 의도 자체를 찾아볼 수 없다. 오히려 아브라함의 항의를 받아들이신다. **"내가 만일 소돔 성중에서 의인 오십을 찾으면"**. 전지전능하신 하나님께서 의인이 있다고 따지는 아브라함을 대하여 하시는 말씀이다. 이는 네 말대로 과연 의인 오십이 있는지 찾아보겠다고 하시는 뜻이다.

천지의 주재이신 하나님께서 지금 소돔 성에 의인 오십이 있는지를 몰라서 이런 대답을 하시는 것일까? 사람이 어떠한지 사람 중에 누가 의인인지 구분할 능력이 없어서 사람처럼 그들 중에 내려오셔서 한 사람 한 사람 찾아보고 확인해봐야 알 수 있단 말인가? 이미 소돔 성에 의인은 없고 죄악만이 가득할 뿐임을 다 보고 오신 것이 아닌가? 하지만 **"의인 오십을 찾으면"**이라고 하신다. 아브라함의 말대로 의인 오십이 있는지 다시 한 번 찾아보겠다고 하시는 말씀이다. 왜 확인해 보겠다고 하시는 것일까?

먼저는 하나님께서 소돔 성을 멸하고자 하시는 것은 그 성을 멸하는 것 자체가 목적이 아니라고 하는 사실을 알 수 있다. 하나님께서 아브라함이라는 사람과 전혀 상관없이 멸해야만 하는 이유와 당위성을 가지고 있다면 이를 아브라함이라는 한 개인에게 말씀하실 리도 없었다. 그 한 개인의 뜻에 따라 당신의 계획을 다시 확인해 보겠다고 하실 필요도 없기 때문이다. 그냥 멸해 버리면 되는 것이요 인간의 무지한 판단과 사고에 의해 방해받을 이유가 없다. 방해하는 자가 있다면 오히려 그를 크게 징벌하는 것이 마땅하다. 그러함에도 이 일을 굳이 아브라함에게 말씀하시고 의인에 대한 자기 의견을 표현하도록 하신다. 그리고 그의 의견에 대해 실제로 그러한지 아닌지 아브라함에게 확인시켜 주고자 하신다. 이는 이 사건이 아브라함과 관련되어 있다는 것을 드러내는 명백한 증거이다.

'찾아보겠다' 라는 의미의 이 말씀은 하나님 자신의 보다 정확한 판단을 내리기 위해 알고자 하심이 아니라 아브라함 스스로 의인에 대한 잘못된 기준을 확인하도록 하기 위함이다. 아브라함이 의인이라고 알고 있었던 자들이 진짜 의인인가 하는 것과 이를 통해 아브라함이 구원받을 신앙의 의라고 알고 있는 구원관에 대해서도 그것이 과연 정확한지 여부를 그 자신의 눈으로 확인할 수 있도록 하기 위해서이다. 인간의 겉만 보고 속은 보지 못하는 인식의 한계, 인간에 대한 감상적 사랑의 허점을 그 스스로 볼 수 있도록 하기 위함이다.

"의인 오십을 찾으면 그들을 위하여 온 지경을 용서하리라". 하나님께서 인정하시는 의인이 오십만 있다면 그들로 인해 세상을 용서하겠다고 하신다. 의인 오십만 있다면 세상을 이렇게 멸하진 않으실 것이라는 말씀이요 이는 그들로 인해 온 세상이 변화될 수 있고 죄로부터 용서받을 수 있다는 것을 드러내시는 말씀이다. '아브라함 너는 의인 오십이 있기 때문에 저 소돔 성이 변화될 수 있다고 말하지만 정말로 나 하나님이 원하는 진정한 의인 오십만 있다면 소돔 성이 아니라 온 세상을 변화시킬 수 있다' 고 하시는 말씀이다. 그런데 온 세상을 변화시킬 힘을 가진 오십 명의 의인이 있는데도 소돔 성이 저 모양이란 말이냐 하는 반문이기도 하다. 오십 명도 아닌 겨우 열한 명의 제자가 세상을 어떻게 변화시켰는지 그 증거를 우리가 가지고 있지 않은가?

　아브라함의 신앙의 오류를 바로 잡으려고 수고하시는 하나님을 본다. 아직 아브라함의 속에 신앙이 작은 불씨처럼 꺼지지 않고 살아있음을 보셨고 이 불씨를 살리기 위함이다. 그가 하나님을 어떻게 대하든 그에게 살아날 수 있는 조금의 가능성만 있어도 그 어떤 죄이든 얼마든지 용서하시고 그를 생명의 바른 길로 인도해 가고자 하시는 하나님의 사랑을 본다. 그리고 그 한 사람을 통해 온 세상을 변화시키고자 하시는 하나님인 것이다. 오늘 내가 살아날 가능성이 있는 한 사람인지, 살아나기를 원하며 살아나고자 온 힘을 다하는 그 한 사람인지, 그리고 세상이 아니라 누군가 단 한 사람이라도 변화시킬 수 있는 가능성을 지닌 사람인지, 그것이 참으로 중요하지 않은가?

꼬리를 내려 (창 18:27-28)

하나님은 아브라함의 주장대로 의인 오십이 있는지 찾아보겠다고 하셨고 또 그의 요구대로 의인 오십이 있다면 그 성을 용서하겠다고 하셨다. 소돔 성만이 아니라 온 지경을 용서하겠다고 하셨다. 그의 뜻을 다 들어주신 것이었다. 그러면 이에 대한 아브라함의 반응은 어떠해야 할까? 만족해야 하는 것 아니겠는가? 자신의 판단에 그렇게 확신이 있었다면 이제 그 결과에 대해서도 분명한 믿음을 가지고 기다리고자 하는 것이어야 했다. 그런데 어찌된 일인지 하나님의 이러한 말씀 앞에 오히려 아브라함의 태도가 갑자기 확 바뀐다.

"아브라함이 말하여 가로되 티끌과 같은 나라도 감히 주께 고하나이다"(:27)

"티끌과 같은 나". 후 불면 사라져버릴 먼지 같이 사소한 인간 본래의 자리에 대한 고백이다. 이게 어찌된 일인가? 조금 전까지도 기세등등하던 그의 말이 한 순간 유순해졌다. 하나님을 향해 주먹을 불끈 쥐고 덤벼들 듯 하던 그의 태도가 갑자기 어린 양처럼 얌전해졌고 하나님 앞에서의 인간 본래의 자리로 돌아왔다. 하나님을 대한 자기의 태도가 잘못되었다는 것을 느낀 때문인가 아니면 의인 오십에 대한 자기의 판단이 잘못되었을 가능성을 느낀 때문인가? 의인 오십이 있다면 온 지경을 용서하리라고 하신 말씀 속에서 의인 오십이 그 성에 있을 가능성을 완전히 부인하는 하나님의 목소리를 들은 때문이었을까?

> "**오십 의인 중에 오인이 부족할 것이면** 그 오인 부족함을 인하여 온 성을 멸하시리이까 가라사대 내가 거기서 사십 오인을 찾으면 멸하지 아니하리라"(:28)

"**오십 의인 중에 오인이 부족할 것이면**"이라는 그의 말은 그가 이렇게 태도를 바꾸게 된 것이 하나님의 말씀 속에서 자신의 판단이 잘못되었을 것이라는 사실을 느꼈기 때문이라는 것을 알게 한다. 네 말대로 그 성에 의인 오십이 있는지 찾아보겠다고 하시지만 의인 오십이 있다면 온 지경을 용서하리라고 하시는 하나님의 말씀은 그 의인의 가능성을 전혀 부인하는 것임을 그는 느꼈기 때문이다. 조금 전까지도 자기가 옳고 상대가 잘못 되었다고 느꼈을 때는 펄펄 뛰던 그였지만 한 순간 자기가 잘못 판단하였을 가능성이 느껴지자 꼬리를 내리는 것이었다.

이것이 인간이다. 자기가 옳다고 생각하고 상대에게 오류가 있다고 판단되면 그를 세차게 몰아붙이고 조롱하고 때로는 죽일 것처럼 날뛰기도 한다. 하지만 그러다가도 자신에게 불리하거나 자기의 주장이 잘못되었을 것 같은 분위기가 느껴지면 즉시로 꼬리를 내리는 것이 인간이다. 그러나 자기의 잘못된 생각을 확인했을 때 이렇게라도 자기를 낮출 수 있다면 그것은 오히려 성숙한 내면을 보여준다. 성숙한 내면이 없이는 이러한 모습도 있을 수가 없다. 오히려 끝까지 감추고 숨기려 하다가 그것이 안 되면 자기를 합리화하는 궁색하고 치졸한 변명을 한다. 그 실수로 인한 부끄러움과 손해를 피하고자 하기 때문이다.

오늘의 우리 사회가 바로 이러하다. 상대에 대해서는 사소한 실수도 용납하지 않고 오히려 크게 부풀려 정죄하고 후려친다. 그것을 통해 한껏 자기의 이익을 챙긴다. 그리고서도 훗날을 위해 또 남겨두었다가 때가 되면 다시 꺼내어 상대를 괴롭히며 나의 이익을 누린다. 하지만 자기의 감춰진 더 큰 허물이 드러날라치면 결사적으로 감추고 안 되면 축소 왜곡하고 그것도 안 되면 더러운 변명을 늘어놓으면서 상대의 실수가 드러나기를 기다린다. 소인배들이 판을 치는 세상이요 먹고 먹히는 정글의 생존 법칙에 서로가 지배당하고 있기 때문이다.

늘 내 자신이 오류가 있을 수도 있다는 태도를 가지고 있다면 좀더 사고와 행동의 폭을 넓힐 수 있고 좀더 온유하고 여유로울 수 있겠지만 세상이 험해져 갈수록 그런 여유가 사라져 간다. 아주 작은 것 가지고도 큰 싸움을 만들고 거기에 목숨을 건다. 한 사람의 작은 실수도 치명적인 결과로 받아들이기 때문이다.

특히 신앙이 명백한 근거를 갖지 못한 채 잘못된 판단 위에 세워질 때, 그리고 그것이 하나의 신념화된 교조적 신앙으로 고착될 때 조금 전 아브라함의 태도처럼 얼마나 비타협적이고 심지어 폭력적인 양태를 띨 수 있게 되는 것인지 우리는 교회의 역사를 통해 충분히 발견할 수 있다. 예수 그리스도를 십자가에 못 박아 죽인 2000년 전 하나님 신앙과 유대인들의 행위는 이에 대한 가장 극적이고 상징적인 사례이다. 중세교회에서의 이러한 감추어진 전례는 또 얼마나 많겠는가?

그러면 아브라함이 이렇게 쉽게 의인의 숫자를 변동시킬 수 있게 된 것은 무엇에 근거한 것일까? 먼저 아브라함이 소돔 성에 있는 오십 명의 사람을 의인이라고 판단하고 이를 강하게 주장할 때 그 근거가 무엇이었는지 생각해본다. 그의 판단 근거는 앞에서 충분히 살펴본 대로 분명 그들이 외적으로 하나님을 신앙의 대상으로 인정하여 받아들였다고 하는 사실이었다. 하나님을 믿고 하나님께 제사를 드리는 것에 근거하였다. 따라서 이러한 사실에 근거한다면 그들이 하나님에 대한 신앙인식을 포기하거나 제사 드리기를 거부하지 않는다면 그들의 의인됨을 어떤 이유에서건 부인할 수는 없는 것이었다.

그런데 그러한 요인 없이 아브라함이 의인의 숫자를 변개시키고 있다는 것은 무엇을 의미하는 것인가? 그것은 비록 외적으로는 하나님을 인정하고 제사를 드리고 있다 할지라도 그 이외의 면들 곧 그들의 삶과 마음들을 보기 시작했다는 것을 보여준다. 그리고 그 삶과 내면의 마음을 보기 시작했을 때 의인의 반열에서 제외시킬 수 있는 자들이 있다는 것을 발견하게 된 것이었다.

하나님을 믿는다고 하지만 사람에 따라 그 믿음의 고백이 진지하고 적극적인 사람이 있는가 하면 아주 소극적이고 수동적인 사람도 있다. 하나님을 믿지만 행실이 타인에게 본이 되지 못하고 오히려 비난받는 사람이 있는 반면 믿겠다는 의지는 약하지만 삶이 선하게 보이는 사람도 있다. 아브라함에게는 지금 이러한 점들이 그의 마음에 떠오르고 있는 것이다. 그러힐 때 겉으로는 신앙이 있는 것 같지만 실제로는 신앙의 실체와 증거를 발견할 수 없는 사람들이 눈에 들어오는 것을 그는 느끼고 있다. 하지만 어차피 언약에 근거한 하나님의 말씀을 망각한 상태이다. 신앙의 의와 구원을 바라보는 아브라함의 관점은 엄격하고 분명한 기준이 없이 막연하고 모호한 자기 자신의 주관적인 판단에 의해 임의로 좌우될 수밖에 없다. 그저 통념적인 의와 선이 신앙을 구분 짓는 기준이 되고 있는 것이다.

　이 시대 우리의 신앙도 하나님의 제시한 기준이 아니라 내 자의적이고 감성적인 판단에 따라 이루어지는 경향이 강하다. 말씀이라고 하는 철저하고 엄격한 기준이 있지만 그 말씀의 요구는 반드시 이루어져야 된다고 보기보다는 하나의 이상적인 가치로 두고 나의 감정과 이성 사회적 가치가 신앙의 기준으로 들어선다. 즉 그가 단순히 하나님을 믿는다고 고백하면 그를 신앙인으로 인정한다. 또 내 눈에 보기에 바르게 사는 것 같으며 성실하고 선한 행동을 보이면 우리는 그를 신앙 좋은 사람이라고 판단한다. 하지만 어느 날 그가 특정한 신앙의 사안에 대해 심히 무지하고 적대적인 태도를 나타내는 것을 보게 될 때 우리는 혼란에 휩싸이게 되는 것이다.

　하나님의 신앙은 태초부터 지금까지 절대불변의 단 한 가지 기준을 가지고 있다. 곧 말씀이다. 아담이 에덴에서 쫓겨난 후 그의 후손들에게 가르쳤던 것이며 에녹과 노아가 하나님과 동행하여 의를 선포하였다고 할 때 가지고 있었던 바로 그 신앙의 본질이었다. 이것이 아브라함에게도 전해져 내려왔지만 지금의 그에게 와서는 그 본질이 이토록 흐려진 것이었다. 의와 구원에 대한 확고하고 명백한 기준을 갖지 못할 때 우리의 신앙관과 구원관도 흐릿해질 수밖에 없다. 삶 자체도 천국을 향한 분명한 비전과 긴장감을 갖지 못한 채 구원에 대해 심히 막연하고 한가한 의식과 태도를 지닌다.

　"내가 거기서 사십 오 인을 찾으면 멸하지 아니하리라". 사십 오 인이라도 있다면 그 성을 멸하려는 당신의 계획을 취소하겠다고 하신다. 또 다시 아브라함의 요구를 그대로 다 받아들이신다. 그 성에 이미 구원 얻을 만한 의인이 없다는 것을 다 아시는 하나님이다. 하지만 아브라함의 생각과 판단이 잘못되었다는 것을 결코 무리하게 지적하지 않으신다. 아브라함 스스로 자신의 오류를 발견해 나가도록 다만 인도해 가실 뿐임을 우리는 보게 된다. 만일 윽박지르고 강요해서 혹은 벌을 주어서 그의 신앙관과 삶의 태도가 고쳐질 수 있는 것이라면 벌써 그렇게 했을 것이다. 하지만 그렇게 하지 않는 것은 그런 식으로 세워지는 것이 신앙이 아니라는 것과 인간은 누군가의 강요에 의해 마음과 생각이 바뀌어질 수 있는 존재들이 아니라는 것을 이미 알고 계시기 때문이다.

비록 강요에 의해 그 생각을 바꿀 수 있다. 하지만 이것은 그 자신을 지킬 힘을 주지 못한다. 조금만 상황이 바뀌어도 혹은 또 다른 도전적인 논리가 다가오면 쉽게 자기 생각을 포기하고 혼동에 휩싸이게 되기 때문이다. 부모 때문에 교회를 다니던 자녀들이 성장하여 자기의식을 가질 때 쯤 되면 교회를 떠나는 이유도 바로 여기에 있다. 강요된 신앙을 지니고 있다가 자기 스스로 사물을 의식하고 판단할 수 있게 될 때 스스로에게 인식되고 동의된 신앙의 실체를 갖고 있지 못하기에 떠나버리는 것이다,

그러므로 인간은 스스로 자신의 속에 있는 죄를 인식할 수 있어야 한다. 또 신앙의 오류가 있다면 이 때도 자기가 직접 그 오류를 발견하고 그것을 솔직히 인정할 때 비로소 거기에 올바른 신앙이 세워질 여지가 생겨난다. 자기 스스로를 고치고 세워갈 수 있는 확고한 신앙의 정체성이 형성되는 것이다. 그 때까지 하나님은 다만 말씀을 들려주시고 그가 스스로 판단하여 돌아서기까지 참고 기다리신다. 인간은 로봇으로 지어진 기계적 존재가 아니요 스스로 인식하고 판단하고 행동하도록 창조된 자들이기에 내면으로부터 동의되지 않은 생각은 힘이 없다는 것을 아시기 때문이다.

이미 신앙 안에 들어와 있는 사람이라도 그 생각을 바꾸도록 하는 것이 얼마나 힘든 일인지 보게 된다. 잘못된 신앙의 길에 들어선 사람에게 그 오류를 지적하고 바른 길로 돌아오게 하는 일은 하나님일지라도 이토록 힘들게 진행하신다. 한 사람의 바른 신앙인을 만들어내기가 얼마나 어려운 것인지, 한 사람을 지옥으로 향하는 죽음의 길에서 돌아서게 하는 것은 더 얼마나 많은 수고를 필요로 하는 것인지.

불난 밭에 메뚜기 뛰듯 (창 18:29-32)

보통의 우리가 사람을 악한 사람과 선한 사람으로 나눌 때 그 기준은 무엇인가? 선한 사람이라고 할 때는 그 사람에게 악이란 그림자도 찾아볼 수 없고 오직 선만 그에게 존재하는 것인가? 또 우리가 악인이라고 할 때 그는 선이란 흔적도 없고 그의 마음과 삶 속에 오직 존재하는 것이 악뿐인 자를 일컫는 것인가? 세상에 선은 없이 악만 가진 사람도 없고 악은 없이 선만 가진 사람도 없다. 모든 사람에게 선과 악은 그 생각이나 마음과 행동과 삶 속에 함께 존재한다.

다만 선인이라고 여겨지는 것은 악도 있으나 선이 조금 더 강하게 보여지는 경향이 있고 또 악인이라고 여겨지는 것도 선이 함께 있으나 악이 좀 더 강하게 나타나는 경향이 있을 뿐이다. 그러므로 선인과 악인은 그에게 선이 더 강하게 나타나느냐 아니면 악이 더 강하게 나타나느냐 하는 경향성의 문제일 뿐이며 이는 그의 성장 과정과 주변 환경에 의해 거의 결정된다.

또한 우리가 생각해야 하는 것은 악의 화신처럼 여겨지는 사람에게서 크게 나타나는 악이 더 악한 결과를 가져오며 선한 사람에게서 나타나는 작은 악이라고 해서 그 결과가 덜 악하다고 할 수 있는가 하는 점이다. 선하게 생각했던 사람의 속에 있는 사소한 악도 그가 사회적으로 중요한 위치에서 중요한 결정과 관련하여 행할 때 그 파급효과는 엄청날 수 있다. 반면 아무리 악한 사람도 그가 사회적으로 그리 중요하지 못한 자리에서 악을 행할 때 그 결과는 미미할 수 있다.

예를 들어 사람을 수십 명 잔인하게 살해한 자의 악이 대단히 커 보일 수 있다. 하지만 자기의 속에 있는 정복적 야심과 인간에 대한 지배욕을 이루기 위해 대륙을 넘나들며 수십 만 혹은 수백 만의 사람을 무고히 죽게 하고 엄청난 재산을 불지르며 약탈한 알렉산더나 징기스칸 나폴레옹 같은 사람들이 저지른 결과에는 비길 바가 되지 않는다. 그런데도 수십 명 죽인 자는 흉악범이 되고 수십 만 수백 만을 죽인 저들은 왜 위인들이 되어야 하는가?

평소에 선하고 성실하게 보이던 사람이 갑자기 부유하게 되었을 때 혹은 큰 권력의 자리에 오르게 되었을 때 그가 얼마나 오만하고 고약한 태도로 우리를 놀라게 하는지 우리는 종종 경험한다. 인간에게 사소한 듯 보이는 아주 작은 악이 때로 얼마나 큰 죄악을 저지르게 하는지, 때로는 거의 보여지지 않던 악이 어떤 상황과 조건을 만나 인간을 얼마나 험하고 추악하게 만드는지도 잘 안다.

그러므로 어떤 개인에게서 지금 보여지고 나타나는 것들에 의해 그를 선한 사람과 악한 사람으로 구분한다는 것은 실상 의미 없는 일이다. 그래서 하나님은 의인은 없되 하나도 없다고 증거하신다. 문제는 사소해 보이는 악도 어떻게 다스리며, 분명히 있지만 눈에 잘 보이지 않는 악을 어떻게 찾아내어 제거하느냐 하는 것이 중요할 뿐이다.

"아브라함이 또 고하여 가로되 거기서 사십 인을 찾으시면 어찌 하시려나이까 가라사대 사십 인을 인하여 멸하지 아니하리라"(:29)

의인 오십이 있다고 큰소리치던 아브라함이었다. 그러던 그가 갑자기 태도를 아주 부드럽게 하여 그 의인의 숫자를 사십 오인으로 낮추어 말한다. 의인 오십만 있어도 온 지경을 용서할 것이라는 하나님의 말씀 속에서 그는 의인 오십이 있을 수 없다고 느꼈기 때문이었다. 무엇보다도 이로 인해 그 스스로 외적인 신앙고백의 차원이 아니라 신앙인의 내면과 삶 속에서 신앙을 찾고 보기 시작했다. 바로 그 때 그는 입으로는 신앙을 고백하지만 삶과 마음은 전혀 신앙인이라고 할 수 없는 자들이 있다는 것을 발견하였다. 그것이 의인의 숫자를 낮추게 한 중요 요인이었다. 그런데 아브라함은 사십 오인의 숫자에서 다시 다섯을 감하여 사십 명으로 낮춘다. 어째서 그는 이렇게 의인의 숫자를 줄여나가며 자기의 그 견고하던 믿음을 허물어버리는 것일까?

인간의 외면을 판단 기준으로 삼던 사고에서 인간의 내면을 살피는 것으로 그의 사고방식이 전환되었을 때 그는 인간에 대해 더 이상 신뢰할 수 없는 요인이 너무나 많다는 것을 발견하고 있는 것이다. 대수롭지 않게 여기고 그냥 보아 넘길 수 있었던 사소한 내적 요인들이 사람과 상황 혹은 그 개인의 사회적 위치에 따라서 개인과 공동체에 치명적인 독소로 작용할 수도 있는 가능성과 잠재적 위험성을 보기 시작한 것이었다. 사소한 것 같지만 그것이 사회와 인간의 관계를 끝장내 버릴 수도 있는 요인들을 말이다.

오늘 하나님과의 만남 속에서 아브라함은 자기가 지금까지 확신하여 왔던 것에 대한 믿음을 스스로 잃어버리고 있다. 자기가 지금까지 옳다고 보아왔던 것에 대한 신뢰가 흔들리고 있기 때문이다. 신앙과 혼재되어서 신앙의 본질을 보지 못하게 하고 신앙을 대신하여 신앙인 척 가리고 서 있었던 의와 선에 대한 잘못된 가치 기준들이 이제 그 자신의 신앙 의식으로부터 떨어져 나가는 혼돈을 겪고 있는 것이다.

"아브라함이 가로되 내 주여 노하지 마옵시고 말씀하게 하옵소서 거기서 삼십 인을 찾으시면 어찌 하시려나이까 가라사대 내가 거기서 삼십 인을 찾으면 멸하지 아니하리라 아브라함이 또 가로되 내가 감히 내 주께 고하나이다 거기서 이십 인을 찾으시면 어찌 하시려나이까 가라사대 내가 이십 인을 인하여 멸하지 아니하리라 아브라함이 또 가로되 주는 노하지 마옵소서 내가 이번만 더 말씀하리이다 거기서 십 인을 찾으시면 어찌 하시려나이까 가라사대 내가 십 인을 인하여도 멸하지 아니하리라"(:30-32)

한 번 허물어지기 시작한 아브라함의 믿음은 이후 한꺼번에 무너져 내린다. 사람이 사람을 대해서도 한 가지 사안에 대해 두 번 정도까지는 말을 바꿀 수 있어도 세 번, 네 번, 다섯 번씩 말을 바꾼다는 것은 그리 쉽게 용납될 수 있는 일이 아니다. 하지만 아브라함은 다섯 번씩이나 자기의 주장을 바꾼다. 50명에서 45명으로, 45명에서 40명 30명으로 그리고 20명 10명으로까지. 그토록 견고하게 철옹성처럼 버티고 서서 신앙의 본질을 보지 못하게 하여 왔던 모든 가치들이 한 번에 와르르 붕괴되어 버린다. **"티끌과 같은 나라도 감히 주께 고하나이다" "내 주여 노하지 마옵시고 말씀하게 하옵소서" "내가 감히 내 주께 고하나이다" "주는 노하지 마옵소서 내가 이번만 더 말씀하리이다"**라는 그의 말들은 무너져 내리는 자기의 신앙 가치관을 어떻게 수습해야 될지 모르는 혼란스럽고 당황한 마음을 담고 있다.

인간은 자기가 가지고 있는 가치관에 대한 신뢰를 쉽게 깨지를 못한다. 그것이 잘못되었다고 하는 사실이 드러나도 그것을 그대로 인정하려 들지 않는다. 할 수만 있으면 그것을 부정하려 하고 그것이 더 부인할 수 없는 사실일지라도 억지로 합리화하고 변호하려고 한다. 때로는 자기의 판단이 잘못되었다는 사실이 명백히 드러나도 그것을 시인하기 보다는 그 오류를 그대로 안고 사라지는 편을 택하기도 한다. 그만큼 우리 인간은 자기의 사고와 믿음에 대한 자존심이 강하다. 물론 그것은 자기의 자존심 때문이기도 하지만 그것이 자기 현실의 소망이 담긴 것이거나 혹은 자기 삶의 존재 이유와 근거를 이루는 것일 때 이러한 경향은 더욱 강하게 나타난다. 그것이 부정당할 때 자기 삶의 의미와 소망 전체가 무너지는 것처럼 느끼기 때문이다.

아브라함은 그 성에 자기가 생각해 온 것만큼의 의인이 없을 수도 있다는 것을 느낀다. 하지만 그가 끝까지 열 명의 의인이라는 숫자에 집착하는 것은 그래도 그 성에 의인이 있다고 하는 기본 전제는 버리지를 못하고 이것만큼은 확인받고 싶어 하기 때문이다. 그러므로 이는 소돔 성의 사람들에 대한 사랑 때문이라기보다는 자기의 믿음 그리고 지금까지 자기의 삶이 무너지는 것에 대한 두려움 때문이라고 할 수 있을 것이다.

이제 여기서도 우리는 아브라함의 잘못된 신앙이 빚어내는 한 가지 아주 중요한 잘못된 태도를 본다. 그것은 지금 변화되어져야 할 대상은 소돔 사람이지 하나님이 아니라는 점이다. 그런데도 불구하고 그는 지금 소돔 사람은 그대로 두고 하나님을 변화시키고자 애쓰고 있다. 곧 그에게 진정 저 소돔성에 대한 사랑이 있었다면 그리고 올바른 수고가 있었더라면 의인의 숫자를 놓고 마치 흥정하듯 이 지루한 말잔치를 벌이는 것이 아니라 지금이라도 저들을 용서해 달라고 해야 하는 것이 마땅한 일이었다. 지금부터라도 내가 다시 한 번 열심을 내어 저들이 하나님을 바로 알 수 있도록 하겠으니 나에게 좀더 시간을 주시고 기회를 주십시오라고 해야 하는 것이 더 합당한 태도였다.

오늘 아브라함이 이토록 간절히 소돔성의 멸망을 막기 위해 하나님께 떼를 쓰듯 구하는 열심이 이전에 소돔 성을 향해 실행되어졌다면 어떻게 되었을까? 또 마땅히 그렇게 되었어야만 하지 않았는가? 변화되어야 될 대상은 소돔 사람들인데 소돔 사람은 죄 가운데 있도록 그냥 내버려두고 그 죄를 심판하려는 하나님을 붙잡고 그 일을 하지 말아 달라고 매달리고 있으니 이쯤 되면 일이 거꾸로 되어도 한참 거꾸로 된 것이 아닌가? 만일 지금의 이 열심으로 소돔 사람들을 대해 노력하였다면 오늘의 이런 파멸적 재앙을 막을 수 있지 않았을까? 지금이라도 아브라함이 저들을 바르게 인도하고자 수고하고 있다면 세상의 다른 곳은 다 놔두고 이 소돔 성을 멸하겠다고 하실 수 있는 일이었을까?

변화되어야 할 사람은 소돔 사람인데 소돔 사람은 그냥 두고서 하나님의 뜻을 변화시키고자 하는 것이 지금의 아브라함이다. 소돔 사람의 죄에 대해서는 입을 다물고 있었던 자가 하나님을 대해서는 아주 여러 번 자신의 말을 바꾸면서까지 이렇게 열심히 입을 연다. 하나님 앞에서 소돔을 위해 나타내 보이는 아브라함의 태도는 자신이 마치 그들의 수호천사라도 되는 것처럼 행동하지만 실상은 아주 무능한 종이었다. 소돔 사람의 죄를 책하고 바른 길을 가르쳤어야 했던 그가 하나님을 향해 오히려 불의한 하나님이라고 하고 있으니 말이다.

오늘도 세상의 변화와 세상의 평화를 바라는 자들이 신앙 안에서 많이 있다. 하지만 이들 또한 지금의 아브라함과 같음은 변화되어져야 할 세상은 그대로 두고서 오직 하나님께만 구하기 때문이다. 알아야 될 신앙의 진리도 바로 알지 못한 채 세상에 대해서는 입을 꾹 다물고 또 내가 해야 할 일도 하지 않으면서 오직 하나님을 향해 입을 연다. 가만히 편히 앉아서 하나님 보고 저들을 변화시켜 달라고 저들을 편안히 잘 살게 해 달라고 떼를 쓴다. 마치 저들을 자신의 생명처럼 열렬히 사랑하는 것처럼 입만 가지고 떠든다. 그리고 떼를 많이 쓰면 쓸수록 신앙이 좋다고 생각한다. 저들의 변화가 자기에게 맡겨진 일이건만 자기가 하려고 하지 않고 그 일을 맡긴 주인에게 그것을 해 달라고 등을 떠미는 것과 같은 꼴이다. 마치 종이 주인에게 일을 시키듯 말이다.

게으른 자는 늘 하나님을 향해 조른다. 내가 해야 하고 또 내가 할 수 있는 일도 하나님께 해달라고 조르기만 한다. 내가 가서 무엇을 하고자 하는 의지나 열심은 갖고 있지를 않다. 다만 이것도 저것도 해 달라고만 하고 그것이 주어질 때를 철석같이 믿고 기다린다. 그것을 신앙이라고 생각한다. 그러다가 자신의 뜻과 생각대로 되어지지 않으면 그것이 지극히 당연한 결과임에도 불평하고 낙망한다. 그것이 하나님의 뜻일지라도 알지 못하고 알려고도 하지 않으면서 말이다.

그러나 하나님 앞에서 최선을 다한 자는 그 어떤 재앙적 결과가 닥친다고 해도 마치 불난 밭에 메뚜기 뛰듯 호들갑을 떨지 않는다. 왜 그런 결과가 올 수밖에 없는지 그 이유를 이미 알고 있기 때문이다. 신앙의 눈으로 삶의 현장 속에서 직접 확인하고 분별하여 왔기 때문이다. 혹 그 수고가 참으로 귀하고 아름다운 열매를 가져온다 할지라도 다만 겸손할 뿐이다.

내 해야 할 일을 먼저 최선을 다하여 행한 다음에 부족한 것을 하나님께 구할 수 있어야 하리라. '하나님 조금만 더 시간을 주십시오. 조금만 더 심판을 미루어 주십시오. 내가 좀더 열심을 내어 저들에게 참된 하나님의 공의와 선을 전하겠으니 조금만 더 참아 주십시오'라고. 사실 이것이 지금의 아브라함의 간구여야 했다. '내가 잘못 알았습니다. 내가 게을렀습니다. 이제부터라도 저들을 위해 바른 구원의 길을 깨달아 전하겠으니 당신의 공의로운 심판을 연기하여 주십시오'라고 해야 하는 것이 바른 이치였다.

한번만 더 (창 18:33)

변화되어야 할 소돔 사람은 그대로 두고서 하나님의 뜻을 잘못되었다고 하며 또 하나님의 뜻을 변화시키고자 하는 것이 아브라함의 모습이었다. 만일 그가 하나님의 일을 진정 최선을 다해 수고한 자였다면 오늘 소돔과 고모라를 멸하겠다는 하나님의 뜻에 대해 어떻게 반응해야 합당한 것인가? 다음의 말씀은 이에 대해 아주 의미 있는 메시지를 담고 있다.

"그 때 마침 두어 사람이 와서 빌라도가 어떤 갈릴리 사람들의 피를 저희의 제물에 섞은 일로 예수께 고하니 대답하여 가라사대 너희는 이 갈릴리 사람들이 이 같이 해 받음으로써 모든 갈릴리 사람보다 죄가 더 있는 줄 아느냐 너희에게 이르노니 아니라 너희도 만일 회개치 아니하면 다 이와 같이 망하리라 또 실로암에서 망대가 무너져 치어 죽은 열 여덟 사람이 예루살렘에 거한 모든 사람보다 죄가 더 있는 줄 아느냐 너희에게 이르노니 아니라 너희도 만일 회개치 아니하면 다 이와 같이 망하리라"(눅 13:1-5)

로마 총독 빌라도가 갈릴리 사람을 죽여 그 피를 저희의 제물에 섞은 사건이 발생하였다. 그리고 또 예루살렘에서 망대가 넘어져 열여덟 명의 사람이 치어죽는 사고가 발생하였다. 이러한 일들은 당시 사회를 놓고 본다면 엄청난 사건이었다. 그런데 보다 중요한 문제는 이 사건을 보는 이스라엘의 시각이었다. 이스라엘은 이들의 죽음을 놓고 저들의 어떤 죄 때문에 저런 일들이 발생하였다고 생각하는 것이었다. 하나님을 믿음에도 불구하고 질병, 궁핍 혹은 사고로 인한 재난을 당한다면 모두 죄 때문이라고 여기는 신앙관 때문이었다. 즉 사고로 인해 혹은 이방인의 손에 의해 죽은 자들은 그들의 죄로 인해 그런 결과를 당했고 오늘 건강하고 편히 사는 자기들은 여전히 구원 받은 의인이라고 하는 사고가 신앙 인식의 뿌리에 놓여져 있었던 것이다.

오늘 주님의 말씀은 바로 이 의인관에 대한 말씀이다. 사고로 죽은 자들을 죄 때문이라고 여기며 자신에게는 죄가 없고 그러므로 스스로를 의인이라고 여기는 이스라엘을 향해 너희 또한 죄인이요 죄를 회개치 못하는 한 너희도 이와 같이 망하리라고 하시는 것이다. 너희 또한 너희의 죄를 깨닫지 못하고 죄를 회개치 못하는 한 아무리 하나님을 믿고 제사를 드릴지라도 죄인일 수밖에 없다는 사실을 밝히신다. 곧 주님은 의인이란 단순히 하나님을 믿는다거나 제사를 드리는 것이 아니라 자신의 죄를 깨닫고 회개하는 자라고 하시는 것이다.

그러므로 지금 너희가 스스로 의인이요 구원받은 자라고 아무리 굳게 믿을지라도 결과는 재앙이요 파멸이라는 사실을 주지시키신다. 이스라엘이 로마에 의해 그토록 잔인하게 파멸된 이유는 이러한 결과가 아니고서는 저들 스스로 자신들이 의인이 아니라 죄인이라는 것을 알 수 없었기 때문이었다. 그러면서 이제 다음의 비유 말씀을 전하신다.

"이에 비유로 말씀하시되 한 사람이 포도원에 무화과나무를 심은 것이 있더니

와서 그 열매를 구하였으나 얻지 못한지라 과원지기에게 이르되 내가 삼 년을 와서 이 무화과나무에 실과를 구하되 얻지 못하니 찍어버리라 어찌 땅만 버리느냐 대답하여 가로되 주인이여 금년에도 그대로 두소서 내가 두루 파고 거름을 주리니 이 후에 만일 실과가 열면이어니와 그렇지 않으면 찍어버리소서 하였다 하시니라"(눅 13:6-9)

무화과나무 한 그루를 포도원에 심고 열심히 가꾸었지만 열매를 맺지 못하기에 나무를 주인은 찍어 내버리라고 한다. 하지만 나무를 가꾼 과원지기는 나무를 베어버리라고 하는 주인을 대해 일년만 더 참을 것을 요청한다. 자기에게 일년만 더 일할 시간을 달라고 간구한다. 저 나무에게 일년만 더 열매를 맺을 기회를 달라고 간구한다. 일년이 지난 후 그 때 가서도 열매를 맺지 않으면 그 때는 찍어 버리라고 말한다. 이 과원지기는 주인의 결정을 잘못되었다고 탓하지 않는다. 그 이유는 주인의 말대로 열매를 맺을 때가 이미 3년이나 지났지만 열매를 맺지 못하고 있다는 것을 알고 있기 때문이다. 그렇기 때문에 다만 저 나무를 살려달라고 할 뿐이다.

열매를 맺어야 할 때 열매를 맺지 못하고 있고 앞으로도 열매를 맺을 가능성은 별로 없는 것이기에 당연히 베어버리는 것이 합당하였다. 주인의 뜻과 판단이 결코 어긋나지 않았다는 것을 과원지기 자신도 충분히 느끼고 있었다. 하지만 그가 이렇게 말할 수 있는 것은 그 나무를 지금까지 정성으로 보살펴 왔기 때문이다. 만일 나무를 보살피지도 아끼지도 않고 무관심하게 내버려 두었다면 이 나무가 여기에 있든 없든 그냥 두든 찍어 없애버리든 그가 관심을 가질 리가 없었다. 오히려 없애버리는 것이 자기에게 더 편할 수 있는 것이기에 기꺼이 베어버리고자 할 수도 있었다.

이 무화과나무는 신앙인이요 포도원은 하나님 나라이자 신앙공동체이며 열매는 하나님께서 원하시는 구원의 신앙이다. 그리고 과원지기는 주님 자신이자 하나님의 보내심을 받은 일꾼을 뜻한다. 무화과나무가 열매 맺지 못하였다는 것은 하나님 나라의 백성으로 부름 받아 하나님 나라에 속하게 되었으나 그 나라 백성으로서의 신앙의 바른 길을 가지 않고 신앙의 열매를 맺지 못하는 자를 가리킨다.

열매 맺지 못하는 무화과나무를 찍어버리라는 것은 저들에 대한 더 이상의 수고를 포기하라는 뜻이다. 하나님 나라의 백성에서 저들을 제하여 버리라는 말씀이다. 마치 소돔 성을 멸하겠다는 것과 같다. 하지만 이들을 위해 좀더 시간을 주실 것을 간구하는 것은 주님 자신이 어떤 마음으로 당신에게 주어진 사역에 임하고 있는지 또 보냄을 받은 일꾼의 자세가 어떠해야 하는지를 가르치는 교훈이다.

심판 받아야 할 세상과 열매 맺지 못하는 나무는 보지 못한 채 나무를 베어 세상을 심판하겠다는 하나님의 공의에 대해 오히려 맹렬한 독설을 퍼붓고 하나님을 만류하는 아브라함의 태도를 마치 거울에 비추듯 보여주는 말씀이다. 그리고 그의 이러한 태도에서 나오는 잘못된 점을 이 비유의 말씀은 너무도 정확히 지적하고 있다. 하나님을 알고 제사를 드리는 것으로 의인이라 여기는 많은 사람이 있지만 멸망을 눈 앞에 두고 있는 소돔이었다. 마찬가지로 하나님을 알고 제사 드리는 것으로 스스로 의인이라고 여기지만 곧 닥쳐올 비참한 종말을 전혀 알지 못하는 유대 이스라엘 사람들이었다.

스스로 의인이라 여기나 죄인을 벌하시는 하나님의 심판을 피할 수 없는 것이 어찌 이렇게 흡사한 것인지. 이들 공히 하나님을 믿고 제사를 드릴지라도 의인이 아니요 여전히 죄인이며 하나님의 공의의 심판을 면할 수 없는 것은 자신의 죄에 대한 깨우침이나 회개가 전혀 없었기 때문이다. 그리고 이는 하나님의 언약이 가지고 있는 말씀의 내용을 전혀 알지 못하고 있었기 때문이다. 곧 그 말씀 속에서 자신의 죄를 전혀 발견할 수 없었던 것이다.

그러면서도 이들을 대한 사역자로서의 아브라함과 예수님의 태도는 너무도 극적인 대조를 이루고 있다. 저들이 여전히 죄인이요 의인이 아니라는 것을 알지 못 한 채 하나님의 심판을 잘못된 것이라고 몰아붙이며 하나님의 뜻을 뒤집으려고 시도하는 아브라함이었다. 반면 저들 스스로는 의인이라고 믿고 고집하지만 그들이 의인이 아니라는 사실을 정확히 알고 다만 심판을 연기해 달라고 하는 주님이었다. 아브라함의 무엇이 잘못 되었고 아브라함의 올바른 태도는 어떠해야 하는 것인지에 대해 정확한 교훈을 가지고 있다.

오늘도 종말을 앞둔 이 세대를 향한 우리의 기도 또한 '조금만 더 시간을 주십시오' '한 번만 더 기회를 주십시오' '한 번만 더 용서해 주십시오' 하는 것이 나와 우리를 위한 간구가 되어야 하지 않겠는가?

"여호와께서 아브라함과 말씀을 마치시고 즉시 가시니 아브라함도 자기 곳으로 돌아갔더라"(:33)

링 위에서 팽팽히 겨루던 두 선수가 시합을 마치고 이제 심판의 판정만을 앞에 놓고 자기 자리로 돌아가는 것과 같은 장면이다. 자기의 장막으로 돌아가는 아브라함의 모습은 어떠하였을까? 이 시합을 마친 아브라함의 마음 속에 이젠 됐다 하는 넉넉한 안도감이 있었을까 아니면 해소되지 않은 불안함이 있었을까? 말씀을 마치시자 지체 없이 돌아서서 떠나시는 하나님을 보며 아브라함은 무엇을 느낄 수 있었을까?

우리는 오늘 하나님이 찾아오셔서 아브라함과의 대화를 통해 드러내 놓으신 몇 가지 문제점을 되짚어 본다. 먼저는 아브라함 자신의 구원에 대한 신앙관이다. 아브라함이 소돔 성에 의인 오십이 있다고 여기고 그들은 하나님의 심판으로 멸망당해야 할 자들이 아니라 구원 받아야 할 자들이라고 말한다. 하지만 하나님은 이를 부인하신다. 저들이 구원받아야 할 의인이라고 아브라함이 주장할 때는 저들이 하나님을 믿는 자들이라고 하는 분명한 조건을 가지고 있는 것일진대 하나님은 왜 이를 부정하시는 것인가?

바로 여기서 등장하는 보다 근원적인 문제는 아브라함 자신의 신앙이다. 아브라함에게 있어 하나님을 믿는 신앙은 확고부동하다. 하지만 그의 신앙 속에는 신앙의 근본을 형성하는 하나님의 언약 곧 말씀에 대한 이해와 믿음이 없었다. 그가 직접 듣고 전해 받았으나 스스로 간과한 것이었다. 그러므로 그가 사람들에게 전한 신앙 속에도 하나님의 존재에 대한 증거는 있었으나 하나님의 언약에 대한 가르침은 없었다.

따라서 아브라함 자신과 그에게서 신앙을 전달받은 사람 모두에게 있어 신앙의 의미와 목적은 이 땅에 사는 동안 편안하고 풍족하게 사는 것이었다. 언약이 신앙 전달의 중심에서 사라졌을 때 그가 하나님을 증거할 수 있는 수단은 자신의 체험한 삶일 수밖에 없었다. 즉 전혀 이방인인 자신이 가나안 땅에서 어떻게 오늘처럼 부유하고 평안하게 잘 살 수 있게 된 것인지가 신앙전도의 중심이 되는 것이다.

특히 북방 왕들과의 전쟁 사건은 하나님을 증거할 수 있는 아주 좋은 소재이다. 가나안 모든 사람들에게 전설처럼 전해오는 이 사건보다 더 극적이고 확실한 것은 없기 때문이다. 그러므로 이러한 전도활동을 통해 전파되는 신앙의 메시지는 너희도 하나님을 믿으면 이렇게 잘 살 수 있다는 것이요 이것이 그의 신앙 전도의 요체일 수밖에 없는 것이다. 오늘날도 많은 사람들이 하나님을 전할 때 보편적으로 사용하는 방법이다.

가장 중요한 최종적인 결과는 삶의 변화가 생겨나지를 않았다고 하는 점이다. 말씀의 조명에 의해 자기의 죄를 발견하고 그 죄를 회개하여 자기를 씻어 깨끗케 됨이 없었다. 하나님의 말씀을 전폭적으로 신뢰하고 그 말씀을 따라 살며 언약의 신앙을 지키기 위해서라면 어떤 어려움이라도 감내하겠다는 희생과 헌신의 의지도 없었다. 하나님께서 원하시는 우리의 신앙은 바로 이것인데 말이다. 이는 이제 곧 소돔으로 찾아간 하나님의 천사들에 의해 그대로 확인되어질 것이었다.

곧 사람의 본질은 전혀 변화되지 않았다. 다만 그 위에 하나님의 존재를 인정한다고 하는 보자기를 하나 덮어씌운 꼴이었다. 그러므로 아브라함이 말하는 의인은 더러운 고기를 깨끗한 보자기로 싸서 가려놓고 이것이 깨끗한 고기가 되었다고 하는 것과 같았다. 그 더러움은 안에서 그대로 존재하고 있음에도 불구하고 말이다. 바로 이러한 현상은 신앙이 잘못된 방향으로 나아갈 때 언제나 나타나는 결과라는 것을 훗날 이스라엘의 신앙에서 그대로 확인할 수 있다.

"다리오왕 이년 구월 이십 사일에 여호와의 말씀이 선지자 학개에게 임하니라 가라사대 나 만군의 여호와가 말하노니 너는 제사장에게 율법에 대하여 물어 이르기를 사람이 옷자락에 거룩한 고기를 쌌는데 그 옷자락이 만일 떡에나 국에나 포도주에나 기름에나 다른 식물에 닿았으면 그것이 성물이 되겠느냐 하라 학개가 물으매 제사장들이 대답하여 가로되 아니라 학개가 가로되 시체를 만져서 부정하여진 자가 만일 그것들 중에 하나를 만지면 그것이 부정하겠느냐 제사장들이 대답하여 가로되 부정하겠느니라 이에 학개가 대답하여 가로되 여호와의 말씀에 내 앞에서 이 백성이 그러하고 이 나라가 그러하고 그 손의 모든 일도 그러하고 그들이 거기서 드리는 것도 부정하니라"(학개 2:10-14)

보배로운 신앙을 소유하였지만 하나님 보시기에 심히 부정한 삶을 살면서도 스스로는 의롭고 깨끗하다고 믿는 먼저 믿은 신앙인들을 대한 책망이다.

아! 아브라함

| 창세기 19장 |

제2부 소돔의 아침

마침내 핏빛 해가 떠오른다. 사람들은 느긋이 자리에서 일어나
오늘 하루를 준비한다. 그러나 곧 쏟아지는 유황불.
오늘 이 아침 신랑 신부가 될 사람들도 있었는데.
왜 저들은 그렇게 죽어가야만 했을까?

소돔의 성문 앞에서 (창 19:1)

소돔의 멸망이라는 주제를 가지고 찾아온 하나님과 아브라함의 만남은 결국 소돔 성에 의인이 단 열명이라도 있느냐 하는 의문을 남기는 것으로 끝이 난다. 적어도 의인 오십 명이 있고 나아가 아무리 없어도 열 명은 있다고 주장하는 아브라함이었다. 그러므로 소돔 성의 결과는 이 부분에 대한 검증의 의미를 지니고 있다. 신앙이 있다고 하지만 그것이 하나님께서 원하시는 신앙인지, 의인이라고 지칭되는 신앙인들이 있지만 그들이 과연 구원받을 만한 신앙의 소유자들인지를 소돔성의 결과는 확인해 줄 것이었다. 이제 이러한 과제를 가지고 말씀은 소돔성의 현장으로 장면을 전환한다.

"날이 저물 때에 그 두 천사가 소돔에 이르니 마침 롯이 소돔 성문에 앉았다가 그들을 보고 일어나 영접하고 땅에 엎드리어 절하여"(:1)

날이 저물 무렵 하나님의 두 천사가 소돔 성에 들어선다. 소돔성에 대한 심판을 결정짓기 위해 온 발걸음이었다. 마치 사형집행관이 형장에 들어선 것과 마찬가지였다. 그러기에 이들이 누구인지 무엇을 하려는지 안다면 이들의 방문은 대단히 으스스하고 두려운 것이었다. 도망을 가든지 아니면 온 성이 일어나 살려달라 매달리고 잘못이 있다면 깨닫게 하여 용서받게 해 달라고 간구해야 하는 그런 순간이었다. 하지만 이들은 사람들의 눈에 보기에 그저 평범한 나그네들일 뿐이었다. 아무도 이런 사실을 알 수 없었다.

그러기에 모든 사람이 각자 자기의 집으로 돌아가 맛있는 저녁을 먹고 내일 누구를 만나 무슨 일을 하며 어떻게 지낼까 생각하며 꿈 속으로 젖어 들어가는 시간이었다. 오늘 번 돈을 헤아리며 흐뭇해하는 자들도 있었을 것이다. 어쩌면 내일 행복한 결혼식을 기대하며 설레는 마음으로 이 저녁을 맞이하는 신랑 신부들도 있었을 것이다. 이제 곧 죽음이 그 침상에 찾아들어올 것인데도 말이다. 다만 저녁이 되었기에 누가 나그네에 대한 예의로 이들을 맞이해 들일 것인가 하는 것이 문제일 뿐이었다. 내일을 알지 못하는 인간의 무지가 너무도 사실적으로 생생하게 그려지고 있다.

그런데 아주 공교롭게도 롯이 성문에 앉았다가 그들을 보고 일어나 맞이한다. 땅에 엎드리어 절하는 아주 정중한 예의를 갖추어 영접하고자 한다. 롯 그가 여기에 왜 있는 것일까? 왜 그는 저녁에 집에도 가지 않고 성문에 앉아 지나가는 사람들을 살피고 있는 것이며 무엇 때문에 낯선 나그네를 이토록 과한 태도로 맞이하는 것일까? 우리는 먼저 그가 이 곳에 거하게 된 오늘까지의 과정을 살펴본다.

롯은 아브라함이 애굽에서 올라온 직후 얼마 되지 아니한 때에 스스로 갈라져 나왔다. 삼촌 아브라함을 도와 신앙공동체를 다스리고 인도하여 신앙을 전파하는 전도의 사명을 거부하는 선택이었다. 오직 자신의 일가를 이루고 크게 한 번 성공해 보고자 하는 물질에 대한 욕심 때문이었고 아브라함 공동체에 커다란 상처를 남겨주고 떠나온 것이었다. 그의 선택이 아주 잘못된 커다란 실수였다는 것은 그돌라오멜과의 전쟁을 통해 입증되어졌다. 가나안의 패배와 더불어 그는 모든 것을 잃어버리고 포로가 되어 그들에게 끌려갔던 것이다. 남은 것은 노예가 되어 비참한 생을 보내는 것뿐이었다.

하지만 삼촌 아브라함의 목숨을 건 도움으로 그는 구출될 수 있었다. 그리고 성경은 이후의 그가 어떤 선택을 하며 살아왔는지 전혀 침묵하고 있다가 오늘 소돔성의 성문에 앉아 있는 그를 비추고 있다. 중요한 사실은 그가 그 이후에도 아브라함에게 돌아가지 않고 소돔성에 다시 돌아와 머물기로 작정하였고 오늘에까지 이르렀다고 하는 것을 증거하고 있다는 점이다.

그가 아브라함으로부터 분리되어 나온 것 자체가 실수였다. 아브라함 곁에서 그를 도와 그의 가장 든든한 후원자가 되었어야 했다. 더군다나 아들이 없는 아브라함이었고 자신은 그의 조카였기에 모든 것을 믿고 맡길 수 있는 가장 듬직한 일꾼이 되어야 했다. 하지만 그는 오히려 정반대의 길을 택하였다. 공동체를 연합시키기 보다는 공동체를 갈등과 다툼의 장으로 만들었고 결국은 공동체를 분리시켜 자기만의 몫을 챙겼던 것이다. 그럴지라도 아브라함의 극적인 도움으로 살아난 이후 그가 선택했어야 하는 길은 자신의 잘못을 뉘우치고 아브라함에게 다시 돌아가 그를 돕는 자가 되는 것이었다. 자기 선택이 실수였다는 것이 드러난 이상 그는 신앙의 요구에 복종하는 것이 마땅했다.

그런데도 그가 오늘 소돔성의 성문에 앉아 있다는 것은 그 날 이후 그는 아브라함에게로 돌아가기를 거부하고 여전히 소돔 성에 살기로 결정하였다는 것을 보여준다. 자기를 구한 아브라함을 거부하고 자기만 살기 위해 백성을 버리고 도망하였던 비겁한 소돔 왕에게 계속해서 자기를 맡기기로 선택한 것이었다. 그러므로 그의 인생에 대한 관점과 삶의 중심은 그 엄청난 사건을 겪고 난 이후에도 조금도 바뀌지 않고 있었다는 것을 보게 된다. 오직 이 땅에서 크게 돈을 벌어 부유한 삶을 누리는 것이었지 신앙의 사역은 전혀 관심이 없었다.

물론 이후 롯의 위상은 많이 달라졌으리라. 이전보다 더욱 사람들로부터 주목받는 사람이 되었을 것이다. 왜냐하면 전쟁 영웅 아브라함이 그의 삼촌이었기 때문이다. 아무도 무시할 수 없는 가나안의 강력한 세력가인 아브라함의 조카라는 사실 하나만으로도 그는 왕이나 소돔성의 유력한 사람들로부터 호의적인 대접을 받을 수밖에 없었다. 이러한 것이 오히려 그의 장사에 유리한 조건을 제공하였을 것은 두말할 필요가 없다. 그렇다고 해서 그에게 신앙의 모습이 전혀 없었다는 것은 아니다. 하지만 아브라함조차 그 본질을 상실한 마당에 그의 신앙이야 장식물에 불과할 뿐이었고 자기의 장사를 위한 수단으로 밖에는 인식될 수 없었다.

그것이 오늘까지 롯의 삶이었다. 신앙의 의미는 전혀 없었다. 만일 있었다면 성경은 당연히 그의 삶을 앞서 설명하였을 것이다. 성경이 그의 삶에 대해 전혀 언급하지 않고 있는 것이 그 증거이며 이는 아브라함이 이스마엘을 낳은 후 13년의 세월을 전혀 기록하지 않은 것과도 일치한다. 그러한 그가 오늘 저녁 무렵에 성문에 앉아 있다. 그는 왜 이 성문에 나와 이렇게 앉아 있는 것일까? 분명히 그가 앉아 있는 곳이 성문이었다고 하는 것은 이곳이 그의 집이나 가게가 아니었다는 것을 말해주고 있다. 그런데도 그가 이 곳에 저녁 시간까지 앉아 있다고 하는 것은 어떤 목적을 가지고 있었다는 것을 알게 한다. 도대체 무슨 생각을 갖고 그는 이 성문에 앉아 있는 것이었을까?

그는 어느 순간 나그네 두 사람이 성에 들어오는 것을 보자 즉시로 그들에게 다가가 몸을 땅에 굽혀 절을 하고 그들을 맞이한다. 뒤에 나타나는 사실이지만 그는 몸이 대단히 비둔하였으며 활발한 행동을 무척 힘들어하는 자이다. 이는 그가 유목이나 농사 일 같은 힘든 일을 하지 않고 편안히 지내 왔다는 것을 말해준다. 그렇다면 그가 할 수 있는 일은 장사였다. 특히 그가 다른 사람들보다도 장사를 더 잘 할 수 있는 안목은 그가 메소포타미아의 풍요한 지역에서 자라났고 또 세계 문명의 다른 한 축인 애굽을 여행하였으며 지금은 지리적으로 그 두 세계의 가운데에 위치한 가나안에 살고 있다는 요인을 생각해 볼 수 있다. 당시 세계의 국제 관계에 대해 누구보다도 풍부한 경험과 지식을 가지고 있었던 것이다.

특히 가나안은 지리적으로 메소포타미아와 애굽을 이어주는 육교와 같은 위치에 있기에 중개무역을 통해 많은 돈을 벌 수 있는 요지이다. 더군다나 롯이 살고 있는 소돔성은 소금광산을 바로 옆에 가지고 있는 사해의 남부에 위치해 있다. 당시 소금은 국제 무역에 있어서 언제나 중요한 품목이었기 때문에 이를 장사할 수만 있다면 막대한 돈을 벌 수 있었다. 이 지역이 소금으로 많은 돈을 벌 수 있었다는 것과 롯 또한 소금 장수였다는 것을 암시해 주는 중요한 단서는 뒤에 롯의 아내가 죽을 때에 소금기둥으로 변했다고 하는 사실에서 찾아볼 수 있다. 왜 하나님께서는 그녀를 굳이 소금기둥이 되어 죽게 하신 것이었을까?

롯과 그의 아내가 소금장사가 아니었다면 그 이유를 알 수 없는 대목이지만 소금장사였다면 많은 것을 생각나게 해 주는 의미 있는 사건이다. 롯이 아브라함의 도움으로 북방 군대의 포로에서 풀려난 이후에도 아브라함에게로 돌아가지 않고 소돔으로 다시 돌아왔던 것도 아주 손쉽게 엄청난 부를 이룰 기회가 여기에 있었기 때문이었다.

　롯이 소금장수였다고 할 때 그가 왜 성문에 앉아 전혀 낯선 나그네들을 정중하게 맞이하는 것인지 이해할 수 있는 단서가 확보된다. 당시 다른 지역을 오가는 사람들은 대부분이 장사꾼들이다. 관광을 하기 위해 광야의 위험한 여행을 시도하는 사람은 없었다. 그러므로 나그네는 모두 이 곳 저 곳을 오가며 장사하는 사람들이었다. 이러한 관점에서 본다면 이 나그네들 또한 장사꾼으로 여겨지는 것은 지극히 당연하였다. 따라서 장사꾼인 롯이 성문에 나와 앉아 있는 것은 이와 같은 장사꾼을 만나기 위해서요 그들을 이처럼 정중하게 맞이하는 것은 장사할 기회를 잡으려는 의도였다. 특히 저녁 시간은 나그네들이 밤을 지내기 위해 근처의 성을 찾게 되는 때이기에 이들을 만나고 맞이할 수 있는 가장 좋은 때이다.

　소돔 성을 멸하라는 심판의 명령을 가지고 찾아온 천사들이었다. 그들이 마침내 이 성에 들어섰다. 죽음이 성 안에 발을 들여놓은 것이었다. 하지만 사람들은 내일 아침이면 벌어질 멸망의 사건을 알지 못한 채 편안히 저녁의 쉼을 맞이한다. 반면 하나님의 공의를 전하고 이들을 죽음에서 건져내야 할 사람은 하나님의 사자들을 장사꾼으로 알고 장사할 기회를 얻기 위해 그들을 맞이한다. 나그네에게 지극히 친절하지만 오직 자기의 사업을 위해서요 돈을 많이 벌기 위해서이다. 머리 좋은 작가가 있어 각본을 쓴다고 해도 이보다 더 극적인 장면은 만들기 어려울 것이다.

　세상이 어두워져 앞을 볼 수 없는 때이다. 소돔의 저녁 같은 때이다. 내일 아침을 알지 못하고 사람들은 그래도 좋은 일을 기대하며 밤을 지낸다. 빛을 밝혀야 할 하나님의 일꾼이라고 자처하는 자들은 마치 장사꾼들처럼 하나님 나라의 일을 자기 삶의 기회로 삼고 있지는 않은지. 사람을 대해 친절한 듯 하나 자기의 어떤 목적과 유익을 위해서가 아닌지. 이 세상이 그저 안타까울 따름이다.

식탁이 왜 이 모양이지? (창 19:2-3)

"가로되 내 주여 돌이켜 종의 집으로 들어와 발을 씻고 주무시고 일찌기 일어나 갈 길을 가소서 그들이 가로되 아니라 우리가 거리에서 경야하리라"(:2)

롯은 성 문에 들어온 낯선 나그네를 대해 **"내 주여"**라고 칭하여 자신을 종이라고 낮추어 말한다. 아브라함이 자신의 장막에서 이들을 처음 대하면서 말하였던 것과 똑같다. 아브라함처럼 롯 자신도 나 아닌 이웃을 대한 태도가 적어도 외적으로는 지극히 공손하고 친절함을 나타내는 모습이다. 이방인으로서 타지에 와서 그들 가운데 터를 잡고 살아가기 위해 가져야만 했던 어쩔 수 없는 태도이기도 하겠고 또 더 나아가 신앙을 전달하기 위해 취해야만 했던 낮아짐이기도 했다. 아브라함에게 있어서도 종의 의식은 유목하는 자의 삶의 방편이기도 했지만 이 두 가지 이유 중 후자의 의미가 더 강하게 스며있었다고 할 수 있다.

하지만 롯에게서도 나타나는 이러한 겸손은 무엇을 위한 것이었을까? 롯이 오직 세속적 부에만 욕심을 품고 신앙의 의무를 거부한 채 아브라함 공동체를 깨고 나온 일이라든지 북방 세력들의 손아귀에서 구출된 뒤에도 아브라함에게로 돌아가지 않고 소돔 성에 계속 거주하며 장사꾼으로 살아온 이력들은 무엇을 말하는가? 그리고 오늘 이후 소돔 성의 멸망과 더불어 나타나는 그의 인생의 결과는 그의 겸손이나 섬김이 신앙에서 나온 것이 아니라 장사꾼의 처세술로 몸에 익힌 것이라는 사실을 증거한다.

이러한 이해는 아브라함과 롯 이 두 사람의 초대에 대한 나그네들의 반응에서 볼 수 있다. **"그들이 가로되 아니라 우리가 거리에서 경야하리라"**. 이들이 여기 오기 전 아브라함의 영접을 받았을 때는 그의 요청을 거절하지 않고 **"네 말대로 그리하라"**라고 하였다. 기꺼이 아브라함의 영접을 받아들인 것이었다. 하지만 롯의 친절한 제안에 대해서는 첫 반응이 거절이었다. 왜 이렇게 다른 것이었을까? 진정 순수한 뜻에서 나타난 것이라면 거절해야 하는 이유가 있는 것이었을까? **"종의 집으로 들어와 발을 씻고 주무시고 일찌기 일어나 갈 길을 가소서"**. 나그네에게 아무런 대가도 없이 친절함을 베풀고자 하는 것처럼 보이지만 장사꾼으로서 미래의 자기 유익을 위해 이미 계산된 지극히 영악스런 호의요 친절이었다.

신앙 안에서 사람을 대해 종의 의식을 갖고자 하는 것은 진정한 겸손을 이루는 것이다. 하지만 이 겸손에는 신앙을 위해 결코 양보하거나 굴복할 수 없는 것에 대해서는 일말의 타협도 거절하는 기개가 있고 죄에 대해 일체 단호한 위엄이 있다. 반면 처세를 위해 인간의 종이 되는 겸양은 나약함을 동반한다. 모든 사람의 호의를 얻기 위해 그들의 기분이나 감정을 거스를 수 있는 말은 쉽게 하지를 못한다. 바른 말로 옳은 길을 제시하고 가르칠 수도 있지만 의를 지키고 이루기 위해 때로 어쩔 수 없이 경험해야 하는 갈등이나 핍박을 받아들이거나 견뎌내지 못한다.

지금 하나님의 사자인 나그네들을 맞이하는 아브라함과 롯의 태도 속에서 외적인 모습은 두 사람이 동일하나 내면의 동기에 따라 전혀 다른 삶의 양태를 담을 수 있다는 것을 우리는 보게 된다. 겸손한 듯 하나 감히 불의와 맞설 용기를 갖지 못한 나약함과 비굴함에서 나온 소심함을 신앙의 겸손과 착각해서는 안 된다. 늘 온유하나 불의 앞에서는 강하고 늘 양보하나 하나님의 법과 의 앞에서는 단호한 기개와 절도가 있는 것이 진정한 겸손이라는 것을 명심해야 한다. 돈을 벌기 위한 장사꾼의 냄새나는 친절, 인간관계를 넓히고 장차의 유익을 도모하기 위한 가장된 겸손이 신앙의 자리에 틈타지 못하도록 하는 것이 우리의 책임이다. 오늘 교회가 끼리끼리 어울려 패거리 집단처럼 변질되어 가는 중요한 요인들이다.

"롯이 간청하매 그제야 돌이켜서 그 집으로 들어오는지라 롯이 그들을 위하여 식탁을 베풀고 무교병을 구우니 그들이 먹으니라"(:3)

자신의 집에서 머물라고 말하는 롯의 호의를 한사코 거절하던 나그네들은 롯의 계속되는 간청을 못 이겨 그의 집에 들어온다. 그런 후에 성경은 롯이 이들에게 식탁을 베풀고 식사를 제공하는 장면을 설명한다. **"롯이 그들을 위하여 식탁을 베풀고 무교병을 구우니"**. 그런데 왜 성경은 롯이 무교병을 구워 이들을 대접한 사실을 굳이 기록하고 있는 것일까? 이와 관련하여 우리는 아브라함이 이 나그네들을 맞이했던 아브라함의 장막 뜰로 돌아가 보자.

그 때 아브라함은 이들을 위해 아무 사심 없이 가장 극진한 대접을 하였다. 나무 그늘에 앉아 발을 씻게 하고 오랜 여행길에 지친 그들이 힘을 회복할 수 있도록 가장 귀한 송아지 고기를 요리하여 바쳤다. 그리고 그들의 남은 길을 위해 22리터가 넘는 밀가루로 떡을 만들었다. 자신은 종처럼 그들의 곁에 서서 수종들었다. 아브라함의 접대에는 아무 조건이 없었다. 그냥 마음에서 우러나온 가장 극진한 예의를 갖추어 이들을 맞이하고 대접하였다.

그런데 롯은 겨우 무교병을 구워 대접하고 있다. 더군다나 아브라함의 준비한 음식은 점심식사였고 롯이 내놓은 빵은 저녁식사였다. 하루의 일을 마친 고단한 저녁 자리요 먼 길을 여행해 온 나그네들이었기에 당연히 롯은 보다 충분한 음식을 대접해야 하는 것이 마땅하였다. 무교병이라고 하면 주로 목동들이나 여행을 하는 나그네들이 오래 보관하여 먹을 수 있도록 당분이나 누룩을 전혀 넣지 않고 구워낸 딱딱한 빵이다. 그러기에 맛이 없다. 일상적으로 가정에서 먹는 음식은 아니며 귀한 손님을 대접할 수 있는 음식은 더더군다나 아니다. 그런데 그러한 음식을 나그네들에게 제공하고 있는 것이다.

아브라함과 똑같이 자기를 종이라고 낮추어 말하고 그들을 **"내 주여"**라고 칭하였던 롯이지만 실제 대접하는 일에는 이와 같이 차이가 있었다는 것을 성경은 알려주고 있다. 왜 롯 자신에게 있어서 그들을 맞이할 때의 모습과 그들에 대한 실제 대접에는 이와 같은 차이가 있는 것일까? 그가 땅에 엎드리어 절하며 자기를 종이라고 낮추어 말하고 그들을 **"내 주여"**라고 불렀다면 그래서 싫다는 그들을 간절히 청하여 자신의 집으로 모셨다면 정성껏 준비한 식사를 제공해야 하는 것이 합당하지 않겠는가?

이제 우리는 그 이유를 파악하기 위해 롯이 성문에서 이들을 영접하던 때로부터 저녁 식사를 내어놓은 시간까지의 과정 즉 이들의 만남에 대해 살펴볼 필요가 있다. 왜냐하면 지금의 이러한 접대는 그 만남의 결과로 나온 것이 분명하기 때문이다. 과연 이들은 그 시간 동안 어떤 대화를 나누었던 것일까? 분명 롯은 이들이 큰 장사꾼이거나 상당한 신분의 귀한 자들이기를 기대했고 그것을 파악하기 위해 여러 가지 질문을 던졌을 것이다. 그리고 롯이 듣고 싶은 것이 있었다면 장사할 기회를 얻기 위한 여러 가지 정보들이었을 것이다.

하지만 이에 대한 나그네들의 대답과 그들이 주로 롯에게 한 말의 내용들은 그러한 장사니 돈이니 하는 것과는 거리가 멀 수밖에 없었다. 의도적으로라도 롯의 그러한 기대를 어그러뜨리기 위해 장사와는 거리가 먼 자신들의 존재를 강조했을 것이다. 그리고 그들이 말한 것은 사악한 인간의 죄와 타락한 세상 그리고 멸망에 대한 것이 그 중심에 있었을 것이 분명하다.

따라서 롯과 나그네들의 만남은 롯의 기대한 것과는 전혀 방향이 달랐다. 바로 여기에서 이들을 대한 오늘의 저녁 식사 대접이 관계되어진다. 만일 이들이 자기에게 크게 유익하다고 판단되었다면 당연히 저녁 식사가 융숭하게 준비되어졌을 것이다. 그렇게 해서 그들과의 사귐의 끈을 확보해야 하는 것이 장사꾼의 당연한 태도였다. 하지만 이들을 대해 무교병처럼 박한 음식을 대접하는 것은 이들에 대한 대접이 상당히 인색하다는 것과 이들이 별 볼일 없는 사람이라고 판단되어졌다는 것을 나타낸다. 그들과의 대화 속에서 이들은 전혀 자기에게 유익을 줄만한 장사꾼이 아니라는 사실을 알아내고 그저 지나가는 나그네에게 합당한 최소한의 대접만을 제공하는 것이었으리라.

그런데 롯이 아무리 돈 독이 오른 자라고 해도 사람을 대해 과연 이렇게 대할 수 있는 것일까? 바로 여기서 한 가지 더 짚어보게 되는 것은 롯이 식사 후에 전개되는 사태 속에서 그래도 이 나그네들을 상당히 귀하게 여기고 있다는 점이다. 위기 속에서 어떻게든 지켜야 할 사람들로 대하는 모습이 등장한다. 분명 롯에게는 이들이 장사꾼이 아니며 돈벌 기회를 가져다 줄 인물이 아니라는 것은 명백했다. 하지만 그렇다고 그렇게 단순한 인물로만 여겨지지 않았다는 것을 보여주는 사실이다. 그렇다면 무엇이 이와 같은 무교병의 박한 접대를 만들어낸 것일까?

이러할 때 이어지는 중요한 사실은 이들을 대한 롯의 아내의 태도이다. 집안에 손님이 왔을 때 손님에게 음식을 제공하는 일은 절대적으로 안주인의 몫이기 때문이다. 그러므로 나그네들이 무교병으로 대접을 받는다고 할 때 무교병을 내어온 것은 롯의 아내의 작품이다. 즉 만일 롯이 어떠했든지 간에 그의 아내에게 손님을 절대로 소홀히 대접하여 보낼 수 없다는 가장 기본적인 예의만 있었어도 이런 음식이 나올 수는 없다. 롯이 혹 이렇게 인색한 대접을 주문했다고 할지라도 그래도 내 집에 모셔 들인 손님인데 어떻게 그런 음식으로 대접할 수 있느냐는 인식이 그녀에게 있었다면 이럴 수는 없기 때문이다.

그러므로 롯의 이들에 대한 인식과 태도와는 별개로 이들을 대한 롯의 아내의 태도가 이러한 음식을 만들어내었다는 확고한 증거를 얻게 된다. 즉 그녀에게는 이들이 자기들의 장사에 그리 유익할 것 같지 않아 보였다. 그러면서도 그 말하는 것들이 자신들의 마음에 있는 탐욕과 이기심 같은 죄를 지적하고 삶의 잘못을 드러내는 것이었다. 무교병으로 식사를 대접하는 것은 어떤 마음을 담은 것일까? 내일 아침 바로 짐 싸들고 내 집을 떠나라는 상당히 못된 메시지까지도 우리는 느껴볼 수 있다.

이러한 내용은 바로 다음날 아침 소돔의 멸망 속에서 그녀가 소금 기둥이 되어 죽어가는 사실에서 확인할 수 있다. 즉 자기의 재산을 무척이나 아까워하였고 누구에게든지 인정을 베푸는 것을 꺼려하였던 대단히 사납고 욕심 많은 여인이었다는 것을 우리는 분명히 볼 수 있다. 이웃도 인정도 의리도 무시하고 오직 돈밖에는 아는 것이 없었던 여자였다. 억지로라도 롯을 구원하는 이들이 그녀는 소금 기둥이 되어 죽도록 내버려 둔 것은 이러한 정황을 내포하고 있다. 이러한 사실을 놓고 볼 때 롯이 아브라함으로부터 나올 수밖에 없었던 것과 북방 군대로부터 구출된 뒤에도 그에게 돌아가지 않고 소돔으로 돌아와 거하게 된 것도 어쩌면 이 여자의 영향이 컸을 것이라고 짐작할 수 있다.

아브라함에게 사라의 존재는 남편을 높이고 돕는 존재였다. 아브라함도 훌륭한 사람이었지만 그의 어쩔 수 없는 부족함을 도와 그로 신앙을 세우고 가나안의 훌륭한 인물이 되도록 안에서 보이지 않게 내조한 지혜롭고 현숙한 여인이었다. 반면 롯에게 그의 아내는 부족한 그를 부추겨 더욱 더 못나게 만드는 여자였다. 남편을 바른 길 가도록 뒤에서 조언하고 권면하며 마음과 몸을 다해 희생하고 협조하는 여자가 아니라 욕심을 부추기고 주위 사람들과 갈등을 조장하여 남편으로 이웃들과 멀어지게 하는 못된 여자였다.

능력 있는 남자를 더욱 출중하게 하며 부족한 남자일지라도 뒤에서 도와 훌륭하게 만드는 여자가 있다. 반면 훌륭한 남편이지만 그에게 고통과 짐만 안겨주며 부족한 자를 더욱 모자라게 하여 부끄러움을 끼치는 여자가 있다. 아브라함의 아내 사라가 전자라면 롯의 아내는 후자에 속한다. 그리고 끝내는 소금 기둥이 되어 사라진 여자였다. 오늘 내가 누군가의 곁에 있다는 것이 그에게 자랑스러움을 안겨주는 것인지 부끄러움을 끼치는 것인지 살펴보게 해주는 표석이다.

어쩌면 이 여인의 삶은 그 시대나 혹은 이 시대 우리 모두의 모습일 것이다. 하지만 하필이면 여인이 이렇게 대한 자들이 소돔을 멸망시킬 하나님의 사자들인 것을 어찌 알았겠는가? 어차피 참혹한 멸망을 피할 수 없기는 다 마찬가지지만 말이다.

내 집에 온 손님인데 (창 19:4-5)

"그들이 눕기 전에 그 성 사람 곧 소돔 백성들이 무론 노소하고 사방에서 다 모여 그 집을 에워싸고"(:4)

거의 20여년 동안 이 성에서 살아온 롯이었다. 삼촌 아브라함의 은혜와 사랑을 저버리고 그의 공동체를 분열시키며 뛰쳐나온 그였다. 하나님의 신앙을 위한 삶을 거절하고 부에 대한 자신의 욕심을 실현하고자 하는 야심적 인간이었으며 현실의 삶과 물질에 대한 집착이 대단한 사람이었다. 동시에 가나안의 유력자인 아브라함의 조카라는 후광을 업고 있는 자이기도 하였다. 이러한 롯이 지난 20여년 가나안에 살아오면서 특히 소돔의 사람들과 어떤 이웃 관계를 형성해 왔고 그 삶의 결과는 무엇이었을까? 그의 삶에 대해 이웃들이 느끼고 바라보는 평가는 그와 이웃들이 관계된 어떤 사건 속에서 이웃들이 그를 어떻게 대하는가 하는 것에 따라서 확인될 수 있다. 그런데 바로 이 밤에 그것을 확인할 수 있는 기회가 생겨나고 있다.

롯이 나그네들을 강권하여 자기의 집으로 모신 그 날 밤 이 성의 사람들이 그의 집으로 몰려온다. 저녁 식사를 마친 시간이었고 잠자리에 들기 직전의 때라는 사실로 보아 밤이 무척 늦은 시간이었다. 등불이 없는 시대라는 점을 감안할 때 사람이 서로를 구분할 수 없는 때였고 또 이 시간에 사람이 집 밖을 나서는 일은 거의 드문 일이었다. 그런데 이 늦은 시간에 소돔 백성들이 모두 모여 롯의 집으로 몰려온다. 여기서 아주 특이한 사실은 노인과 아이들까지도 이 무리 속에 포함되어 있다는 점이다. 왜 이 야심한 밤에 힘없는 노인과 아이들까지 여기에 참여하고 있는 것일까?

특히 이들이 롯의 집을 에워쌌다는 것은 롯의 집을 차단하고 아무도 여기서 빠져나가지 못하도록 하였다는 것인데 이는 이들의 행동이 우발적인 것이 아니라 아주 조직적이고 치밀하게 계획되어졌다는 것을 보여준다. 곧 롯이 나그네들을 모셔 들어간 사실이 사람들에게 알려진 이후 이 밤의 어떤 시간에 모두 모여 롯의 집으로 몰려가 어떤 일을 행하고자 하는 뜻이 사람들의 마음에서 마음으로 모아지고 약속되어졌다는 것을 보여준다. 아이들 노인들까지 이 무리에 동참하고 있다는 것은 이 계획이 거의 모든 소돔 사람들에게 광범위하게 알려졌고 동의를 받았으며 아이들 노인들까지 그 결과를 구경하려고 몰려나왔다는 것을 알려준다. 도대체 무엇을 하려고 이들은 이 야심한 시각에 남의 집으로 대거 몰려나와 이 집을 포위한 것이었을까?

> "롯을 부르고 그에게 이르되 이 저녁에 네게 온 사람이 어디 있느냐 이끌어 내라 우리가 그들을 상관하리라"(:5)

이들이 롯의 집으로 몰려와서 집을 에워싼 다음 롯에게 나그네들을 이끌어낼 것을 요구한다. 이유는 롯이 모시고 온 나그네들을 성적으로 욕보이겠다는 것이었다. 여기서 우리는 한 가지 질문을 던져본다. 이들의 이러한 행위가 단순히 나그네들을 대상으로 한 것이었는가 아니면 롯을 겨냥한 행동이었는가 하는 점이다. 왜냐하면 이 나그네들은 롯이 자기 집에 모신 손님이기 때문이요 아무리 도시 전체가 타락했다고 할지라도 어떻게 이 악하고 더러운 일에 노인 아이들까지 동참하고 있느냐 하는 것 때문이다. 그렇기 때문에 이들이 나그네들을 모욕하는 것은 자연 그들을 손님으로 모신 롯 자신에게 지울 수 없는 수치를 가하는 결과를 가지고 있다.

내가 억지로 내 집에 모시고 들어왔는데 내 집에 머무는 동안 이러한 일이 발생했고 자신은 그들을 전혀 지켜주지 못했다는 것 자체가 엄청난 욕이 될 수밖에 없다. 이는 소돔의 사람들이 롯을 존중했다면 있을 수 없는 일이며 이 일이 오가는 상인들에게 알려질 경우 장사꾼으로서 롯의 명예와 신뢰는 회복할 수 없는 타격을 입게 된다. 따라서 이러한 행동의 이면에는 롯에 대한 이들의 감정이 담겨있지 않을 수 없는 것이었다.

만일 이웃집에 찾아온 손님을 그 이웃들이 친절한 태도로 예의를 갖춰 대한다면 그것은 그 집 주인에 대한 존경과 신뢰의 마음을 담고 있는 행동이다. 그런데 반면 처음 보는 낯선 사람이고 그 집의 손님인 것을 알면서도 일부러 불친절하게 대하고 바라보는 눈초리와 말투가 의도적으로 불편함을 느끼게 한다면 그것 또한 집주인에 대한 이웃의 편치 못한 감정을 담아 전하는 것이다. 그러므로 손님에 대한 이웃의 태도는 그 집 주인에 대한 이웃의 마음이라고 할 수 있다.

롯이 자기의 집에 모셔 들인 손님이었다. 만일 소돔 사람들에게 롯의 삶이 위엄과 권위가 있었고 신뢰와 존경을 받는 삶이었다면 그의 이웃들이 감히 이러한 짓을 하려고 할 수 있는 것일까? 롯이 이들을 대해 선하고 아름답게 대하였다면 과연 이런 사건이 있을 수 있는 것이었을까? 소돔 사람들은 이웃에 대해 아무런 정을 갖지 못한 무감각하고 동물적인 야수의 심정만 지니고 사는 사람들이었는가? 이러한 짓이 소돔 사람 누구를 대해서든 일상적으로 발생하고 당하는 일이었는가? 만일 그렇다면 이러함에도 아브라함이 이 성에 의인들이 살고 있다고 하나님께 자신 있게 소리칠 수 있는 것이었을까? 있을 수 없는 일이다.

롯이 아무리 이방인이라고 할지라도 이미 20여 년 넘게 함께 살며 이웃으로의 교분을 가져온 사람이었다. 더군다나 그는 자신들을 멸망의 구덩이에서 구해 갚을 길 없는 은혜를 베푼 아브라함의 조카였고 아브라함은 여전히 무시할 수 없는 가나안의 세력가이다. 정상적인 관계 하에서라면 아브라함 때문에라도 이 밤의 이러한 사태는 있을 수 없는 일이었다. 따라서 소돔 성 사람들이 이 밤늦은 시간에 찾아와 이러한 소동을 일으키는 것은 이들의 마음에 롯이라는 사람을 대한 이웃으로서의 존경이나 사랑 같은 것은 그림자도 찾을 수 없고 오히려 미움과 적개심을 품고 있었다는 사실을 증거한다.

그리고 이러한 감정이 오늘 저녁 롯이 아주 귀해 보이는 나그네들을 성문에 있다가 낚아채듯 자기 집으로 데리고 들어간 것으로 인해 폭발된 것이었다. 이러한 것이 아니라고 한다면 노인과 아이들까지 이 대열에 동참하는 것은 아무리 이 성이 타락한 악의 도성이라고 할지라도 있을 수 없는 일이었다. 노인 아이들에게까지 롯과 그의 가정은 이웃으로 받아들일 수 없는 미워하고 쫓아내야 할 존재로 여겨졌던 것이다.

이러한 결과를 가지고 이제 이 밤의 사건과 롯과 이웃들의 관계를 재구성하면 다음과 같은 과정이 도출된다. 롯의 지극히 이기적이고 탐욕적인 삶은 많은 소돔 사람들의 공통적인 미움을 자아낸다. 특히 롯의 아내의 이웃을 내한 태도가 여기에 단단히 한 몫 했음은 틀림없다. 그리고 그러한 삶을 통해 만들어진 그의 물질적 부는 많은 사람들의 시기를 불러일으킨다. 그가 특히 이방인이라는 점에서 소돔 사람들은 그를 쫓아내고 싶어 한다. 하지만 소돔 성의 은인이자 가나안의 유력자인 아브라함의 조카라는 관계와 이로 인해 그가 가지고 있는 소돔 왕과 유력한 자들과의 친분 관계 때문에 그를 드러내 놓고 적대하지 못하였다.

그런데 이 날 저녁도 그가 성에 들어온 상당히 귀해 보이는 나그네들을 먼저 차지하고서 자기 집으로 인도해 들이자 소돔 사람들의 분노가 폭발한다. 그리고 이 밤에 그의 손님들에게 있을 수 없는 행패를 저질러서 소돔 사람들의 마음을 전하고 롯으로 하여금 제 스스로 소돔 성을 떠나도록 하고자 한다. 노인 아이 할 것 없이 모든 사람이 몰려온 것은 이 사건이 어느 한 사람의 행위가 아니라 모든 소돔 사람의 행위가 되게 한다. 또 누가 누군지 알지 못하는 익명성이 야밤이라는 시간을 통해 보장되는 것이다. 소수의 사람이거나 밝은 낮이라면 롯을 상대로 한 이러한 범죄 행위는 추적될 수 있고 처벌될 수도 있기 때문이다.

롯이 많은 돈을 벌었을지는 모른다. 그 스스로는 얻기 원하는 모든 결과를 얻었기에 성공한 인생이라고 평가할 수도 있었다. 하지만 오늘 그의 이웃들이 그의 집에 온 나그네를 대해 나타내는 폭력적 행동은 그가 결코 성공한 인생의 소유자가 아니라는 것을 보여준다. 오히려 참담하게 실패한 자라는 것을. 이 점에서도 롯은 아브라함과 대조를 이룬다. 아브라함에 대해서 적어도 그의 이웃들은 성공한 자라고 보았다. 아브라함 스스로도 '이만하면…'이라는 자족감이 있었다. 하지만 오늘 롯에 대해서는 그 스스로는 '이만하면…'이라는 만족함이 있었을지라도 그의 이웃들이 그를 실패한 자라고 규정하고 있는 것이다.

돈을 많이 벌고 사회적으로 유력한 자들과의 교제를 나누고 있으며 남들이 쉽게 무시할 수 없는 자리에 오르는 것을 성공의 기준으로 삼고 있는 오늘의 세태이다. 이웃들이 나를 대해 뭐라고 하든 관심치 않는다. 이웃 된 우리들도 그가 어떤 사람이냐 하는 것보다 그가 무엇을 소유하였느냐 하는 것으로 성공의 기준을 삼는다. 그러기에 심히 부끄러운 짓을 하고도 창피한 표정 하나 없이 사람 앞에 떳떳이 나선다. 그리고 그러한 자들을 얼마든지 용납하고 따르고 높인다. 적은 소득일지라도 의를 겸비하는 것이 불의로 얻은 많은 소득보다 나은 것이라는 말씀이 이제는 먼 산 메아리 마냥 아스라 할 뿐이다.

위기 앞에서 (창 19:6-7)

롯이 어느 날 저녁 어딘가 상당한 기품이 있어 보이는 두 사람의 나그네를 자기 집으로 모시고 왔다. 그가 이들을 굳이 자기 집으로 모시고 온 이유는 자기에게 유익한 어떤 기대가 있었기 때문이었다. 재앙을 당하고 싶어서가 아니었다. 하지만 그들은 그의 그런 기대와는 전혀 맞지 않는 사람들이었다. 오히려 이들을 사기 집으로 모신 것으로 인해 모든 소돔 사람들이 깊은 밤중에 자기 집으로 몰려오는 재앙과 같은 사태를 맞이한다. 언뜻 보면 우발적 사건일 수도 있었다. 하지만 역사적 의미를 놓고 보면 이는 대단히 심각한 사건이었다. 왜냐하면 이 나그네들은 이 성을 멸하러 온 하나님의 심판자들이요 이들에 의해 이 성은 바로 내일 아침 참혹한 잿더미로 변하게 될 것이기 때문이다.

무엇보다도 롯에게 이 나그네들의 존재는 축복인가 저주인가? 이들을 자신의 집에 모셨으나 롯 자신의 기대나 롯의 아내의 기대에 전혀 합치되지 않는 자들이었다. 더군다나 이들을 모신 것으로 인해 이 밤 소돔 사람들이 자기 집으로 몰려오게 된 것은 분명 화를 스스로 불러들인 것이나 다름없었다. 그러나 반면 그가 어떤 동기로 이들을 자기 집으로 데려왔든지 간에 그들이 하나님의 사자들이라는 것과 내일 아침 이들에 의해 이 성이 참혹하게 멸망당하게 된다는 사실을 놓고 보면 이들을 모셨다는 것은 엄청난 축복이었다. 왜냐하면 이들의 손에 의해 자신과 자신의 가족을 살릴 수 있는 기적 같은 기회가 주어진 것이기 때문이었다.

그런데 이제 중요한 것은 모든 소돔의 사람들이 그의 집을 에워싸고 나그네들을 요구하는 이 때 그가 어떤 판단을 내리고 어떻게 처신하느냐 하는 것이었다. 소돔 사람들의 요구를 따라 나그네들을 버릴 것이냐 아니면 이들을 위해 저들 소돔 사람들의 위협을 자신이 감당할 것이냐 하는 판단과 선택이 그에게 주어져 있기 때문이었다. 그리고 단 한 번의 이 결정이 그의 모든 것을 좌우할 것이었다. 대단히 긴장되고 극적인 순간이다. 만일 나그네들이 하나님의 사자가 아니라 인간이었다면 이들에게도 이 순간 롯이 어떤 결정을 내릴 것인가 하는 문제는 대단히 심각한 것이었으리라.

"롯이 문밖의 무리에게로 나가서 뒤로 문을 닫고"(:6)

롯이 문 밖으로 나가 자기의 뒤로 문을 닫는다. 문을 닫는다는 것은 어떤 마음을 가지고 하는 행동인가? 이는 저들이 자신의 집으로 들어가는 것을 허락지 않겠다는 마음의 의지를 보여주는 행동이다. 저들의 요구에 대해 말로써 저들을 설득하고 담판을 짓겠다는 것이었다. 저들이 자신에 대해서는 감히 해롭게 하지 못하리라는 판단이 깔린 행동이었다. 곧 그는 이 사태에 직면하자 나그네들을 대해 '걱정하지 말라 내가 나가서 저들과 얘기하겠으니 당신들은 안심하고 집 안에 머물라' 라는 말로 저들을 안심시켰다는 사실을 전제하고 있다. 이는 롯 자신에게 저들을 말로써 타일러 이 사태를 해결할 수 있으리라는 확신이 있었음을 보여주는 행동이기도 하다.

여기서 우리는 한 가지 생각해 보게 된다. 롯 자신은 소돔 사람들이 자기를 어떻게 보고 있다고 생각하며 살아왔을까 하는 점이다. 물론 소돔 사람들에게 롯이라는 작자는 받아들일 수 없는 자였고 쫓아내야 할 존재였다. 여기에는 롯의 아내의 역할도 상당히 컸다. 그런데 과연 롯은 이러한 사실을 알고 있었던 것일까? 소돔 사람들이 자기를 대해 얼마나 적대감을 품고 있었는지 인지하고 있었을까? 우리가 이러한 질문을 하는 것은 때로 남이 나를 실제로 판단하는 것과 내가 사람들로부터 기대하고 생각하고 있는 것과는 전혀 다를 수 있기 때문이다.

이러한 불일치는 인간의 내면적 가치보다는 주로 돈이나 사회적 위치 등 외적이고 물질적인 것에 삶의 목적과 이유를 두는 자들이 겪는 현상이다. 내가 많은 돈을 가졌고 사회적으로 꽤 괜찮은 자리를 차지하고 있기에 그리고 이로 인해 사람들이 나를 부러워하고 나를 특별하게 대접해 줄 때 그는 자신이 그럴듯한 자라고 스스로 생각하게 된다. 하지만 사람들이 그의 돈과 지위에 대해 관심을 표해주는 것과 그의 인격과 인간 됨됨이에 대해 판단하는 것과는 전혀 다를 수 있다. 이 점에서 롯이 지금 밖으로 나가 뒤로 문을 닫는 것은 적어도 자신의 말을 저들이 들으리라고 하는 기대와 생각을 갖고 있다는 것을 엿볼 수 있게 하는 행동이다. 이런 착각과 기대가 없다면 이러한 행위를 하고자 하는 생각 자체가 불가능할 수도 있기 때문이다.

"이르되 청하노니 내 형제들아 이런 악을 행치 말라"(:7)

"내 형제들아". 롯의 소돔 사람들을 대해 부르는 호칭이다. 롯은 어떻게 이런 용어를 사용하게 된 것일까? '소돔 사람들이여' 혹은 '이웃들이여' 라고 하는 것이 보다 자연스럽고 일반적일 텐데 말이다. 그가 이웃을 향해 부르는 호칭에서 우리는 롯이 전혀 신앙 없는 자가 아니라 그에게도 하나님을 믿는 신앙이 있다는 것을 보게 된다. 왜냐하면 그가 가나안 사람들에게는 전혀 이방인이라고 하는 사실을 놓고 볼 때 이는 신앙 안에서가 아니면 인식할 수 없는 개념이기 때문이다.

홍수 후의 인류는 전적으로 노아 한 사람을 조상으로 하고 있다. 그러므로 모든 사람들은 노아의 자손이자 보다 멀리는 아담의 자손으로 실질적으로 모두가 한 조상의 자손인 같은 형제 자매이다. 그런데 이 형제 인식을 갖고 이웃을 대하는 자들은 당대 세계에서 노아로부터 하나님 신앙을 전달받은 자들밖에 없기 때문이다. 바로 아브라함의 골육 인식이 그것이었다. 그러므로 롯에게도 이 신앙의 개념이 전달되어 있다는 것은 그에게도 하나님 신앙이 있다는 것을 알려준다.

하지만 문제는 이 신앙의 개념이 늘 그의 삶 속에서 구현되어져 왔느냐 아니면 지금 이 위기의 순간에 저들의 동정과 호의를 사기 위해 임기응변으로 등장한 것이냐 하는 점이다. 형제 관계는 사랑과 용서를 근본 속성으로 가지고 있고 이러한 요소가 있을 때 서로를 진정한 형제 관계에 있다고 말할 수 있다. 그런데 평소에는 전혀 이러한 삶이 없다가 내가 급할 때 우리는 형제가 아니냐고 하며 나를 도와달라는 것으로 나타난다면 이는 말로는 형제라고 하나 실질적인 의미를 지닌 형제가 아니기 때문이다. 오늘날 교회 내의 교우 관계에서 흔하게 나타나는 대표적인 현상이다. 과연 롯의 형제 호칭은 사실 관계에 있었을까 아니면 허구적인 구호에 불과한 것이었을까?

"청하노니…이런 악을 행치 말라". 이어지는 그의 말은 공손하면서도 호소력이 있어 보인다. 지금 너희들의 행동은 악을 행하는 것이라는 말은 전혀 틀린 말이 아니다. 그리고 강압적이지 않고 최대한 부드럽게 그들의 행동을 제지하고자 하는 그의 태도는 나무랄 데가 없다. 하지만 여기서도 문제는 이러한 말이 그의 어떤 삶을 배경으로 하고 있느냐 하는 사실이다. 똑 같은 말일지라도 존경받는 사람이 존경받는 위치에서 조용히 편안하게 말하는 것과 전혀 인정받지 못하는 사람이 말하는 것은 전혀 다르기 때문이다.

무엇보다도 우리는 롯이 생각하는 악이란 무엇인가 생각해 보게 된다. 적어도 여기서 그가 말하는 악이란 외적으로 남을 불편하게 하거나 남에게 해를 끼치는 행위이다. 물론 이는 틀린 것이 아니다. 그런데 우리가 여기서 다시 생각해 보게 되는 것은 소돔 사람들이 왜 롯과 그의 집을 대해 이렇게 분노하고 있는가 하는 사실이다. 롯은 외적으로 타인에게 물리적 육체적 피해를 준 것 같지는 않다. 만일 그러했다면 그가 소돔 성에서 20여 년을 살아오지는 못했을 것이기 때문이다. 하지만 소돔 사람들이 그와 그의 아내를 대해 한 이웃으로 받아들이기를 거부하는 것은 롯의 마음에 있는 이기심이나 탐욕 이웃을 대한 무정한 마음과 같은 것들 때문이었다.

바로 이 점에서 하나님의 말씀이 인간의 육적인 성품 자체를 죄로 규정하는 것을 다시 한번 생각하게 된다. 하나님의 말씀의 법은 인간의 내면에서 일어나는 탐욕, 이기심, 분노와 미움, 시기, 질투, 원한 등을 이미 사람을 죽인 것과 동일한 살인죄나 강도죄로 정죄한다. 그리고 이를 받아 예수께서도 형제를 마음으로 미워하는 자는 이미 살인한 자요 마음에 음욕만 품어도 이미 간음한 자로 판단하시는 가르침을 우리에게 전하고 있다. 초대 교회를 향한 사도의 가르침은 이 모든 것을 확정지어 우리에게 전한다.

"또한 저희가 마음에 하나님 두기를 싫어하매 하나님께서 저희를 그 상실한 마음대로 내어버려 두사 합당치 못한 일을 하게 하셨으니 곧 모든 불의, 추악, 탐욕, 악의가 가득한 자요 시기, 살인, 분쟁, 사기, 악독이 가득한 자요 수군수군하는 자요 비방하는 자요 하나님의 미워하시는 자요 능욕하는 자요 교만한 자요 자랑하는 자요 악을 도모하는 자요 부모를 거역하는 자요 우매한 자요 배약하는 자요 무정한 자요 무자비한 자라 <u>저희가 이같은 일을 행하는 자는 사형에 해당하다고 하나님의 정하심을 알고도</u> 자기들만 행할 뿐 아니라 또한 그 일을 행하는 자를 옳다 하느니라"(롬 1:28-32)

위의 말씀은 인간의 내면에서 일어나는 악한 생각과 마음들을 사형에 해당하는 심각한 범죄라고 규정하고 있고 이것이 초대교회의 가르침이었다는 것을 말씀하고 있다. 따라서 인간의 외적인 행동과 이에서 나타난 결과만을 악이요 죄라고 규정하는 마음이 롯에게 있는 근본 문제요 이는 아브라함 또한 범하고 있는 실수였다. 그러했기에 롯은 어쩌면 스스로 의인이라고 여기고 있었을지 모르겠다. 하지만 롯이 간과하고 있었던 것은 자신의 속에 있는 마음이 지난 20년 동안 이웃을 화나게 하고 있었다는 사실이었다.

그가 오랜 시간 동안 입으로는 무엇을 어떻게 외쳤을지라도 그리고 그들에게 적어도 겉으로는 해를 끼친 것이 없었다고 할지라도 그의 마음과 그의 삶이 저들로 하여금 그를 거부하게 만들었던 것이다. 그렇지만 그는 오늘 밤의 이 같은 악을 초래케 한 근본 원인이 자신의 안에 있는 물질에 대한 탐욕과 이기심과 이웃을 대한 무정한 마음들이었다는 것을 과연 알고 있었을까? 그러한 것이 사람을 죽게 만든다는 것을 이 밤에라도 그는 깨달을 수 있었을까?

어허, 이게 아닌데 (창 19:8)

　나그네들을 난행하기 위해 그들을 내어놓으라고 요구하는 소돔 사람들을 대해 문을 뒤로 닫으며 **"청하노니 내 형제들아 이런 악을 행치 말라"**라고 간곡히 권면하고 부탁하는 롯의 목소리는 그만큼 부드러웠을 것이고 또 호소력을 지니고자 가다듬어져 있었을 것이다. 자기 집에 모신 손님을 보호해야겠다는 그의 각오와 소돔 사람들에 대한 그의 권면은 조금도 하자가 없어 보인다. 하지만 문제는 저들을 형제라고 부를 때 실제 롯의 삶에 저들을 형제로 여기고 대하는 모습이 있었느냐 하는 것과 그가 악을 행치 말라고 할 때 과연 소돔 사람들이 보는 그의 삶은 어떠했느냐 하는 것이 문제였다.

　만일 롯의 이러한 호소가 그에 합당한 삶을 동반하고 있다면 그의 말은 권위가 있고 무게 있게 받아들여졌을 것이다. 하지만 그게 아니라면 그의 말은 오히려 비아냥의 대상이 될 것이었다. 그런데 이러한 문제는 곧바로 이어지는 그의 다음 말에서 그대로 드러난다.

　"내게 남자를 가까이 아니한 두 딸이 있노라 청컨대 내가 그들을 너희에게로 이끌어 내리니 너희 눈에 좋은 대로 그들에게 행하고 이 사람들은 내 집에 들어왔은즉 이 사람들에게는 아무 짓도 하지 말라"(:8)

롯의 이 말은 저들이 나그네들에게 악을 행하지 않는 대가로 자신의 딸들을 내어주겠다고 하는 제안이다. 딸들에게는 무슨 악한 짓을 해도 좋다는 것이었다. 아니 이건 또 무슨 말인가? 저들에게 이런 악을 행치 말라고 방금 권면하고서 곧 이어 자기 딸을 내어주고 그들에게는 무슨 짓이라도 해도 좋다니, 그러면 딸들에게 가하는 폭력은 악을 행하는 것이 아니란 말인가? 나그네들에게 그런 짓을 하는 것이 악이고 그렇기 때문에 그러한 악을 행치 말아야 한다면 그 행위는 누구에게도 행해져서는 안 되는 것이었다. 그런데 내 딸들에게는 그런 짓을 해도 괜찮다니, 이 무슨 어긋난 사고인가?

악은 그것이 악인 한 대가 없이 중지되어야 한다. 악을 행치 않는 대신에 또 다른 악을 인정하고 용납하는 것은 악을 없애기 보다는 악을 조장하고 더욱 키우는 결과를 가져온다. 더군다나 딸들은 정혼한 상태였다. 아직 결혼식만 올리지 않았을 뿐 남편들이 이미 정해져 있는 상태였다. 더 아끼고 지켜줘야 하는 자들이었다. 그러므로 롯의 이 말 자체가 이미 딸들과 그 남편 될 자들에게 대단한 상처를 줄 수 있는 것이었고 살인에 버금가는 폭력이었다. 아버지가 되어서 딸들이 야밤에 몰려온 폭도들에게 난행당하도록 던져주겠다는 것인가? 집에 온 손님이 아무리 중하기로서니 그들을 대신해 결혼을 앞둔 내 딸들을 야만적인 폭력의 희생물로 던져버리겠다는 것인가? 이러한 사고 자체를 정상적인 사고라고 인정할 수 없으며 우리의 상식과 신앙으로 도저히 이해할 수 없고 받아들일 수 없다.

나그네 대신에 자기의 딸들을 내어주겠다고 하는 롯의 말은 언뜻 보면 나그네들을 보호하기 위한 롯 자신의 희생적 정신이 발현된 것처럼 보인다. 하지만 롯에게 내 집에 모신 손님을 보호해야만 하는 책임과 의무가 있다면 이제 곧 시집갈 딸들과 가정을 지키고 보호해야만 하는 책임은 더 큰 것이었다. 딸들이 정혼한 이상 이는 사위들을 대한 책임이기도 하였다. 가장으로서 자기의 가정을 지켜야 할 의무는 나그네들을 보호하고자 하는 것이나 혹 다른 어떤 중요한 이유가 있을지라도 그 모든 것보다 앞서는 보다 근본적인 것이다. 자기의 집을 폭도들의 손에 유린되도록 내버려두고서 나그네들만을 보호하고자 하는 행위가 있다면 이를 그 어떤 경우에도 희생정신이라고 칭찬할 수는 없는 것이었다.

만일 롯이 진정 손님들을 보호하고 싶었다면 그리고 그것이 정의로운 신앙이었다면 그는 먼저 한 가정의 가장으로서 책임과 의무를 다하는 모습을 보여주어야 했다. 저들 앞에서 이러한 악을 행치 말라고 말한 것이 진정한 신앙에서 나온 것이었다면 나그네들만이 아니라 내 집 누구에게도 그리고 이웃 어느 누구에게도 이런 악을 행치 말라고 끝까지 권면하고 엄히 꾸짖어야 했다. 그래도 듣지 않으면 먼저 나를 죽이라고 요구하고 그 이전에는 어느 누구도 이 집에 발을 들여놓을 수 없다고 버티고 서야 했다. 차라리 자기를 죽여서라도 가정과 손님을 지키고자 할 때 그의 삶과 신앙을 오히려 정의롭다고 할 수 있는 것이다. 그런데 롯은 자기 대신에 자기의 딸들을 희생으로 삼아 이 위기를 넘기려 하고 있다.

만에 하나라도 그의 말대로 이 일이 실현된다면 딸들은 남은 삶을 어떻게 살아가야 할까? 이런 엄청난 윤간과 폭행을 당하고서 아침까지 살아남을 수 있겠는가? 살아난다 한들 미치지 않고서야 어찌 제 정신으로 살아갈 수 있겠는가? 파혼당하는 것은 물론이고 그 수치를 안고 누구 앞에 설 수 있단 말인가? 딸들을 폭도에게 내준 아비일지라도 얼굴 들고 성하게 살아갈 수 있겠는가? 그 가정이 온전할 리 있겠는가? 딸들은 고사하고 그들을 폭도들에게 내준 아비를 사람들이 인간이라고 여기기나 하겠는가?

그러므로 롯의 말은 그가 제 정신이 아니라면 모르겠지만 도저히 있을 수 없는 말이다. 정말로 딸들을 내어주고자 한 것이라면 짐승의 얼굴을 하고서도 할 수 없는 짓이다. 그렇다면 나그네들 대신에 딸들을 내어주겠다는 것이 그의 본심이 아니었다면 그는 어떻게 이런 생각을 할 수 있었던 것일까? 여기서 우리가 먼저 생각할 수 있는 것은 그의 아주 지능적인 계산이다. 즉 설마하니 저들이 내 딸들을 난행하지는 못하리라고, 감히 내 딸들을 겁간하려고 덤비지는 못하리라는 계산이 그의 머리 속에 이미 굴러가고 있었다는 점이다. 왜냐하면 자기의 딸들이 소돔 사람의 아들들과 정혼한 상태요 이를 그리 넓지 않은 이 고대 도시에서 알만한 사람은 다 알고 있기 때문이다.

또 아무리 싫어도 20여 년을 함께 살면서 서로 다 알고 있는 이웃인데 그들에게 그러한 짓을 할 수 없다는 것은 이미 정해진 사실이다. 롯의 딸들과 정혼한 사돈집이 보잘 것 없는 초라한 집이라면 또 혹 모를 일이다. 하지만 아브라함의 조카인 롯의 조건과 소돔의 유력한 자들과의 교분을 갖고 있는 그의 삶의 정황 그리고 그와 그의 아내의 야심으로 볼 때 롯의 사돈들은 소돔 성에서 경제적 사회적 능력을 겸한 유력한 집안들이라고 보는 것이 옳다. 그들을 봐서라도 이 딸들을 소돔 사람들이 난행한다는 것은 불가능하고 롯은 이것까지 계산하고 있는 것이다.

나그네를 보호하고자 하는 대단히 희생적인 뜻에서 나온 말 같지만 추잡한 계산이 이미 앞서가고 있었다. 나그네를 보호한다고 하지만 자기를 희생치 않으려는 비겁함과 그 대신 자기의 딸들을 방패막이로 삼아 위기를 넘겨보려는 얄팍한 술수가 작용하고 있다. 이러한 술수와 계산이 있든지 없든지 간에 자신을 희생시키고자 하는 의도 대신 딸들을 내어주겠다는 말 자체가 이미 그의 마음이 어떠한지 그대로 드러내고 있다.

 말은 그럴 듯 하나 속으로는 교묘한 계산을 하는 자들이 오늘 우리들 안에도 항상 있다.

법관? 웃기고 있네 (창 19:9)

롯이 폭도들에게 딸들을 내어주겠다고까지 하며 나그네들을 지키고자 한다. 이 속에서 부족하나마 어떤 진심을 볼 수 있다면 그것은 이 밤 롯과 나그네들의 만남에서 찾을 수 있을 것이다. 야심한 밤까지 롯과 나그네들의 만남과 대화 속에서 나그네들은 롯에게 어떤 말들을 들려주었을 것인가? 내일 아침의 멸망과는 전혀 상관없이 그저 세상 돌아가는 한담만 나누었겠는가? 저들이 하나님의 사자라는 사실과 내일 아침 이 성을 멸할 임무를 지닌 자들이라는 사실 그리고 무교병을 내온 롯의 아내의 행동에 입각하여 보면 전혀 그럴 수는 없었다. 롯 역시 겉으로는 신앙이 있는 자였기에 그에게 인간의 죄를 지적하고 신앙의 참 모습에 대해 설명하였으리라는 것은 분명하다. 롯이 자신의 지나온 삶과 내면을 되돌아볼 수 있는 많은 말을 들려줌은 저들의 의무이기도 하였다.

이러한 면에서 본다면 롯 나름대로 나그네들과의 대화 속에서 자기를 돌아보고 뉘우칠 수 있는 여지를 갖게 되었고 나아가 이들을 귀하게 여기고 보호해야만 한다는 의무감을 느꼈을 수도 있다. 롯의 무리들 앞에서의 행동은 그러한 마음을 적어도 어느 정도는 반영하고 있는 것일 수도 있다.

"그들이 가로되 너는 물러나라 또 가로되 이 놈이 들어와서 우거하면서 우리의 법관이 되려 하는도다 이제 우리가 그들보다 너를 더 해하리라 하고 롯을 밀치며 가까이 나아와서 그 문을 깨치려 하는지라"(:9)

그러면 롯의 타이름과 제안에 대한 소돔 사람들의 반응은 어떠하였는가? **"너는 물러나라"**. 롯의 말에 대한 이들의 첫 마디는 시끄럽다는 것이었다. 너의 말은 듣기 싫다는 것이었다. 이는 악을 행치 말라는 롯의 권면도 나그네 대신 딸을 주겠다는 그의 제안도 모두 거부한다는 뜻이었다. 이미 롯의 계산이 저들에게도 읽혀진 것이었고 이것이 오히려 저들을 자극한 때문이었다. 그러면서 이렇게 말한다. **"이 놈이 들어와서 우거하면서 우리의 법관이 되려 하는도다"**. **"이 놈이 들어와서 우거하면서"**라는 말은 롯이 이방인이라는 것과 저들과 전혀 섞이지 못하고 있는 상태를 설명하고 있다. 즉 롯이 이방인으로서 저들에게 받아들여지지 못하고 있었고 저들은 롯을 전혀 이웃으로 여기지 않고 있었던 것이다. 롯 자신 지금 저들에게 '형제들이여' 라고 다정하게 부르며 다가가고 있지만 저들은 형제는커녕 보통의 이웃으로도 받아들이지 않고 있었던 것이다.

"우리의 법관이 되려 하는도다". 롯을 대한 저들의 이 말은 롯이 지금까지 이들과 살면서 저들에게 어떻게 행하며 살아왔는가 하는 것을 생각해볼 수 있는 단서를 가지고 있다. 곧 롯은 저들을 대해 법관처럼 행하여 왔다는 것이다. 법관은 사람들의 행위에 대해 옳고 그름을 지적하고 판단하는 자라는 점에서 보면 롯은 이들 중에 살면서 사람들에게 행위의 옳고 그름을 말하여 왔다는 것을 알 수 있다. 그렇다면 정식 법관이 아닌 그가 옳고 그름을 무엇에 근거하여 사람들에게 말할 수 있었던 것인가?

바로 이 점에서 우리는 그가 '형제들이여' 라고 말하는 것과 아브라함이 이 성에 최소한 의인 열 명은 있다고 주장하는 것을 생각해 본다. 그 연장선상에서 볼 때 롯 스스로 하나님을 믿고 구원받은 의인이라고 자처하며 사람들에게 신앙을 전하고자 하였다는 것을 알 수 있다. 물론 이럴 때 그가 전하는 신앙은 사람들의 내면이 아닌 외적인 행위에 대해 선과 악으로 구분하는 이분법적인 기준을 가지고 있었다는 것을 아브라함으로부터 이미 충분히 살펴본 바이다.

그런데 무엇이 문제인가? **"이제 우리가 그들보다 너를 더 해하리라"**. 이 밤에 왜 이들이 롯의 집으로 쳐들어 왔는지 저들의 본래 목적이 이 한 마디에 들어있다. **"그들보다 너를 더 해하리라"**는 말은 롯 자신을 대한 분노를 담고 있는 말이자 지금 나그네를 해하려고 하지만 그것을 가장하여 롯을 해치고자 하는 것이 그 본래의 뜻이라는 것을 드러낸다. 이는 마치 법관과 같이 선과 악을 말해 온 롯이 저들에게는 몹시도 미웠다는 것을 나타낸다. 너를 더 해하리라고 하며 롯을 밀치고 가까이 와서 문을 깨치려 하는 것은 이 밤에 롯의 집을 쑥밭으로 만들어버리고자 하는 시도이다.

법관과 같이 신앙을 전하고 그 속에서 사람들의 행위에 대해 옳고 그름을 말하는 것이 뭐 그렇게 싫을 게 있겠는가? 그것이 저들에게 해를 끼치는 것이 아닐진대 이 밤에 어른 아이 할 것 없이 롯의 집에 와서 이러한 만행을 저지르고자 하는 것은 무엇 때문인가? 이러한 결과가 나타날 수 있는 것은 입으로는 선과 악을 말하고 선하신 하나님을 전하지만 그의 내면에서 나오는 삶이 그렇지 못할 때이다. 만일 의와 선을 가르치는 그의 삶이 거룩하고 흠잡을 것 없으며 사람들에게 본이 된다면 그의 가르침도 무게를 지닌다. 하지만 말은 그럴 듯 하나 이기적이고 탐욕적이며 이웃에 무관심하고 인색하다면 오히려 더 큰 분노를 불러일으키는 것이다.

법관의 직분은 사회의 질서 유지와 안정을 위해 가장 중요한 사리이나. 하지만 이 직분이 존경과 신뢰의 대상이 될 수도 있고 경멸과 분노의 대상이 될 수도 있다. 그 스스로 의와 선을 행하고 양심에 어긋나지 않는 삶을 살며 잘못을 범한 자를 선의로 계도하고자 한다면 그는 그 자리에 합당한 자요 존경과 신뢰를 받을 수 있는 자이다. 하지만 자기 자신 덕스럽지 못한 삶을 살며 뇌물이나 좋아하고 밤의 더러운 문화를 가까이 하며 힘 있는 자들과 야합하여 의인을 죄인으로 만들고 죄인을 무죄방면 한다면 그가 손가락질 당하는 것은 피할 수 없는 결과다.

"우리의 법관이 되려 하는도다 이제 우리가 그들보다 너를 더 해하리라"라는 소돔 사람들의 말은 롯의 말보다는 롯의 삶과 마음을 거부하는 것이다. 롯의 살아난 두 딸이 아버지를 겁간하여 영원히 용서받지 못할 죄악의 씨를 잉태하는 장면을 끝으로 성경에서 사라져 버리는 그의 결말은 이런 이해를 충분히 가능케 하는 내용들이다.

말만 있고 행동은 없는 신앙인들, 입은 그럴 듯 하나 삶은 거칠고 속되며 전혀 신앙 없는 자들과 다를 바 없는 신앙인과 교회들이 바로 롯의 계보를 잇는 자들이요 그 신앙의 흐름이 아니겠는가? 오늘 세상으로부터 지탄받는 교회와 신앙인들의 존재가 바로 롯이 소돔 사람들로부터 지탄받는 것과 같지 않은가?

.

헛수고였어 (창 19:10-11)

    자신의 말이 전혀 통하지 않고 소돔 사람들이 자기를 대해 오히려 적개심을 드러내는 상황을 접하면서 롯은 어떤 느낌을 갖게 되었을까? 적어도 이 밤에 롯이 분명하게 자기의 눈으로 확인한 것은 자기의 이웃이자 형제라고 부르던 소돔 사람들이 자기를 전혀 신뢰하지도 존중하지도 않는다는 것이었다. 단순히 싫어하는 것이 아니라 어린아이부터 노인에 이르기까지 모든 이웃들이 자신을 경멸하고 분노하며 자기에게 저주를 퍼붓고 있다는 것을 그는 목격하였다. 겉으로는 자기 집 손님을 해하려는 것 같았지만 본질은 롯 자신에 대한 분노를 표출하는 것이었다. 어느 날 하루아침에 생긴 것이 아니라 이 곳에서의 20년 삶을 배경으로 응축되어 나타난 사건이었다.

    롯은 이 사건을 어떻게 받아들이고 있었을까? 그가 지금까지 이 성에 살면서 혹 가지고 있다고 생각했을지도 모를 권위가 한 순간에 허물어지고 그것이 자신만의 착각이었다는 것을 보게 되었을 때 그는 어떻게 해야 하는 것이었을까? 저들을 미워하고 실망해야 하는 것이었을까 아니면 스스로를 대해 부끄러워해야 하는 것이었을까? 아니 이 모든 것에 앞서 그는 자신의 어떤 것이 저들로 하여금 이렇게 분노하게 만들었는지 깨달을 수 있었을까?

"그 사람들이 손을 내밀어 롯을 집으로 끌어들이고 문을 닫으며"(:10)

롯은 밖으로 나가 사람들의 소동을 잠재우려 하였으나 오히려 화를 더 북돋우는 결과를 초래했다. 나그네 대신에 자기의 딸들을 주겠다는 얄팍하고 비겁한 계산이 저들에게 읽혀진 것이었다. 이에 안에 있던 나그네들 곧 하나님의 사자들이 문을 열고 롯의 손을 잡아 집안으로 끌어들이고 문을 닫는다. 저들이 롯을 밀쳐내고 문을 깨버리려고 할 때였다. 롯 혼자서는 대처할 수 없을 만큼 상황이 악화되었고 롯 자신의 안전도 위급해졌기 때문이다. 만일 나그네들이 끌어들이지 않았더라면 롯의 목숨도 어떻게 되었을지 알 수 없는 일이었다.

"문 밖의 무리로 무론 대소하고 그 눈을 어둡게 하니 그들이 문을 찾느라고 곤비하였더라"(:11)

그리고 나서 문 밖에 있는 소돔 사람들의 눈을 어둡게 하였다. 이들의 눈을 어둡게 하였다는 것은 이렇게까지 하지 않고서는 저들의 행동을 제지할 수 없었다는 것을 나타낸다. 그만큼 저들이 몹시 흥분되었고 저들의 행위가 격렬해졌기 때문이다. 이후에도 이들이 문을 찾느라고 곤비하였다는 것은 아무것도 보지 못하도록 봉사가 되게 한 것이 아니라 다만 롯의 집 출입구를 찾지 못하도록 가려놓았다고 하는 것을 알려준다. 그럼에도 저들이 피곤할 만큼 롯의 집 문을 찾았다고 하는 것은 롯의 집으로 난입하고자 하는 저들의 의지가 얼마나 강하였고 저들의 행위가 얼마나 격렬하였는지를 보여주는 장면이다.

결국 이 사건은 지금까지 롯의 삶을 완전히 허물어 내리는 것이었고 그가 헛수고를 하며 헛된 인생을 살아왔다는 것을 가르쳐주는 것이었다. 그가 아무리 큰 재산을 모으며 그것으로 자신의 사회적 관계와 권위의 기반으로 삼고 자신있게 살아왔다고 할지라도 결코 성공한 인생이 아니었다는 것을 알려주었다. 그것이 사람들로부터 인정받고 존경받게 해 주는 중요한 요소가 아니라는 것과 오히려 사람들로 하여금 화나게 하고 멸시하게 하는 이유가 될 수도 있다는 것을 확인해 주었다. 오늘날 돈과 권력 등으로 성공한 사람들이 오히려 많은 사람들의 비난과 조소의 대상이 되고 있는 현실이 이를 증거하고 있다. 그러한 것이 없었더라면 차라리 무난한 인생을 살 수도 있었을 사람들이 말이다.

롯이 저들에게 무슨 악한 짓을 해서도 아니었고 소돔 사람들에게 무슨 큰 손해를 끼친 것도 없었던 것 같다. 그리고 저들 소돔 사람들의 악한 모습들을 보지 못했던 것도 아니었다. 오히려 그러한 악을 충분히 보았고 마치 법관처럼 저들의 악한 행위들을 지적하고 고치도록 권면하기도 하였다. 사람들에게 있는 악을 보고 그것을 바로잡고자 할 만큼의 분별력도 있었다. 그러나 단 한 가지 그가 보지 못하였던 것은 자기 속에 있는 이기심이자 탐욕이었다. 삼촌 아브라함의 공동체를 반으로 쪼개 놓았던 것도 바로 이것이었고 그가 소돔 성을 찾아 들어온 것도 이것 때문이었다. 전쟁에서 구출된 후 아브라함에게 돌아가지 않고 소돔 성에 다시 눌러앉은 것도 바로 이것 때문이었다. 아브라함이 그를 포기한 것도 바로 이 내면의 마음들 때문이었다.

그리고 이것이 결국 소돔 사람들의 미움을 응축시켰고 오늘의 분노를 촉발시켰다. 아브라함은 아들과 같은 조카이기에 참고 넘어갈 수 있었지만 소돔 사람들에게는 그가 이방인이었기에 더더군다나 참아질 수 있는 것이 아니었다. 그러므로 소돔 사람들이 만일 롯의 앞에서 미리를 조아려 왔다면 그것은 그의 인품과 삶 때문이 아니라 그의 돈과 겉으로 나타나는 사회적 관계 때문이었다. 몸으로는 그를 높이고 존중하는 듯한 모습을 보여왔을지 몰라도 마음으로는 전혀 아니었다. 속으로는 그를 욕하며 지내왔던 것이다.

돈이나 권력은 사람의 육체를 지배할 수는 있으나 마음까지 지배하지는 못한다. 돈으로 사람의 몸과 시간은 살 수 있으나 그 마음까지 살 수 있는 것은 아니다. 작은 돈일지라도 마음이 실려질 때 돈보다 더 큰 가치를 만들어내지만 큰 돈일지라도 마음이 담겨지지 않으면 되돌아오는 것은 욕일 수도 있다. 다른 사람들의 악한 삶을 보고 나는 그렇지 않다는 것으로 나의 의를 삼지 말아야 한다. 내가 저들에게 저들의 삶을 고칠 수 있는 바른 길을 가르친다고 해서 그것이 또한 나를 선하고 의롭다 판단하는 근거가 될 수도 없다. 저들의 타락한 문화에 함께 몸을 담그지 않았다고 해서 나는 그들과 다르다고 말할 수 있는 것도 아니다.

이 모든 것이 있어도 진정 내 마음의 탐욕과 이기심과 같은 마음이 다스려지지 않는다면 그래서 나의 마음과 삶이 변화되는 결과가 없다면 나 또한 저들과 하등 다를 바가 없다는 것을 깨달아야 한다. 바로 이러한 것들이 죄악을 만들어내는 근원이기 때문이다.

결국 이 밤의 사건은 롯이 이웃들과의 관계에 있어 실패하였다는 것을 그대로 드러내고 있다. 사람이 많지 않은 고대 사회였기에 이웃들과의 삶은 오늘 우리들의 그것보다 훨씬 밀착되어 있다. 개인의 삶은 이웃들에게 그대로 노출되어 있고 그러므로 누구라도 그의 삶은 거의 숨겨짐이 없이 사람들에게 읽혀지고 있었다. 그렇기 때문에 이웃과의 관계는 그만큼 더욱 중요한 삶의 요소였다. 누구도 이웃을 함부로 적대할 수 없었고 이웃으로부터 소외될 수 있는 행위를 할 수가 없었다. 생활영역이 좁은 상태에서 생존 자체가 위협받을 수도 있었기 때문이었다.

그것은 역으로 이웃 사람들 또한 어느 개인을 대해서도 아주 심각한 문제가 발생하지 않는 한 함부로 정죄할 수 없었다는 것을 알려준다. 서로 더불어 살아야 한다는 의식이 있었기 때문이다. 그런 점에서 오늘 롯의 결과는 그가 이방인이라는 요인이 더해지면서 그의 삶이 어떠했는지를 그대로 드러내고 있다. 이러한 결과를 가지고 그의 삶을 한마디로 정리하여 표현한다면 그에게 이웃사랑의 마음과 뜻 그리고 이에 입각한 삶이 없었다는 것을 증거하고 있다.

이제 우리는 여기서 이러한 결과를 가지고 하나님과 아브라함의 만남 속으로 다시 돌아가 본다. 그 때 그 만남이 남겨준 것은 과연 저 소돔 성에 의인이 있느냐 하는 문제였다. 대략 오십 혹은 아무리 없어도 열 명은 있다고 하는 것이 아브라함의 주장이었고 하나님은 이에 대해 확인해 보겠다고 대답하셨다. 그것은 하나님이 몰라서가 아니라 아브라함에게 직접 확인시켜 주고자 하심이었다. 그러므로 소돔 성에서 하나님의 사자들을 통해 확인되어져야 하는 것은 몇 명이든지 간에 과연 여기에 아브라함이 생각하는 의인이 있느냐 하는 것이었다. 그러한 과제를 가지고 들어온 하나님의 사자들이 소돔 성에서 집중 조명하는 자가 롯이었다. 이는 아브라함이 의인이라고 말하는 사람들 중에 롯이 포함되어 있었다는 것과 나아가 롯이 소돔 성의 신앙인 중에 중심적인 인물이었다는 것을 보여주고 있다.

그런데 그 롯의 삶이 이웃관계에 완전히 실패한 모습을 드러내고 있고 그에게 이웃사랑이 전혀 없었다는 것을 나타내고 있다. 이웃사랑이야말로 하나님 신앙의 핵심 주제인데 말이다. 그리고 그에게 하나님을 믿는 신앙이 있었을지라도 신앙의 본질인 이웃사랑이 없었던 것은 그의 속에 있는 이기심과 물질에 대한 탐욕 때문이라는 사실을 가르치고 있다. 곧 그의 신앙이 그의 내면을 다스리는 기제가 전혀 되어주지 못했던 것이다. 그러므로 이 모든 삶의 결과는 롯이 신앙에 실패한 때문으로 귀착된다. 신앙을 받아들임에 실패했고 신앙의 외적인 모습은 있다고 할지라도 그 신앙으로 자기의 내면을 성찰하고 다스리는데 실패했기 때문이었다. 자기의 내면을 보게 해주는 신앙을 그는 잃어버렸던 것이다. 궁극적인 원인은 바로 이것이었다.

이웃사랑이 담겨지지 못한 삶이 결국 우리가 어떤 재물과 사회적 권세를 얻었다고 할지라도 우리의 삶을 실패로 돌아가게 한다는 사실을 그대로 보여주고 있다. 이 경우에 물론 신앙도 의미 없는 하찮은 것 오히려 우리를 속이는 것이 될 수 있다는 교훈도 던져주고 있다. 이런 모든 결과를 초래하는 결정적 요인은 우리의 속에 있는 이기심 분노 탐욕 시기 질투와 같은 내면적인 요소들 때문이라는 것을 롯의 삶을 통해 그대로 전하고 있다. 왜 하나님께서 당신의 말씀의 법을 통해 우리에게 주신 신앙의 과제가 이러한 내면적인 요소들인지에 대해서도 다시금 그 답을 분명하게 제시해 주는 말씀의 현장이다.

사자가 나타났어요 (창 19:12-13)

야심한 밤에 롯의 집으로 몰려와 난입하려고 시도하는 소돔 사람들의 모습은 저들의 악함보다는 이웃들로부터 전혀 존중히 여겨지거나 신뢰받지 못하는 롯의 삶을 확인시켜 주는 사건이었다. 이는 롯이 하나님을 믿는 한 사람의 신앙인이었다고 할 때 그의 신앙 자체가 이웃들로부터 인정받지 못하고 있음을 증거한다. 말로는 법관처럼 선과 악을 분별하고 가르칠 만큼 신앙이 있는 것 같았지만 정작 그 삶 속에는 이웃사랑이라는 가장 핵심적인 신앙의 요소가 빠져있었다. 바로 이것이 그의 신앙도 가르침도 그저 울리는 꽹과리 같이 공허하게 만들었고 사람들로 더욱 분노하게 만든 요인이었다. 그렇다면 롯의 이웃관계가 이러할 때 그의 하나님과의 관계는 어떠했을까?

"그 사람들이 롯에게 이르되 이 외에 네게 속한 자가 또 있느냐 네 사위나 자녀나 성중에 네게 속한 자들을 다 성밖으로 이끌어내라"(:12)

소돔 사람들이 롯을 조금도 존경하거나 이웃으로 받아들이지 않고 있다는 사실이 누구보다 롯 자신에게 분명히 확인되었다. 그 후 문 밖의 상황을 일단 종료시킨 하나님의 사자들은 롯에게 다른 한 가지 임무를 부여한다. 그것은 곧 롯의 사위나 자녀나 롯에게 속한 자들을 다 성밖으로 이끌어내라는 것이었다. 사자들의 말은 저들 한 사람 한 사람을 모두 찾아다니며 성 밖으로 나가도록 알려주고 재족토록 하는 임무를 롯에게 부여해준 것이었다. 따라서 이제 롯은 사위와 자녀와 또 자신이 알고 있는 모든 사람들에게 찾아가 지금 곧 성 밖으로 나가라고 일러주어야 했다.

"그들에 대하여 부르짖음이 여호와 앞에 크므로 여호와께서 우리로 이곳을 멸하러 보내셨나니 우리가 멸하리라"(:13)

그리고 이어 하나님의 사자들은 왜 성을 벗어나야 하는지 이유를 알려준다. 그것은 이 성이 곧 멸망당할 것이었기 때문이었다. 이 멸망은 하나님께서 명령하신 것이었고 그러기에 변개되거나 피할 수 없는 것이었다. 만일 성을 벗어나라는 사자들의 명령을 따르지 않는다면 그것은 곧 죽음이었다. 그러므로 성 밖으로 나가야만 하는 것은 죽지 않고 살기 위해서였고 때문에 이는 선택의 여지가 있을 수 없었다. 롯은 자신의 가장 소중한 사람들의 생명을 위해서라도 주저하거나 망설일 틈이 없었다. 따라서 남은 문제는 롯의 결정과 행동이었고 그 결과는 지금까지 롯의 삶을 최종적으로 평가해 주는 것이기도 했다. 사람들이 롯의 전하는 하나님의 말씀을 믿느냐 믿지 못하느냐 하는 것은 그들에게 보여진 롯 자신의 삶과 신앙을 드러내는 것이기 때문이다.

특히 우리는 이제 진행되어질 과정 속에서 확인할 수 있는 한 가지 가장 중요한 사실이 있다. 그것은 롯 자신이 지금 나그네들을 통해서 들려오는 하나님의 말씀을 얼마나 진지하게 받아들이느냐 하는 것이다. 곧 롯 자신의 말씀에 대한 믿음이다. 롯이 이 말씀을 얼마나 현실감 있게 받아들이느냐에 따라 그의 전하는 태도도 달라질 것이다. 그러므로 이는 롯의 신앙 안에 가지고 있는 하나님의 말씀에 대한 신뢰도 곧 믿음을 드러내는 증거가 될 것이기 때문이다. 동시에 이는 과연 그의 신앙 속에 어느 날 갑자기 임할 수 있는 종말에 대한 인식이 얼마나 있느냐 하는 것과 이에 대해 그가 얼마나 마음으로부터 준비해 왔느냐 하는 것을 드러내는 척도가 될 수 있다는 사실을 우리는 볼 수 있다.

만일 롯 자신부터 이 말씀에 대한 전적인 신뢰가 결여되어 있고 의심하는 마음이 있다면 그의 전하는 모습도 마지못해 억지로 전하는 지극히 소극적인 태도를 보일 것이었다. 듣는 자에게 긴박함을 느끼도록 하지 못한다. 그리고 많은 사람을 찾아다니려고 노력하지도 않게 된다. 쉽게 찾아갈 수 있는 가까운 몇 사람에게 찾아가 전하는 시늉만 하다가 곧 발길을 돌려버릴 것이었다. 반면 그에게 이 말씀이 현실성 있는 말씀으로 심각하게 들려졌다면 그의 전하는 말소리에 다급함과 진지함이 실려졌을 것이고 강하게 재촉하는 태도로 그들에게 다가갔을 것이다. 그리고 할 수 있는 한 많은 사람에게 전하려고 급하게 돌아다녔을 것이다.

그리고 진정 그가 신뢰받는 자였다면 이 소식을 들은 누군가는 또 자기 주변의 소중한 사람들에게 이를 알리려고 나섰을 것이고 이런 식으로 멸망의 소식은 이 밤 온 성에 신속하게 퍼져나가며 큰 소동을 일으켰을 것이다. 그러므로 이 밤에 과연 몇 명의 사람이 그의 말을 듣고 살아나느냐 하는 것은 롯의 믿음을 가늠하는 척도가 될 것이었다.

더불어 천사들의 요구는 롯 자신에게도 상당히 어려운 결단을 요구하는 것이기도 하였다. 즉 이 밤에 소돔 성을 떠난다고 하는 것은 지금까지 이 곳에 살면서 쌓아온 모든 것을 버리는 것을 의미했기 때문이었다. 이 모든 재산은 롯이 아브라함과의 관계를 희생하면서까지 얻은 결과였고 더 나아가 하나님 나라를 위한 부르심과 받은 바 은혜에 대한 책임과 의무를 저버리면서까지 얻어오고 쌓아온 것들이었다. 롯의 일평생 수고한 결과였다. 그런데 천사들의 명령은 이 모든 것을 버리라는 것이었고 스스로도 포기해야만 하는 상황을 맞이하고 있는 것이었다. 그러므로 이 성을 떠나라는 말씀에 대한 롯의 태도는 그의 종말에 대한 신앙관도 드러내게 될 것이었다.

특히 흥미로운 사실은 롯의 사위나 자녀들을 포함하여 가장 가까운 사람들 중에 과연 몇이나 그의 말을 듣고 따라줄 것이냐 하는 점이다. 이는 저들 중에 과연 몇 사람이나 롯의 말을 신뢰하고 저의 뜻을 따라줄 것인가 하는 곧 가장 가까운 주변 사람들의 롯에 대한 신뢰성의 문제이다. 저들이 과연 롯의 말을 신뢰할까 과연 저들이 롯의 뜻을 쉽게 따라줄까 하는 것은 롯이 저들의 삶에 과연 어느 정도 영향을 미치고 있느냐 하는 문제에 대해 답을 제공해 줄 것이기 때문이다.

특히 롯에게 속한 자들이란 그가 하나님을 믿는 자였다고 할 때 그 대상에는 함께 하나님을 믿는 자들 곧 아브라함이 의인이라고 여기고 있는 자들이 포함되어 있다. 곧 신앙인들이다. 롯이 이제 전개되는 상황에 대해 함께 신앙생활을 하는 자들에게도 이 소식을 전해야 하는 것은 당연한 일이다. 따라서 이 임무는 함께 신앙생활 하는 자들일지라도 롯의 말을 얼마나 신뢰하느냐 하는 것이 결과로 나타나는 것이기도 하다. 이는 저들 또한 롯을 통해 전해져 오는 하나님의 말씀을 얼마나 신뢰할 것인가 하는 가름대가 될 것이었다.

결국 멸망에 대한 선포와 이 성을 떠나라는 말씀을 통해 최종적으로 확인되는 것은 롯과 이 성에 살고 있는 신앙인들에게 하나님의 말씀에 대한 신뢰 곧 믿음이 어느 정도인가 하는 것이 첫째이다. 그리고 둘째는 모든 것을 버려두고 떠날 수 있는 종말적 신앙관이 얼마나 확고하게 세워져 있느냐 하는 것이다. 아브라함이 저들을 구원 받은 의인이라고 여길 때 그들의 신앙 속에 신앙의 본질을 형성하고 있는 이러한 핵심 요소들이 과연 있느냐 하는 것이 그 결과를 결정짓는 핵심 관건이 될 것이었다. 이 밤에 저들이 사느냐 죽느냐 하는 것 구원받느냐 구원받지 못하느냐 하는 것은 전적으로 여기에 달린 일이었다.

오늘 나의 신앙 속에 하나님의 말씀에 대한 신뢰는 얼마나 자리하고 있는 지 언제라도 모든 것을 두고 떠나야 할 때 과연 그렇게 털고 떠날 수 있는 것인 지 우리는 확인해 보아야 한다. 더불어 우리의 이웃에 대한 신앙과 관련하여 한 가지 확인할 수 있는 것이 있다. 그것은 내가 만일 사람들로부터 신뢰받을 수 없는 사람이 된다면 사람들은 나의 입을 통해 전해질 하나님의 말씀과 멸망에 대한 종말의 선포도 전혀 믿지 않게 된다는 사실이다. 그리고 이것이 갖는 가장 궁극적인 결과는 저들을 죽음에서 살려낼 수 없다는 점이다.

동네에 사자가 나타났다. 롯이 이를 먼저 보고 동네 사람들에게 알리고자 한다. 누가 들을 것인지. 과연 몇 사람이나 그의 말을 듣고 살아날 수 있을 것인지. 아브라함이 가나안에 뿌려놓은 신앙의 씨앗들은 과연 생명이 있어 구원의 열매를 맺을 수 있는 것일까?

도적처럼 (창 19:14(1))

어느 날 갑자기 롯의 삶에 회리바람 같은 엄청난 사건이 휘몰아쳐 온다. 어떤 낯선 나그네들을 자기 집에 모신 것이 촉매가 되어 소돔 사람들이 그의 집을 습격하는 사건이 발생하고 이어 그 나그네들로부터 이 성이 곧 멸망당할 것이라는 너무도 놀라운 소식을 접한다. 이제 곧 성이 멸망당해 사라지고 모든 자들이 죽게 되리라는 것이었다. 방금 전의 사건이 가져다준 충격도 아직 정리되지 않은 판에 이 성이 멸망당할 것이라는 엄청난 종말의 소식을 들고 소돔 성의 이웃들에게로 나가서 전해야 했다. 지금의 롯에게는 도대체 뭐가 뭔지 무슨 일이 어떻게 돌아가고 있는 것인지 얼떨떨하고 황당하기만 했을 것이다. 하지만 이 멸망은 사실이었고 그러므로 지금은 생사를 결정짓는 긴급하고도 두려운 순간이었다.

그가 진정 이 멸망의 선포를 사실로서 심각하게 받아들였다면 이것 저것 생각하거나 주저할 여지가 없었다. 모든 것을 포기해야 했고 한 사람이라도 더 살리기 위해 동분서주해야 했다. 그의 표정은 긴장되어 있어야 했고 목소리는 떨리며 진지해야 했다. 듣는 자가 말하는 바의 내용은 이해할 수 없어도 그의 태도와 표정과 말투 속에서 무언가 심각한 위기를 느낄 수 있어야 했다.

만일 롯이 평소에 신중한 사람이었고 허튼 말을 함부로 발하는 사람이 아니었으며 인품과 삶이 존경받고 있었다면 그리고 그의 신앙 또한 진실하여 사람들로부터 인정받는 것이었다면 전하는 롯이나 전달받는 사람들에게나 이 밤에 이러한 결과들이 일어나야 했다. 신실한 사람이 왜 저렇게 두려워하며 또 저렇게 떨리는 목소리로 이 소식을 전하는 것은 어쩐 일인가 하는 의아함이 일어나야 했다. 그리고 이에 의거해 그의 말을 자세히 듣고 확인해 보고자 하는 모습들이 분명 있어야 했다. 하지만 현실은 어떠했는가?

"롯이 나가서 그 딸들과 정혼한 사위들에게 고하여 이르되 여호와께서 이 성을 멸하실 터이니 너희는 일어나 이곳에서 떠나라 하되 그 사위들이 농담으로 여겼더라"(:14)

여기서 우리가 먼저 보게 되는 것은 롯의 멸망에 대한 소식 전파가 이웃들에게 광범위하게 이루어지지 않고 소수의 가까운 사람에게만 이루어지고 있다는 사실이다. 이 사건은 롯과 관련된 소수의 사람에게만 일어나는 일이 아니었다. 도시 전체의 모든 사람에게 일어날 일이었고 그러므로 모든 사람에게 알려져야 하는 사건이었다. 그런데 왜 소수의 사람들에게만 전해지는 것이었을까? 사자를 본 양치기 소년이 마을로 뛰어 들어오며 사자가 나타났다고 소리치는 것처럼 이 밤에 그렇게 소리쳐야만 했지 않았겠는가? 가능한 한 많은 사람들이 살아날 수 있도록 거리를 다니며 외쳐 잠을 깨워야 하는 것이 맞는 이치였다. 몇 사람에게만 몰래 몰래 전하고 다른 사람은 다 죽게 내버려 두는 일은 있을 수 없는 일이었다.

하지만 적어도 롯에게 그것은 할 수 없는 일이 되어 버렸다. 소돔 사람들이 이미 롯을 적대시하고 있는 형편이기 때문이었다. 만일 그렇게 외치고 놀아다녔다가는 그 소식의 신위는 고사하고 더 큰 봉변을 당할 수도 있었기 때문이었다. 그렇기 때문에 그는 오히려 사람들의 눈을 피해 다니며 소수의 사람들에게만 이 소식을 전할 수밖에 없었다.

참으로 비극적인 장면이다. 사람의 생명을 살리는 일이 왜 이렇게 숨어서 이루어져야 하는 것인가? 모든 사람에게 소중한 일을 하면서도 왜 사람을 두려워하는 주눅 든 모습으로 이루어져야 하는 것인가? 소돔 사람들이 그토록 악했기 때문인가? 어떤 이유보다도 이는 롯의 신앙과 삶이 만들어 낸 결과였다. 그리고 이것이 아브라함이 그토록 자부하는 신앙의 현실이었고 그가 의인이라고 여기는 자들의 실상이었다. 죽음의 멸망 앞에서도 그것을 알리는 것조차 불가능하였다. 다른 사람들을 죽음 앞에 그대로 내버려 둘 수밖에 없는 것이 소돔의 하나님 신앙이었다.

오래 전에도 오늘처럼 하나님의 심판이 선포되던 때가 있었다. 그 때도 그 소식을 세상에 전한 자가 있었다. 오늘의 사건이 있기 40여 년 전에 세상을 떠난 노아였다. 하지만 그 때 노아가 멸망의 심판을 전하던 모습은 오늘의 롯과는 하늘과 땅만큼이나 차이가 있었다. 그는 당시 사람들이 생각도 할 수 없을 만큼의 커다란 배를 지으며 홍수가 일어나 물이 모든 산의 꼭대기를 덮기까지 차리라는 것을 모든 사람이 볼 수 있도록 하였다. 그리고 저들이 듣든지 아니 듣든지 자기를 바보라고 하든지 말든지 그는 하나님의 심판과 의를 조금도 숨김없이 떳떳하게 선포하였다. 모든 사람이 심판의 소식을 다 들었고 알았다. 그러기에 그들은 비록 재앙으로 죽어갈지라도 그것이 예정된 사건이요 인간의 죄에 대한 하나님의 심판이라는 것을 알았다.

그런데 오늘 롯은 모든 사람의 생사가 달린 너무도 중요한 사건을 몇 사람에게만 숨어 전하고 있다. 큰 거리를 내리달리며 외쳐도 부족할 멸망의 소식을 마치 도적처럼 소곤거리고 있다. 그러기에 저들은 멸망에 대한 소식도 듣지 못하고 이것이 죄에 대한 하나님의 심판이라는 사실도 알지 못한 채 그냥 죽어갈 수밖에 없었다. 롯 스스로의 삶과 신앙에 약점을 가지고 있었기에 어쩔 수 없는 노릇이었다.

내가 나의 삶과 신앙에 약점을 가지고 있을 때 진정 중요한 순간에 침묵할 수밖에 없다는 것을 우리는 알아야 한다. 그 누구도 나의 말을 들으려 하는 자가 없고 나 또한 저들 앞에 서는 것이 떳떳치 못함을 느끼기 때문이다. 바로 오늘 우리의 교회와 신앙인들이 그러하다. 지금도 교회는 중세의 교회가 그러했던 것처럼 개혁의 대상이자 때로는 청산되어야 할 존재로 인식되기도 한다. 자신의 지나온 날의 과오와 오늘의 약점과 헛점들 때문에 안과 밖에서 공격당하고 있고 스스로를 방어하여 현재의 자리를 지키기에도 급급하다. 교회가 세상을 대해 한 마디 하면 세상은 두 세 마디로 교회를 부끄럽게 한다.

그럴지라도 부끄러워하는 자 찾아보기 어렵다. 재 가운데 앉아 처절하게 회개하는 자 하나 없다. 그러기에 교회가 구원에 대해 외친다고 하는 것은 지극히 한가하고 어리석은 자들의 소리처럼 들려지고 있다. 교회 스스로도 입술로는 종말을 말하나 실제 저 시퍼렇게 달려오는 종말에 대해 전혀 긴장되거나 긴박하게 움직이는 모습이 없다. 지극히 한가하고 그러기에 땅 사고 건물 짓기에 힘을 쏟고 이것을 누구에게 물려주며 누가 저것을 차지하고 다스리는가 하는 것으로 툭하면 치고받고 싸운다. 이 밤에 보여지는 롯의 모습보다도 오히려 더욱 못하다 하겠다.

무슨 그런 농담을 (창 19:14(2))

"롯이 나가서 그 딸들과 정혼한 사위들에게 고하여 이르되 여호와께서 이 성을 멸하실 터이니 너희는 일어나 이곳에서 떠나라 하되 그 사위들이 농담으로 여겼더라"(:14)

숨어서 전하는 소식이지만 그런 속에도 롯의 방문을 받고 이 소식을 전달받는 자들은 누구이며 그들의 반응은 어떠했을까? 먼저 롯의 방문을 받은 사람들은 롯의 딸들과 결혼을 약속한 상태에 있는 그의 두 사위들이었다. 롯이 그래도 이들에게 가장 먼저 찾아간 것은 이들이라면 자신의 말을 들어주리라고 생각한 때문이었을 수도 있다. 장인과 사위의 관계, 그리 쉬운 사이가 아니다. 장인의 입장에서도 함부로 아무 말이나 할 수 없는 상대가 사위지만 반면 사위들일지라도 함부로 말을 가볍게 여기거나 쉽게 대할 수 없는 권위가 장인에게는 있는 것이다.

그러기에 이 둘은 가장 가까우면서도 가장 어려운 사이라고 말하는 것이 옳을 것이다. 아버지와 아들이 서로를 대하는 것과는 다른 어려움이 이 사이에는 분명히 있기 때문이다. 그런데 롯이 두 사위들에게 각각 찾아가 전하지만 이들의 반응은 한결같이 농담으로 여기는 것이었다. 롯의 말을 전혀 심각하게 받아들이지 아니했고 사실일 수 있는 가능성을 조금도 인정하려고 들지 않았다.

　지금 이 소식을 전하는 롯의 표정과 말은 전혀 농담처럼 여겨질 수 있는 것이 아니었다. 가장 어려울 수도 있는 장인이 이 늦은 밤중에 굳은 얼굴로 찾아와 전하는 말임에도 불구하고 사위들이 농담으로 여겼다. 이는 그의 말을 조금도 진지하게 받아들이려고 하지 않았고 이 분이 뭔가 잘못되지 않았나 하는 비웃음의 태도까지 담겨있었다. 장인과 사위의 관계에서 생각할 때 만일 평소 저들에게 장인으로서 롯의 신앙이나 삶이 진실하고 언행이 신중하여 권위를 지니고 있었다면 그 말의 사실 여부를 떠나 이런 식으로 반응할 수는 없는 것이었다.

　하지만 사위들 중에 누구도 그의 말을 심각하게 받아들이지 않았다는 것뿐만 아니라 모두가 똑같이 그의 말을 농담으로 받아들였다고 하는 것은 롯의 삶에 대해 저들이 공통적으로 보고 느끼는 것이 이러했다는 것을 보여준다. 물론 이들이 이러한 태도를 나타내 보이는 이면에는 어쩌면 롯 자신이 전혀 확신도 없이 이 사실을 전했기 때문이기도 하리라

　우리는 이 속에서 다음의 몇 가지 사실들을 확인할 수 있다. 첫째는 롯 자신이 나그네들을 통해 들려지는 하나님의 말씀을 확고하게 신뢰하지 못하고 있다는 점이다. 그에게 이 말씀을 완전하게 믿고 행하는 믿음이 있었다면 저들 사위들이 믿지 못하고 거절은 할지언정 농담으로 여기는 일만은 없어야 했다. 정말로 간절하게 나의 말을 믿으라고 권했다면 저들은 최소한 이 밤만이라도 성을 떠나고자 했을 수도 있다. 또 그렇게 하도록 해야만 하는 것이 롯에게 주어진 책임이었다. 저들로 하여금 그렇게 하도록 하지 못했다는 것 자체가 롯에게 종말에 대한 확신이 없었다는 사실을 증명해 주는

증거이다.

두 번째, 롯의 사위들에게 보여진 그의 삶은 전혀 신뢰할 수 없는 것이었다. 롯의 말을 가장 어렵게 받아들여야 할 사위들이었다. 그리고 그가 지금 전하는 말의 내용은 죽고 사는 생명에 관한 것이었다. 그런데도 그의 말을 농담으로 여겼다는 것은 일차적으로 장인에 대한 존경이나 신뢰가 없었다고 밖에는 볼 수 없다. 만일 그러한 마음이 있었다면 믿든 믿지 않든 최소한 고민하는 모습이라도 나타내야 했다.

이와 동시에 이는 그들에게 하나님을 믿는 신앙이 전혀 없었거나 신앙의 겉모습은 있었을지라도 하나님의 말씀에 대한 믿음 그리고 종말에 대한 신앙관이 없었다는 것을 보여준다. 즉 이들에게는 하나님의 심판에 대한 두려움이 전혀 없었던 것이다.

노아가 방주를 지으며 하나님의 의와 심판을 외칠 때에 이를 보고 들으면서도 전혀 믿지 않다가 홍수 속에서 모조리 죽어갔던 사람들의 역사가 지금 아브라함 시대에도 그대로 반복되고 있다. 그 교훈이 그 사건을 현장에서 직접 경험하고 살아난 노아와 그의 아들들에 의해 생생하게 전해져 왔고 지금도 그 일을 직접 겪은 셈이 살아 있는 때인데도 그러하다. 그 신앙이 노아에 의해 아브라함에게로 전해져 왔고 아브라함 또한 그 신앙을 전달해야 했으나 그가 전한 신앙의 현장에서는 철저하게 무시되고 있는 것이다.

아브라함 자신 소돔 성에 의인이 많다고 생각하였지만 그들 속에는 하나님의 심판에 대한 두려움이나 종말에 대한 긴장감이 전혀 없는 것이었다. 그러기에 이 소돔 성 또한 노아 때의 홍수 사건에서처럼 멸망에 관한 소식을 알려줄지라도 농담으로만 여긴 채 스스로 죽음의 길을 걸어가고 있을 뿐이었다.

아브라함이 이 성에 구원받을만한 의인이 최소한 열 명은 있다고 주장할 때 그것이 사실인지 아닌지를 입증해 주셔야 할 하나님께서 롯과 그의 사위들의 이러한 모습을 비춰주신다. 이들이 아브라함의 계산 속에 들어있는 의인들이 아니라면 이들을 굳이 보여주어야 할 이유는 없다. 믿음이 처음부터 없는 자들이라면 너무나 당연한 결과이기 때문이다.

오늘 세상은 종말을 향해 기운차게 달려가고 있다. 하지만 종말을 알리는 신앙인들의 목소리는 들려오지 않는다. 구원의 은혜를 전하는 목소리에 힘이 없다. 들려질지라도 그 외침은 그저 농담처럼 여겨지고 있다. 왜인가? 무엇 때문이며 누구 탓인가? 만일 지금 이 시간 종말이 우리에게 선포되고 그래서 모든 것을 버려두고 저 성 밖으로 피해야 한다면 과연 하나님을 믿는다고 하는 자들 중에서도 몇이나 자기의 생명을 살릴 수 있을 것인가? 신앙의 역사는 똑같이 반복되고 있을 뿐이다.

왜 이 난리야? (창 19:15-16)

"동틀 때에 천사가 롯을 재촉하여 가로되 일어나 여기 있는 네 아내와 두 딸을 이끌라 이 성의 죄악 중에 함께 멸망할까 하노라"(:15)

동이 틀 때까지 롯은 사위들만이 아니라 자신이 가까이하는 그리고 이 말씀을 반드시 들려주어야 하는, 소위 아브라함이 의인이라고 말하는 신앙인들에게도 다 전해주었다. 하지만 아무도 그의 말을 믿는 사람은 없었다. 롯의 말을 가장 어렵게 받아들여야 할 사위들일지라도 그의 말을 우습게 여길 때에 다른 사람들이야 더 말할 필요도 없다. 성경이 그의 사위들 외에 다른 사람들에 대한 롯의 만남을 일체 기술하지 않는 것도 바로 이런 이유에서이다. 동이 터올 때 하나님의 사자들은 아내와 두 딸만이라도 이끌고 도망하라고 재촉한다. 사위들이 멸망의 소식을 농담으로 여길 때는 두 딸이 아직 정식으로 결혼식을 올리지 않아 롯과 함께 집에 있었기에 아버지를 따르게 된 것이지 만일 혼인하여 출가해 있었더라면 이들도 아비의 말을 들을 수 없었다는 것은 자명하다.

"그러나 롯이 지체하매 그 사람들이 롯의 손과 그 아내의 손과 두 딸의 손을 잡아 인도하여 성밖에 두니 여호와께서 그에게 인자를 더하심이었더라"(:16)

지금 너의 가족만이라도 이끌어내어 살리라는 천사들의 말에 롯은 지체한다. 왜일까? 만약 재앙이 그에게 사실로 여겨졌다면 자신의 목숨을 구하기 위해서라도 지체할 수 없는 일이었다. 지금까지 그는 소중한 사람들과의 관계도 헌신짝처럼 뿌리치며 살아올 만큼 자기의 생명과 이익을 좇아 살아온 자였다. 그렇다면 그는 지금 자기와 가족을 위해서 뒤도 돌아보지 않고 성을 빠져나가야 했다. 그럼에도 그가 지체하는 것은 아무도 믿으려고 하지 않을 때 자기 자신에게도 그 말씀이 사실로서 받아들여지지 않았기 때문이다. 또 그냥 버리기에는 너무도 아까운 재산 때문이기도 하였으리라.

그가 머뭇거릴 때 천사들이 억지로 롯과 가족들의 손을 잡아 성 밖으로 이끌어낸다. 이들이 머뭇거리는 롯과 그의 가족을 억지로라도 성 밖으로 끌어내는 것은 이들만큼은 멸망이 결코 거짓이 아니라 곧 일어날 사실이라는 것을 알았기 때문이다. 이 성 안에 잠시라도 더 머뭇거렸다가는 그대로 죽을 수밖에 없다는 것은 너무도 분명했기 때문이다. 멸망의 소식을 의심하고 믿지 못한다면 혹 알지라도 잃어버릴 재산 때문에 연연해한다면 그 모든 것과 함께 생명까지도 잃어버리게 된다는 것을 그들은 분명히 알았기에 억지로라도 이끌어내었던 것이다. 저들의 의사를 존중하고 그들의 뜻에 맡겨놓았다가는 저들을 죽음의 불구덩이 속에 남겨두는 것이 되기 때문이다.

아느냐 모르느냐 하는 것과 믿느냐 믿지 못하느냐 하는 것이 이러한 차이를 만들어낸다. 죽음의 파멸과 종말이 앞에 있을지라도 알지 못한다면, 혹 알지라도 의심하고 믿지 못한다면 그래서 떠나야 할 때 떠나지 못한다면 그것은 그대로 죽음이요 파멸일 수밖에 없다.

오늘날도 사람들이 파멸과 같은 재앙을 겪는 것은 지금 나의 선택이 어떤 결과를 가져올지를 알지 못하기 때문이요 알지라도 재물과 권력에 대한 욕심이 앞서 그 길을 떠나지 못하기 때문이다. 내가 도둑질을 하면 도둑놈이 되고 거짓말을 하면 사기꾼이 되며 사람을 죽이면 살인범이 되고 사람을 때리면 폭력범이 되어 그에 상응한 벌을 받게 되리라는 것은 자명하다. 그럼에도 이성 있는 인간이 이를 알면서도 행하는 것은 그것을 통해 얻을 결과에 대한 욕심 때문이다. 그리고 그러한 징벌이 내게는 미치지 않으리라는 기대와 그리고 그러한 결과가 반드시 온다는 것을 믿지 않기 때문이다.

바로 이러한 점에서 롯이 사위들을 비롯 다른 사람들을 대해 보여준 행동과 나그네들이 롯과 그의 가족들에게 나타내는 행위에는 너무도 분명한 차이점이 있다. 나그네들은 롯과 그의 가족들을 억지로라도 성 밖으로 인도해낸 반면 롯은 밤이 새도록 쫓아다니며 사람들에게 멸망의 소식을 전했지만 단 한 사람도 성 밖으로 내보내지 못하였다. 그것은 그가 단 한 사람에게라도 이러한 적극성을 보이지 않았기 때문이다. 가장 중요한 이유는 롯 자신부터 이를 반신반의했기 때문이었다. 만일 확신했다면 그리고 꼭 살려내야만 하는 자가 있었다면 그가 믿든 믿지 않든 어떤 수를 써서라도 우선은 그를 밖으로 피신토록 해야만 하는 것이 그의 당연한 임무였다.

그런데 과연 단 한 사람이라도 그렇게 강권한 사람이 있었을까? 남은 고사하고 롯 자신부터 멸망을 믿지 못하고 미적거린다. 그 스스로도 자기 힘으로는 자기를 살릴 능력이 없었다. 그러한 그가 누구를 강하게 재촉하고 누구를 살릴 수 있겠는가? 나그네들이 억지로 시키니 마지못해 전하는 시늉만 했을 뿐이다.

자기를 살릴 수 있는 사람은 가장 소중한 사람의 가는 길에 대해 어떻게 행동하는가 하는 것을 보면 알 수 있지 않을까? 가장 소중한 사람이지만 그의 가는 잘못된 길을 먼 산 바라보듯 하며 혹 그 길은 아니라고 몇 번 말하다가 쉬이 포기해 버린다면 그는 자기 자신의 가는 길에도 그렇게 애착을 가진 사람이 아니다. 그 길의 결과가 어떠한지를 안다면 그들의 생명을 사랑하는 마음이 진정으로 있다면 결코 그럴 수는 없기 때문이다. 반면 만일 그가 누군가에게 생명의 길을 적극적으로 알리고 간절히 권하여 죽음의 길을 면하고 생명의 길로 나아가도록 한다면 그는 그것을 통해 자기 자신의 생명에 대해서도 그렇게 진한 애착을 가진 자임을 스스로 입증하는 것이 된다.

자기들의 목숨을 살리는 것인데 어찌하여 머뭇거리는 것이며 왜 당사자들보다 하나님의 사자들이 더 급해야만 했던 것일까? 사태의 심각성을 알았다면 롯이 더 서둘러야 했고 롯이 오히려 천사들에게 도와달라고 매달려야 했는데 말이다. **"여호와께서 그에게 인자를 더하심이었더라"**. 하나님께서 인자를 더해주시지 않았더라면 롯이라도 죽을 수밖에 없었다는 것을 의미한다. 죽음을 눈 앞에 보고 있으면서도 정작 스스로는 자기의 목숨을 건질 수 없었다는 것이다.

죽음의 길을 보면서도 이런 저런 이유로 자기의 생명을 살리려고 최선을 다하지 못하는 우리들의 모습이 여기 롯의 모습 속에 겹쳐져 나온다. 마치 죽음이 닥쳐오지 않을 것처럼 생각하고 다른 일에 매달려 정신없이 살아가는 우리들의 모습을 롯이 대신 보여주고 있다. 죽음이 내 눈 앞에 임박해 있는 것을 안다면 생명을 살리지 못할 것들에 한 눈 팔고 마음을 쏟을 이유가 어디에 있겠는가? 있는 힘을 다해 목숨을 건지려고 내달려야 하는 것이 당연한 것인데 말이다.

이 시내도 우리 자신들보다는 하나님께서 우리의 목숨을 구하기 위해 더 분주하다. 하나님께서 끊임없이 죄악의 도성을 벗어나라고 경고하시지만 우리는 태연하다. 알면서도 미적거리기만 할 뿐이다. 여러 가지 다른 일로 오히려 분주하고 영원히 죽지 않고 이 죄악의 도성 안에서 살 것처럼 거기에 더 마음을 쓰며 살아간다.

"그 사람들이 롯의 손과 그 아내의 손과 두 딸의 손을 잡아 인도하여 성 밖에 두니". 나그네들의 손에 억지로 이끌려 나오는 롯과 그의 가족들 마음은 어떠했을까? 감사했을까 아니면 귀찮아하고 짜증을 부렸을까? 사자들의 손에 이끌려 억지로 나오는 모습은 저들이 나그네들의 행동을 심히 못마땅해 했다는 것을 나타낸다. 그렇지 않고 성을 벗어나는 일에 적극적이었다면 나그네들이 손을 잡아 이끌 필요는 없었기 때문이다. 죽든지 살든지 당신들이 무슨 상관이냐고, 죽어도 내가 죽는데 당신들이나 살면 되지 왜 이렇게 귀찮게 하느냐고 화를 내며 고함을 치지는 않았을까? 왜 잠도 못 자게 이러느냐고 손을 뿌리치려고 하지는 않았을까? 하지만 실제 파멸의 재앙이 일어나고 죽음이 그 성을 휩쓸 때 이들은 지금 이들의 손길과 수고를 어떻게 받아들이게 될까? 미안한 마음에 감사인들 제대로 표현할 수 있을까?

오늘도 그러하다. 생명의 길을 알려줘도 당신이나 잘 가라고 한다. 내 인생 내가 알아서 할 터이니 당신 인생이나 잘 살라고 한다. 나야 어떻게 되는 상관 말라고 한다. 그리고선 그 가는 길이 어떠한지도 알지 못한 채 황망히 죽음 저 너머의 길로 사라져 간다. 억지로라도 내 손을 잡아끌어 내 생명을 살려줄 사람을 기대해야 하지 않겠는가? 누군가 귀찮을 정도로 하나님을 전하고 생명의 구원을 얻게 해 줄 신앙의 진리를 가르치는 자가 있다면 그에게 감사해야 하지 않겠는가?

롯은 자신의 삶으로는 단 한 사람도 구원해낼 수 없었다. 자신의 아내와 딸들뿐만 아니라 자기 자신조차도 살릴 수 없었다. 자신을 구원해주지 못할 것들을 위해 한 평생을 바쳐 살아온 것이 롯의 삶이었고 그것들이 생과 사의 기로에서 오히려 그의 발목을 부여잡고 있었다. 단 한 사람에게라도 진정한 생명의 유익을 끼치지 못한 것이 롯의 평생의 수고였다.

잡은 손을 놓고서 (창 19:17)

　도시의 종말이 눈 앞에 임박해 있었다. 자신들의 생명이라도 건지기 위해서는 자기들이 먼저 서둘러야 했고 나그네들에게 도와달라고 하는 것이 순서였다. 그런데 롯과 그의 가족들은 나그네들의 손에 이끌려 억지로 성 밖으로 나온다. 죽지 말고 살라는 것인데도 이를 귀찮아하고 싫어하고 불평하였다. 이상하게 보이지만 자기에게 대해 지극히 영리하고 재빠른 오늘의 사람들도 아니 오늘 신앙 안에 있다고 생각하는 자들도 이에서 지나지 않는다. 이를 이상히 여기는 우리가 오히려 무지한 자들일 뿐이다.

　"그 사람들이 그들을 밖으로 이끌어낸 후에 이르되 도망하여 생명을 보존하라 돌아보거나 들에 머무르거나 하지 말고 산으로 도망하여 멸망함을 면하라" (:17)

　롯과 그의 두 딸과 아내의 손을 잡아 성 밖에까지 인도하여 낸 나그네들은 저들의 손을 놓고서 저 산으로 도망하라고 말한다. 뒤에 일어날 광경을 보기 위해 돌아보지도 말고 들에 머물지도 말며 산으로 도망하라고 일러준다. 여기까지는 우리가 너희를 인도하여 주었으나 여기서부터는 너희 스스로 이 재앙을 피하여 달려가라고 하는 것이었다. 성 밖에 나온 것이 재앙을 피하는 전부는 아니었다. 멸망을 피할 기회를 준 것 뿐이지 죽음을 면하느냐 아니면 여기서도 죽느냐 하는 것은 저들의 손에 맡겨두는 것이었다.

만일 여기서도 빨리 저 산으로 이동해 가지 않고 돌아보거나 들에 머물려고 한다면 성의 멸망과 함께 죽을 수도 있다는 것을 알려주는 것이었다. 왜 사자들은 저들을 억지로 성 밖에까지 끌어내 놓고서는 여기서부터는 너희가 알아서 가라고 하는 것일까? 기왕이면 안전지대까지 옮겨주는 것이 진정 은혜일 것 같은데 말이다.

동일한 목적지를 내 발로 힘들여 간 것과 남의 힘에 의지하여 쉽게 혹은 억지로 이끌려서 간 것과는 이후 어떤 차이가 있을까? 물론 목적지에 도착한 것 자체로는 전혀 차이가 없다. 하지만 문제는 그 이후의 삶이다. 만일 목적지까지 내 발로 가야만 한다면 여기에는 무엇보다 나의 의지가 필요하다. 목표 지점까지 포기하지 않고 도달하고자 하는 적극적인 마음이 필요하다. 그리고 중요한 것은 그 길에서 필요한 모든 것을 경험하게 된다는 사실이다. 험한 산을 넘고 골짜기를 통과하며 때로는 평평한 들판을 지나기도 하면서 죽지 않고 재앙에서 살아난다고 하는 것이 내게 무엇을 필요로 하는 것인지를 알게 된다. 그리고 그 모든 경험에서 얻어진 지식들을 교훈으로 간직하게 되는 것이다. 그러므로 이것은 이후 그가 살아가는데 있어서 참으로 유익한 길잡이가 되어 준다.

하지만 동일한 결과를 쉽게 혹은 거저 얻은 사람에게는 그 길에서 반드시 경험해야 하는 이러한 소중한 교훈들이 없다. 내가 힘들여 재산을 모으고 사회적 결과를 얻은 사람과 부모로부터 물려받거나 어디엔가 기대어 소유하게 된 사람과는 그 결과를 대하는 마음가짐부터가 다른 것과 같다. 숨 가쁘고 힘겨운 순간들을 경험한 사람들과 남이 마련해 준 길을 편하게 걸어

온 사람들은 결괴를 대히는 생각과 태도가 전혀 다른 것이다. 이러할 때 중요한 것은 이 둘의 이후의 삶이 전혀 다르다고 하는 사실이다.

롯과 그의 가족들 특히 롯에게는 오늘 소돔 성으로부터 살아나는 것이 전부가 아니요 끝이 아니었다. 문제는 이후에 살아가야 할 삶이 그대로 그들 앞에 놓여져 있다는 사실이다. 만일 소돔 성에서 살아난 것이 나그네들의 전적인 도움에 의지하여 거저 얻은 결과가 된다면 남들 다 죽는 현장에서 죽지 않고 살아났다는 것 외에 그것이 그들의 남은 삶에 끼칠 영향은 별로 없다. 하지만 이제라도 삶과 죽음의 경계선을 넘나들며 자기의 힘에 의해 힘겹게 살아난다면 그것이 그의 생각과 삶의 태도에 미칠 힘은 다르다.

지금까지 롯은 아브라함과 함께 하는 때에도 그리고 아브라함과 헤어진 후에도 상당히 많은 사건들을 겪었다. 갈대아 우르를 출발하여 함께 가나안에 들어왔고 첫 시도가 실패로 끝이 난 후 결국 애굽으로 내려가서 뜻하지 않은 사건을 겪을 때에도 그들은 함께 있었다. 적어도 아브라함은 그 많은 사건들 속에서 너무도 많은 변화를 스스로의 속에서 경험하였다. 그의 내면이 많은 것을 느끼고 보고 배우는 참으로 진지한 학습의 과정들이었다. 그리고 이 과정들 속에서 온전히 새로워지는 거듭남을 경험할 수 있었다. 하지만 롯은 철저히 방관자였다. 그 많은 사건들 속에서도 그의 자아는 조금도 변화를 경험하지 못했다. 그저 한 구경꾼에 지나지 않았다.

그렇다면 그에게 지금 중요한 것은 이 죽음으로부터 살아나는 것 못지 않게 살려고 하면 무엇이 필요한지를 경험하는 일이었다. 무엇보다도 이전의 삶과의 완전한 결별이었다. 소돔 성의 멸망과 함께 불타 사라질 평생 수고하여 모은 재산들 속에서 이런 저런 수단으로 부정하게 살아온 삶을 반성하고 정리해야 했다. 이렇게 허무하게 사라질 것을 위해 평생의 귀한 시간을 바쳐온 헛된 삶을 깨달을 수 있어야 했다. 그리고 간밤의 사건 속에서 왜 20여 년을 함께 살아온 이웃들이 자기를 대해 그렇게 분노했는지 똑바로 인식해야만 했다.

특히 자기를 그렇게 좋아하고 함께 즐겁게 지냈던 친구들과 신앙의 사람들까지도 왜 자기의 말을 그렇게 농담으로 받아들였는지 이유를 발견할 수 있어야 했다. 결정적인 순간 가장 중요한 일에 대해 서로에게 도움을 줄 수 없는 사귐이 도대체 무슨 의미들이 있었는지 돌아볼 수 있어야 했다. 그리고 무엇보다도 이토록 분명한 결과를 가지고 있는 하나님의 말씀을 왜 의심하고 불신했는지 그 불신앙을 철저히 회개해야만 했으며 신앙의 본질에 대한 정확한 깨달음을 얻을 수 있어야 했다.

그러므로 소돔 성의 멸망 속에서 롯에게 중요한 것은 그가 죽지 않고 운 좋게 살아났다는 사실이 아니라 이전의 잘못된 삶을 회개하고 새로운 신앙인이 되어 정직하게 살아가는 사람으로 거듭나는 것이었다. 이것이 없다면 그가 불구덩이 속에서 백 번 살아난다 해도 그에게 진정한 생명의 유익은 없었다. 죽음과 삶이 전적으로 나의 책임이라는 것을 그는 인식해야 했던 것이다.

성 밖으로 그를 인도하여 낸 하나님의 사자들은 이제 그와 그의 가족의 손을 놓는다. 그리고 달려가야 할 방향을 제시하고 어떻게 그 길을 가야 하는지 길에서의 삶을 가르쳐 준다. 여기까지는 우리가 널 도왔으나 죽지 않고 살고 싶다면 이제부터는 너의 의지로 젖 먹던 힘을 다해 달려가라고 하는 것이었다. 신앙의 길 생명의 길은 온 몸과 마음과 뜻을 다해 앞을 보고 날려가야만 하는 것임을 가르치는 것이었다. 뒤를 돌아보지 말라고 한다. 뒤에 남겨둔 것들에 연연해하지 말라는 요구였고 뒤에서 무슨 소리가 들리고 어떤 두려움이 덮쳐올지라도 돌아보지 말라는 권고였다. 들에도 머물지 말라고 한다. 여기가 끝이 아니라고 하는 사실을 알라고 하는 것이었고 다시 저 성으로 돌아가겠다는 마음을 품지 말라는 명령이었다. 지나온 잘못된 삶을 너 스스로 깨끗이 정리하라고 하는 가르침이었다.

그리고 무엇보다도 중요한 것은 이렇게 전해지고 선포되는 하나님의 말씀에 절대 순종하라고 하는 것이었다. 하나님의 말씀은 농담이 아니라고 하는 사실, 내가 취사선택하여 받아들이기도 하고 버릴 수도 있는 것이 아니라는 사실을 그는 이제 또 경험해야만 했다. 말씀에 순종하지 않는 것이 어떤 결과를 초래하는지 똑똑히 알려주기 위함이었다. 그러므로 저 산까지 달려가는 것, 그 길에서 뒤를 돌아보지 않고 들에도 머물지 않는 것 그리고 이 모든 말씀에 순종해야 하는 과제가 그에게 주어진 것이었다. 살기 위한 조건들이었다.

오늘 우리의 신앙의 길이 그러하다. 우리 또한 롯에게 온 나그네들처럼 하나님께서 내게 보내주신 누군가의 손에 의지하여 예수 그리스도 앞으로 인도되어져 나왔다. 억지로든 자원해서든 단지 소돔 성 밖으로 나온 것이었다. 살아날 수 있는 길을 얻은 것이다. 그리고 이제 예수 그리스도를 통해 저 산으로 도망하라고 하는 생명의 가르침을 얻었다. 뒤돌아보지도 말며 들판에 머물지도 말며 생명의 산으로 난 구원의 길을 가기 위해 선수가 상을 얻기 위해 달음박질 하듯이 있는 힘을 다해 달려가야만 한다. 좌로도 우로도 치우치지 말며 말씀 가운데로 난 신앙의 길을 달려가는 것이다.

그러므로 이제 우리에게 요구되는 것은 이전 생활과의 단절이요 새로운 삶으로의 변화이다. 속세를 떠나는 것이 아니라 세상 속에서의 나의 삶이 그대로 있고 만나야 하는 이웃 사람들도 그대로 있지만 이 모든 것에 대한 나의 시각과 가치관이 바뀌고 온전히 새로워져야만 한다. 세상에 대한 그리고 재물과 이웃의 삶에 대해 가지고 있었던 잘못된 가치관을 바꾸어야 한다. 나와 나의 유익만을 생각하고 추구하던 삶에서 나의 영원한 생명을 생각하고 더불어 이웃의 생명을 사랑하는 삶으로의 전환이 이루어져야 한다. 비록 내가 손해 볼지라도 의와 선을 지켜나가는 삶, 이를 위해 악과 불의와 타협하지 않는 올곧은 삶이 이제 새로운 신앙의 삶 속에서 나타나야 하는 것이다.

그런데 어찌된 일인지 가야 할 길이 이렇게 제시되고 있는데도 오늘 사람들은 단지 성을 벗어나왔다는 것으로 모든 것이 끝났다고 생각한다. 이제 죽음은 내게서 떠나가고 축복만이 기다리고 있다고 여기고 소돔 성 곁의 들판에 자리를 펴고 앉아 떠날 줄을 모른다. 오히려 곧 멸망해 버릴 그 성으로 다시 돌아가려고 기회만을 엿본다. 옛날 광야에서의 이스라엘이 애굽을 그리워했던 것처럼. 그 결과가 무엇이었는지 알지 못한 채.

왜 못가? (창 19:18-19)

　아브라함으로부터도 벗어나 철저히 혼자만의 세계를 추구하고 만들어 온 롯 같지만 자세히 보면 지금까지 아브라함이라는 인물에 절대적으로 의지하여 살아온 롯이었다. 아브라함과 헤어지기 전에도 그러했고 후에도 그러했다. 스스로 열심히 무엇인가를 추구하여 왔지만 모든 것이 아브라함과의 관계에서 비롯된 것이었다. 아브라함이 없었다면 그 자신의 성품이나 능력으로는 아무것도 할 수 없었다. 소돔 사람들이 그와 함께 했던 20여년 삶의 결과를 가지고 그에게 그토록 적대적인 태도를 보인 것이 그 단적인 증거였다.

　남과 타협할 수 없는 자기 욕심에 의해 자기만의 성을 쌓아왔지만 참으로 아이러니하게도 그의 삶은 전적으로 타인에 의지된 삶이었던 것이다. 크게는 아브라함에게 등을 대고서 이 때는 이 사람에게 저 때는 저 사람에게 기대어 자기 삶의 끈을 유지해온 자였다. 조금 전까지도 그러했다. 성을 벗어나야 하는 삶과 죽음의 긴박한 순간에도 그는 자기 의지로 움직이지 못하고 나그네들의 손에 이끌려서야 성 밖으로 나올 수 있었다.

　많은 사람들이 착각하는 것도 이러하다. 자세히 돌이켜보면 늘 중요한 순간마다 누군가의 도움에 의해 자기를 유지하고 더 크게 만들어 왔으면서도 최종적인 결과에 대해서는 자기의 능력으로 치부해 버린다. 그러므로 그 결과를 자기만이 향유하고 배타적인 독점권을 누리고자 한다. 만일 일부분이라도 누군가의 도움에 의해서였다는 것을 안다면 좀더 감사하고 겸손하며 나 또한 누군가에게 의지가 되어 주고자 할 수 있을 텐데 말이다.

"롯이 그들에게 이르되 내 주여 그리 마옵소서"(:18)

이 들판에 머물려고도 말고 뒤돌아보지도 말며 빨리 산으로 도망가라고 하는 나그네들의 말에 대해 제일 먼저 롯이 보인 반응은 그것은 안 된다고 하는 말이었다. **"내 주여 그리 마옵소서"**. 무엇을 그리 말라는 것이며 왜 그러면 안 된다고 하는 것인가? 여기까지라도 나그네들의 도움으로 왔다면 그리고 멸망이 사실이라고 인식되어졌다면 이제부터라도 죽기 살기로 뛰어야 하는 것이 합당할진대 또 무슨 말을 하며 꾸물댄단 말인가?

이제 내가 모든 것을 분명하게 알았으니 나에게 한 번만 더 몇 사람이라도 설득하여 데려 나올 수 있는 기회를 달라는 것인가? 롯에게 이웃을 생각하고 염려하며 사랑하는 마음이 약간만 있었더라도 그가 안 된다고 말할 때 그 이유는 이것이어야 했다. 만일 이것이 아니라면 그는 가족을 재촉하여 그들의 손을 잡고 있는 힘을 다해 산으로 내달려야 했다. 뒤를 돌아보지 못하도록 가족을 제어해야 했고 힘들어하여 들판에 머물고자 하면 자신의 등에 업고서라도 뛰어야 했다. 그런데 도대체 어떤 이유 때문에 한시라도 지체할 수 없는 이 급하고 중요한 순간에 나그네들의 말을 잡고 늘어진다는 것인가?

하나님께서 우리를 위해 하시는 일이 있고 또 때가 있다. 그리고 내가 하나님과 나를 위해 해야 하는 일이 있고 때가 있다. 그런데 이제 내가 나와 하나님을 위해 일을 해야 하는 그 순간에도 먼저 하나님을 붙잡고 늘어지는 인간을 본다. 하나님께서 그들을 위해 할 수 있는 일을 다하시고 이제부터는 너희가 마땅히 해야 될 일을 행하라고 하는 그 때에도 하나님만 돌아보고 이런 저런 요구를 늘어놓는다. 누군가의 힘에 의지해 살아온 자들 편안하고 게으른 삶을 살아온 자들의 전형적인 모습이자 이 시대 신앙인들의 형편이다.

"종이 주께 은혜를 얻었고 주께서 큰 인자를 내게 베푸사 내 생명을 구원하시오나 내가 도망하여 산까지 갈 수 없나이다 두렵건대 재앙을 만나 죽을까 하나이다"(:19)

성 중에 남은 자들에 대한 염려도 아니었다. 산에까지 갈 수 있도록 도와달라는 것도 아니었다. 롯의 말은 산까지 갈 수 없다는 것이었고 가기 전에 재앙을 만나 죽을까 두렵다는 것이었다. 타인에 대한 염려는 끝까지 찾아볼 수 없는 롯이다. 언제나 그리고 마지막 순간까지도 오직 자신만이 관심의 유일한 초점이다. 나그네들이 저 산으로 도망하라고 할 때는 거기까지 갈 수 있는 시간이나 거기까지 갈 수 있는 힘도 롯과 그의 가족에게 있다는 것을 알고 있었기에 한 말이었다. 즉 놀며 놀며 여유 있게 갈 수 있는 시간과 능력은 아니었을지라도 옆도 뒤도 돌아보지 않고 있는 힘을 다해 달려가면 충분히 갈 수 있었던 것이다. 하지만 롯은 갈 수 없다고 말한다.

갈 수 있다고 본 나그네들과 갈 수 없다고 보는 롯의 입장이 서로 상충되고 있는 장면이다. 즉 동일한 일에 대해 할 수 있다고 하는 하나님과 할 수 없다고 하는 롯의 관점이 서로 엇갈리고 있는 것이다. 어떻게 보면 단순한 것 같지만 곰곰 생각해 보면 대단히 흥미로운 문제이다. 하나님께서는 할 수 있다고 보고 우리에게 행하라고 하는 문제에 대해 우리 인간은 할 수 없다고 보고 포기해 버리는 것이 오늘도 언제든 생겨날 수 있는 문제이기 때문이다. 그렇다면 하나님과 인간의 이러한 관점의 차이는 어디에서 오는 것일까?

롯의 입장에서 본다면 롯 또한 이제는 멸망이 사실로 느껴지고 살아나야만 한다는 절박한 과제를 안고 있는 것이기에 할 수 있는데도 할 수 없다고 버티는 것은 아니었다. 적어도 그의 눈에는 불가능한 것으로 여겨졌기 때문에 갈 수 없다고 하는 것이다. 그렇다면 어떻게 나그네들은 갈 수 있다고 본 것이었을까?

보통의 인간은 앞에 놓여진 과제에 대해 자기의 능력을 판단하게 되는 것은 거의 대체로 자기의 경험에 크게 의지한다. 곧 내가 이전에 해본 적이 있느냐 하는 것, 혹은 내가 듣거나 보는 것을 통해 얻은 필요한 지식이 있느냐 하는 것이 그의 판단을 좌우한다. 그러므로 이 축적된 경험이 다를 때에 동일한 문제라도 어떤 사람에게는 가능하게 여겨져도 다른 사람에게는 불가능하다고 판단되어지기도 한다. 경험이 풍부한 사람은 할 수 있는 일이 많지만 경험이 얕은 사람은 상대적으로 적을 수밖에 없다. 곧 앞에 놓여진 과제는 그 사람의 경험에 비추어 해석되어진 다음 그의 마음에 느껴지고 판단되어지는 것이다. 이 사람에게는 할 수 있는 것이 저 사람에게는 할 수 없다고 할 때 이는 거의 대부분 개인의 경험에 근거하여 나타나는 현상이다.

결국 위기의 때에 사람이 그 위기를 헤쳐나갈 수 있느냐 하는 것은 전적으로 그 사람이 쌓아온 경험의 질과 양에 달려 있다. 따라서 롯이 지금 저 산에까지 갈 수 없다고 하는 것은 이 죽음의 순간에도 요령을 피우는 것이 아니다. 실제로 그 자신 오늘 이전 저 산까지 급하게 달려가야 하는 이런 일을 해본 적이 없다는 것과 이렇게 제한된 시간과 상황에서 긴박하게 움직여 본 적이 없다는 것을 드러낸다. 전혀 긴장되고 부지런한 삶을 살아오지 않았기 때문이다. 위기가 임박한 상황에서 빠르게 움직여 가야 하는데 자기는 이것을 해본 적이 없기에 불가능하다고 판단하는 것이다.

동시에 이러한 판단 속에는 자기의 몸 또한 이 일을 감당할 수 없다는 생각이 들어가 있다. 해 본 적이 있건 없건 크게 기술이나 지식을 요하는 일이 아니라 그저 몸으로 달려가면 되는 일이다. 그러므로 이는 그가 불구자가 아니고 정상적인 몸을 지니고 있다면 갈 수 없다는 말을 할 수가 없고 그런 생각을 가질 수 없다. 그렇다면 그의 몸은 저 먼 거리를 빠르게 움직여 갈 수 없을 만큼 대단히 비둔한 몸을 가지고 있다는 사실이 드러난다.

지금 그의 몸도 마음도 이러한 긴박한 상황을 소화하기에는 너무도 부족하다. 쉽고 편안하게 살아온 삶이었고 그러한 인생을 성공적인 삶이라 여기고 추구하여 왔기에 지금 그의 몸도 마음도 이런 위기에 적응할 준비가 전혀 되어 있지 않았다. 그러한 삶이 타인에게야 어떠하든지 간에 자신에게는 지극히 만족스러웠지만 이것이 오히려 어떤 상황에도 대처할 수 있는 마음과 몸을 만드는데 방해가 되어왔다. 그리고 오늘 정작 자기의 목숨이 걸린 이 중요한 위기의 순간에 자기 힘으로는 아무 것도 할 수 없는 상황을 경험하고 있는 것이다.

동일한 결과를 얻었을지라도 그 얻기까지의 과정이 어떠했느냐에 따라 그들의 남은 삶이 전혀 달라진다. 어렵고 힘든 과정을 모두 겪으며 도달한 사람은 그 뒤에도 쉽게 무너지지 않고 넘어질지라도 반드시 극복할 수 있다. 자신도 모르는 사이에 역경을 이길 수 있는 힘과 지혜가 비축되어졌기 때문이다. 그러나 타인의 힘에 의지하여 요령껏 그 결과를 얻은 사람은 그것을 지키기도 쉽지 않고 그 뒤에 닥쳐오는 여러 어려움들을 이겨내는 것도 심히 버겁다. 때로는 비참한 종말을 맞이하기도 한다.

그러므로 하나님께서 롯에게 저 산까지 움직여 가라고 하시는 것은 지금까지 해 본 적이 없는 최선을 다해 움직여 가는 삶을 이 순간 요구하고 계신 것이다. 이것이 신앙의 삶이라는 것을 깨닫게 하기 위함이다. 동시에 네가 지금까지 얼마나 게으르게 살아왔는지 그리고 그것이 너의 몸을 어떻게 만들었고 이 모든 것들이 한데 어우러져 너의 삶을 어디로 이끌어가고 있는지 스스로 느껴보라고 하는 것이다.

오늘도 그러하다. 하나님의 원하시는 것은 우리에게 불가능한 것이 절대 아니다. 뜻만 있다면 언제든 할 수 있는 일들이다. 그런데 인간은 언제나 힘들다고 말하며 할 수 없다고 말한다. 하나님의 말씀에 대한 인간의 판단은 그 요구되는 신앙의 세계에 도저히 다다를 수 없다고 하는 것이다. 이유는 늘 나의 게으르고 죄에 오염된 삶의 입장에서 판단하기 때문이다. 죄에 깊게 물든 나의 마음과 육체적인 본성들이 바로 그것들을 심히 불가능하다고 인식하게 만드는 것이다.

진리를 추구하며 선과 의를 향한 순수하고 맑은 영혼을 소유하고 있다면 그리 어려울 것도 없는 문제들이다. 하지만 우리 속에 죄가 가져다 놓은 탐욕과 의심과 이기심과 분노와 허영과 같은 것들이 들고 일어나서 그 모든 요구를 받아들이는 것을 힘겹게 만들어 놓는다. 하나님의 요구하시는 것이

온 몸과 마음을 다하고 뜻과 정성을 다하는 우리의 최선을 다하는 삶이 없이는 심히 어렵다는 것을 알지 못하기에 생겨나오는 결과들이다.

"내가 오늘날 네게 명한 이 명령은 네게 어려운 것도 아니요 먼 것도 아니라 하늘에 있는 것이 아니니 네가 이르기를 누가 우리를 위하여 하늘에 올라가서 그 명령을 우리에게로 가지고 와서 우리에게 들려 행하게 할꼬 할 것이 아니요 이것이 바다 밖에 있는 것이 아니니 네가 이르기를 누가 우리를 위하여 바다를 건너가서 그 명령을 우리에게로 가지고 와서 우리에게 들려 행하게 할꼬 할 것도 아니라 오직 그 말씀이 네게 심히 가까워서 네 입에 있으며 네 마음에 있은즉 네가 이를 행할 수 있느니라"(신 30:11-14).

하나님은 당신이 말씀을 통해 우리에게 요구하시는 것들이 얼마든지 가능한 것들이라고 증언하신다. 실제 그러하다. 본래 우리 영혼이 이러한 것을 원하고 있기 때문이다. 아픈 자를 보면 불쌍히 여기고, 가난한 자들을 보면 도와주고 싶고, 어려움 당한 자들을 보면 힘이 되어주고 싶은 것이 우리의 본성이다. 불변의 진리를 알고 싶어 하며 의를 칭찬하고 불의를 미워하며 선을 추구하고 악을 멀리하고자 하는 본성이 누구에게나 있다. 위의 말씀은 바로 이러한 우리의 본성을 두고 하는 말씀이다. 우리가 원하는 바이고 얼마든지 마음만 있다면 할 수 있는 것들이기 때문이다.

그런데도 우리에게는 이러한 것을 이루는 삶이 하늘을 나는 것처럼 바다 끝까지 달려가는 것처럼 힘겹게 느껴지고 마치 이 세상에서는 영원히 불가능한 것으로 보여진다. 이유는 바로 이러한 것들을 가로막는 탐욕, 이기심, 분노, 미움, 사치와 허영, 게으름 그리고 육신의 정욕과 같은 죄의 마음들이 있기 때문이다. 롯 또한 지금까지 철저히 죄에 예속된 삶을 살아왔고 그 속에서 지극히 이기적이고 게으르고 편안한 삶을 추구하여 왔기에 지금 이 순간 저 산으로 달려가라는 말씀의 요구가 너무 힘들고 불가능하게만 느껴지는 것이다.

 지금까지의 나의 삶, 그리고 지금 이 순간 내가 걸어가는 길은 어떤 환경에도 적응할 수 있는 힘과 지혜를 얻게 하는 길인가? 아니면 종말 혹은 종말과 같은 위기의 순간에 형편없이 허물어지고 말 몸과 마음을 만들어가는 것인가?

작은 성 (창 19:20)

"보소서 저 성은 도망하기 가깝고 작기도 하오니 나로 그곳에 도망하게 하소서 이는 작은 성이 아니니이까 내 생명이 보존되리이다"(:20)

쉽고 편하게 살아가려고 하는 그의 예전의 버릇은 이 순간도 어김없이 나타난다. 곧 도망하기 가까운 성을 지목하여 그리로 갈 수 있도록 해 달라는 것이다. 그러면서 그는 저 성이 작다고 하는 사실을 거듭 강조한다. **"저 성은 도망하기 가깝고 작기도 하오니…이는 작은 성이 아니니이까"**. 이는 저 성이 작으니 저런 작은 성 하나쯤은 살려두어도 무방하지 않느냐고 하는 말이다. **"내 생명이 보존되리이다"**. 자기가 살아나기 위해 만들어낸 나름대로의 구실이다. 과연 그다운 요구요 이유이다. 쉽고 편하게 이동하고 그러면서도 안전하게 살아날 수 있는 길을 찾는 것이었다. 오직 자기를 위해서 말이다.

"이는 작은 성이 아니니이까". 저렇게 작은 것 하나 정도는 남겨두고 살려두어도 상관없지 않느냐 하는 것, 좀더 원색적으로 말한다면 크게 손해날 것 없지 않느냐 하는 의미가 들어있는 말이다. 마치 큰 그물에 고기를 가득 잡아 끌어올릴 때 그 중 몇 마리 혹은 작은 한 마리쯤이야 그냥 흘려보내도 괜찮지 않느냐 하는 논리라고 보면 되겠다.

하나님 신앙 안에서 한 생명이 천하보다 귀하다는 인식은 없다. 대신 큰게 크고, 많은 게 많다고 하는 물질적 가치관이 하나님과의 관계에서도 그대로 나타나고 있다. 작으니까 무시하고, 작으니까 잃어버려도 괜찮다고 하는 가치관이다. 곧 작지만 소중하고 작은 일일지라도 최선을 다하고자 하는 의식이 없는 것이다. 작은 일에 불의한 자는 큰 일에도 불의하고 작은 일에 충성된 자는 큰 일에도 충성되다고 하는 신앙관이 그의 신앙의식 속에는 없다. 성이 작아서 살려두어도 괜찮다고 한다면 큰 성은 크기 때문에 더욱 살려두어야 하지 않겠는가? 왜냐하면 큰 성에는 작은 성보다 더 많은 사람들이 살고 있기 때문이다.

만일 소돔 성이 그 악함 때문에 멸망당하는 것이요 소알 성은 소돔만큼은 악하지 않고 조금 덜 하기에 살려두어도 괜찮다고 하는 것이라면 이 또한 작은 악이 어떻게 큰 악으로 변해가는 지 알지 못하는 어리석은 생각이다. 홍수 이후 니므롯의 제국에 이르기까지 세상에 다시 악이 만연하게 된 것도 홍수를 경험한 노아의 가족 중에서 함이라는 아들에게 있었던 작은 악을 통해서였는데 말이다.

더군다나 이 작은 성일지라도 살려달라고 하는 것이 그 안에 있는 사람들을 생각함이 아니요 오직 자기가 살기 위함이었다. 이 또한 그의 지극히 이기적인 삶을 드러내고 있다. 자기가 살기 위한 목적으로 성이 작기에 살려두어도 괜찮지 않느냐고 하는 롯의 말은 자기가 살기 위해서라면 어떤 악도 용납하고 동거할 수 있다고 하는 그의 숨겨진 의식을 내비치고 있다. 그것이 사소한 것이라는 이유로 합리화하면서.

악이 작다고 대수롭지 않게 여기고 또 남에게는 용납되지 않지만 나를 위해서는 얼마든지 합리화하여 받아들일 수 있는 롯이었다. 소돔과 고모라 성의 죽어가는 자들에 대해 불쌍히 여기는 마음은 전혀 없다. 가나안 남부의 가장 큰 도시들이라고 할 수 있는 성이었다. 그만큼 많은 사람들이 파멸의 위기 앞에 봉착해 있는 것이었다. 더군다나 그 곳에는 하나님을 믿으며 함께 신앙생활을 하던 형제들도 있었다. 그들의 죽음에 대해서조차 일말의 안타까움도 없다. 죽음이 내 앞에 어른거리자 오직 내가 살아나기 위해 급할 뿐이요 이를 위해 전혀 신앙에도 맞지 않는 이유를 끌어다 붙인다.

롯이 어떤 태도로 삶을 살아왔는지 그 일단을 들여다 볼 수 있다. 하나님께서는 저 먼 산으로 달려가라고 하지만 롯은 너무 멀어 가기가 힘드니 여기 가까이 있는 작은 성으로 가게 해달라고 간구한다. 하나님의 뜻을 자기에게 맞게 임의로 변개시키고자 하는 것이다. 만일 롯이 수단과 요령에 의지하지 않고 성실하고 우직한 삶을 살아왔다면, 자기 앞에 주어진 사명을 회피함이 없이 최선을 다해 마치고자 하는 삶을 살아왔다면 그는 자기 눈으로 보기에는 불가능한 것처럼 보일지라도 일단은 행하고자 시도하고 도저히 안 되겠다고 판단되면 그 때 가서 도와달라고 할 것이다.

그러나 이 순간 그는 하나님께서 자기에게 명하신 일이 나에게는 맞지 않으니 나에게 맞는 것으로 바꾸어달라고 한다. 하나님께서 나에게 명령하신 일은 나에게 너무 어렵고 불가능하니 내가 할 수 있는 쉬운 것으로 하게 해달라고 하는 것이다. 그렇게 요구할 수 있는 근거로 그가 제시하는 이유 '그 성이 작지 않습니까' 하는 것 또한 너무도 이기적이고 신앙의 이치에도 전혀 맞지 않는 것이었다.

이미 나의 사정과 능력을 잘 아는 자가 내게 일을 맡긴다면 이는 내가 할 수 있다고 보고 시키는 것이다. 그렇다면 나에게 요구되는 것은 내 눈에는 비록 힘들고 어렵게 보일지라도 나의 최선을 다해 그 일에 임하는 것이다. 비록 다하지 못하는 결과가 발생한다 할지라도 그것은 일을 명령한 자의 아량과 자비에 맡기고서 말이다. 더군다나 이 일은 하나님을 위해서가 아니라 롯 자신의 생명을 구원할 수 있도록 하나님께서 그에게 제시하여 주신 길이었다. 다른 것을 생각할 수 없는 상황이었고 있는 힘을 다해야 했다. 그럼에도 못 하겠다 이렇게 바꾸어 달라 하는 것이 롯의 지금의 태도이다.

부자로서 지니고 있었던 점잖음과 여유로움 그리고 하나님을 믿는다고 하며 의로운 척, 선한 척 하였던 그 모든 것은 다 사라지고 어떻게든 살기 위해 발버둥치는 롯의 모습을 보게 된다. 이것이 본래 그의 모습이었다. 죽음을 면하기 위해 무엇이든 할 수 있는 것이 죄에 사로잡힌 인간의 본질이지만 돈과 사회적 위치들로 자신을 가리고 괜찮은 사람인 것처럼 스스로를 속이며 살아왔다. 소돔 근처의 작은 성에 대해서도 이전에는 작다는 이유로 무시하며 살아왔는지도 모르겠다. 하지만 그 작은 것이 오늘 자기의 목숨을 살리는 피난처로 눈에 들어오게 될 줄은 꿈에도 몰랐으리라.

어쩌면 오늘 우리들도 신앙 안에서나 밖에서나 죽음에 대한 근본적인 두려움과 아무것도 없을 때의 삶에 대한 두려움을 그대로 둔 채 그 위에 이런 저런 윤리적, 도덕적, 종교적 선을 더하고자 할 수도 있다. 지금의 롯처럼 어느 날 결정적인 위기 앞에서 모든 것이 발가벗겨진 채 참으로 부끄러운 모습으로 설 수 밖에 없는 것이 지금의 나인데도 그것을 모른 채 홀로 거룩하고 선하며 의로운 척 할 수 있다. 위기 앞에서 부서지고 없어져 버릴 삶이요 종교적, 윤리적 덕목들이라면 그것은 모래성에 불과할 뿐이다. 신앙의 역사는 너무도 많은 사람들이 결정적인 위기 앞에서 신앙을 부인하고 사라져버린 모래성의 사건들을 기록하고 있다. 삶의 어려움 앞에서도 무너지지 않을 신앙 죽음의 두려움 앞에서도 부인되지 않는 신앙이 있을 때 이 세상을 이길 수 있을 것인데 말이다.

작은 것을 소중히 여기고 감사할 수 있는 마음을 가질 때 작은 일에 최선을 다해 충성할 수 있는 우리가 되지 않겠는가? 나에게 들려진 말씀의 요구와 명령 그리고 맡겨진 신앙의 일에 대해 나의 주관적 판단과 사정을 배제한 채 오직 하나님의 뜻을 이루기 위해 혼신의 힘을 다하는 삶의 태도가 우리의 신앙 안에 있어야 하지 않겠는가? 작은 것에 대한 감사가 없기에 오늘도 교회와 신앙인들은 큰 것, 많은 돈을 바라고 그것이 있어야 감사함을 느낀다. 그것들이 적게 가진 작은 자들을 어떻게 초라하게 만들고 그들의 마음을 얼마나 아프고 상하게 하는지 전혀 알지 못하면서.

한 사람이 없어서 (창 19:21-22)

"그가 그에게 이르되 내가 이 일에도 네 소원을 들었은즉 너의 말하는 성을 멸하지 아니하리니"(:21)

롯이 소돔 성을 벗어나와 급하게 도망해야만 했을 때 그의 눈에 들어온 작은 성이 있었다. 소돔과는 그리 멀지 아니한 곳에 위치해 있는 작은 도시였다. 롯은 그리로 자신이 도망하여 목숨을 살릴 수 있도록 그 성을 살려달라고 한다. 그 성의 사람들을 불쌍히 여겨서가 아니라 전적으로 자기가 살기 위해서였다. 그러자 하나님의 사자들은 그 성을 멸하지 않겠다고 약속한다. 너의 말하는 성을 멸하지 않겠다고 하는 것은 이 성도 소돔과 고모라와 이 근방의 다른 성들과 함께 불타 없어질 성이었음을 말해준다.

"내가 이 일에도 네 소원을 들었은즉 너의 말하는 성을 멸하지 아니하리니". 소알 성이 주변의 모든 크고 작은 도시들이 불타 없어지는 재난 속에서 살아나게 되는 것은 전적으로 롯의 소원 때문이었다. 여기서 우리는 한 가지 중요한 사실을 생각하게 된다. 그것은 롯의 소원 때문에 본래 멸하기로 되어 있던 저 소알 성을 멸하지 않겠다고 한다면 만일 롯이 소돔 성도 멸하지 말아달라고 하였다면 어떻게 되었을까 하는 점이다. 만일 롯이 소돔을 떠나지 않고 이 성을 구원해 줄 것을 간절히 요청하며 자신은 이 곳 사람들과 운명을 함께 하겠다고 하였다면 어떻게 되었을까? 내가 죽더라도 이 사람들과 함께 죽을 것이라고 고집하며 그 성을 떠나지 않고 이들을 살려달라고 간구하였다면 말이다.

만일 이 심판이 정말로 선과 악에 대한 심판이라면 그래서 저들의 악을 더 이상 용서할 수 없어 저들을 멸하고자 하는 것이라면 롯이 가리키는 소알 성도 이런 식으로 용서될 수는 없다. 용서와 구원은 죄의 깨달음과 처절한 회개를 전제하여 일어나는 하나님의 은혜이기 때문이다. 그런데 그러한 과정도 없이 단지 롯이 지목했다는 이유 하나만으로 그가 도망하여 살 수 있도록 남기는 것이라면 그래서 저들의 살아남이 지독하게도 운이 좋았던 때문이라는 것 밖에 더 이상의 의미가 없는 것이라면 이는 하나님의 공의라고 절대 말할 수 없다. 저 죽어야 되는 자들은 상대적으로 몹시도 운이 나빠 죽는 것이 되기 때문이다.

그런데도 하나님은 단지 롯의 소원이 있었다는 이유 하나로 소알 성을 살려두신다. 무엇을 드러내고자 하심인가? 먼저는 이 멸망이 죄에 대한 심판이 근본 이유가 아니라는 사실을 드러낸다. 그리고 더 중요한 것은 소돔과 고모라와 그 외에 함께 멸망당하게 되는 이 지역에 있는 많은 도시와 그곳의 사람들은 진정 그들을 살려달라고 간구하는 자가 없었다는 것과 사랑받아야 할 대상으로부터 사랑받지 못했기 때문이라는 것을 드러내신다.

"그리로 속히 도망하라 네가 거기 이르기까지는 내가 아무 일도 행할 수 없노라 하였더라 그러므로 그 성 이름을 소알이라 불렀더라"(:22)

하나님의 사자들은 작은 성으로 속히 도망하라고 한다. 롯이 안전하게 그 곳으로 피하기까지는 아무 일도 할 수 없다고 말한다. 롯을 살리기 위한 한 가지 일을 위해서 아무 일도 할 수 없다고 하는 사자들의 말은 만일 롯이 소돔 성을 떠나지 않겠다고 고집했다면 어떻게 되었을까 하는 것에 대한 대답을 준다. 롯이 지금이라도 이 성의 사람들을 살려달라고 간청하며 떠나기를 거부했다면 그리고 다시 그 성으로 들어가고자 하였다면 하나님도 결코 그 성을 멸할 수 없다는 사실을 보여준다.

곧 이는 내가 나를 살리고자 하는 것처럼 저 성을 살리고자 하는 자가 없고 내가 나를 사랑하는 것처럼 저들을 그렇게 진실하게 사랑하는 자가 없기에 일어난 사건이라는 것을 증명하고 있다. 아브라함이 저들을 사랑한 것 같았지만 그것은 참된 사랑이 아니었다. 그저 멀리서 자기 삶에 만족하며 바라보는 것뿐이었다. 정말 사랑이 있었다면 적어도 하나님께서 그 성들을 멸하겠다고 그의 앞에서 알려주실 때에라도 그는 소돔으로 달려가야 했고 고모라와 주변 성읍들로 사람들을 보내어 알려야 했다. 거기에 나의 진정으로 사랑하는 사람이 있다면 위험이 앞에 닥친 것을 알고서도 어떻게 방치해 둘 수 있단 말인가?

롯 또한 소돔 성에 직접 살고 있으면서 하나님을 믿는 자라고 자처하였지만 실제 저들의 생명에 대한 진실한 관심과 사랑은 없었다. 오직 자기의 삶이 전부였다. 만일 롯 한 사람만이라도 올바른 신앙을 소유하고 저들에게 바른 삶을 가르쳐 하나님께로 인도하고자 애를 썼다면 오늘의 재앙은 면할 수 있는 사건이었다.

일꾼들이 있었지만 그 일꾼들이 자신들의 사명을 제대로 감당하지 못하고 있었고 자기 자신들부터 무지와 오류에 휩싸여 안개 속을 헤매고 있었기 때문이다. 하나님 없이 그릇된 죄악의 길을 가는 자가 얼마나 많은데도 그들을 안타까이 여기는 마음이 없었다. 그들의 가는 길이 지옥으로 난 길이요 그 길이 얼마나 무서운지 고통의 끝을 알 수 없는 길인데도 이를 심각하게 여기지를 못했다. 그럼에도 편안했다. 아브라함도 롯도 그 성의 의인들도 저 죄로 인해 고통 받는 자들까지 모두가 그러했다. 단 한 사람도 하나님과 하나님의 심판을 제대로 아는 자가 없었다.

그러므로 잘못 놓여진 신앙을 바른 신앙이라고 착각하고 가는 저들의 오류를 바로잡기 위해서는 이 방법 밖에는 없었다. 하나님께서 아브라함에게 거듭 임하셔서 잘못을 지적하였지만 아브라함 스스로 이를 깨닫지 못했던 때문이다. 너희가 구원의 길, 생명의 길이라고 알고 가는 이 길도 파멸로 가는 잘못 들어선 길이라는 것을 알게 해 줄 방법은 이것 밖에는 달리 없었다. 만일 그냥 계속 내버려두면 세상 어느 누구도 다시는 하나님께로 돌아올 자가 없었기 때문이다.

"너희는 예루살렘 거리로 빨리 왕래하며 그 넓은 거리에서 찾아보고 알라 너희가 만일 공의를 행하며 진리를 구하는 자를 한 사람이라도 찾으면 내가 이 성을 사하리라"(렘 5:1)

바벨론에 의해 처참한 멸망을 앞둔 예루살렘을 향해 하시는 하나님의 말씀이다. 모두가 하나님을 믿는다고 하였지만 단 한 사람도 공의를 행하고 진리를 구하는 자가 없다는 것을 말씀하신다. 단 한 사람이라도 공의를 행하며 진리를 구하는 이 올바른 신앙을 소유하고 있었다면 이 성은 얼마든지 변화되고 살아날 수 있었다. 그러나 이 성이 이렇게 처참한 멸망을 당하게 되는 것은 이 성의 많은 사람들을 자기의 생명처럼 아끼고 사랑하는 바로 이 한 사람이 없었기 때문이었다.

　그러면서도 다 구원받았다고 믿고 있었고 하나님의 자녀들이라고 착각하고 있었기에 이러한 파멸을 겪게 되는 것이었다. 이렇게라도 하지 않으면 앞으로의 사람들에게라도 그 신앙의 허구를 깨닫게 할 방법이 없었기 때문이다. 소돔 고모라의 멸망과 아브라함과 롯, 그리고 예루살렘의 멸망과 이스라엘 이 둘은 같은 관계를 가지고 역사 속에서 반복되어 흘러가고 있음을 알 수 있다.

　네가 진정 위태한 속에서 네 자신의 목숨을 구하기 위해서는 이렇게 안달하면서도 저들의 목숨을 위해서는 나에게 간구해본 적이 있느냐 하는 물음이 오늘의 말씀 속에 담겨 있다. 네가 너의 목숨이 죽는 것은 두려워하여 살고자 이렇게 애를 쓸 때 네가 저 사람들이 죽음 앞에서 두려워 떨 그 모습과 마음을 상상해 본 적이 있느냐 하는 물음이다. 저 참혹한 죽음 속에 내동댕이쳐져야 하는 저들의 영혼을 진정으로 불쌍히 여겨본 적이 있느냐 하는 질문이 그 속에 있다. 너의 목숨을 살리려는 너의 간구를 들어 내가 저 성을 살려준다면 네가 저들의 생명을 살리기 위해 내게 구할 때는 더 어떠하겠느냐 하는 의미가 함께 있다. 너희가 스스로를 편하게 하고자 하며 주어진 것에 만족하고 평안할 때 너의 곁에 있는 수많은 사람들이 죽어가고 있다는 것을 네가 알고 있었느냐 하는 책망이 또 한편에 있는 것도 두 말할 필요가 없다.

　훗날 하나님께서 당시 중근동의 세계를 지배하는 세력이었던 앗수르(앗시리아) 제국의 수도 니느웨를 오늘 소돔과 고모라처럼 멸하겠다 하시고 요나라는 선지자를 보내어 그 사실을 대로에서 공포하게 하셨다. 니느웨와는 정반대의 다시스로 도망가는 요나를 억지로 끌어 올려서라도 하나님은 니느웨에 가서 그들의 죄악을 지적하게 하셨고 회개를 촉구케 하셨다. 그러자 그 성은 왕으로부터 백성에 이르기까지 재를 뒤집어쓰며 처절히 회개하였고 이에 하나님은 그 성을 용서하신다. 단 한 사람이 십이만이 넘는 사람이 사는 큰 성을 살릴 수 있다는 것을 상징적으로 보여주신다.

너무도 혼돈스런 세상이다. 깊은 어두움 속에 앞 길을 알지 못한 채 방황하는 이 땅의 사람들이다. 어찌해야 하는 것일까? 이 세대를 보시는 하나님은 어떤 사람을 찾고 있는 것일까? 그 하나님께서 오늘 나를 어떤 눈으로 바라보실까? 만일 나 혼자만이라도 깨어 있어 저들의 살아남을 위해 일하겠다고 한다면 하나님은 그 기회를 결코 빼앗지 않으시리라. 진정 공의를 행하며 진리를 구하는 신앙의 소유자라면 하나님은 나의 간구를 외면치 않으시리라. 롯의 소원으로 소알 성을 살리신 것처럼 요나를 통해 니느웨를 회개케 하신 것처럼 우리의 성을 살리고 회개케 하시리라. 단 한 사람만이라도 잠들지 않는 영혼을 소유하고서 순수하게 저 생명의 살아남을 위해 헌신하며 저들의 죽어감을 안타까워할 수 있다면 하나님은 그를 위해서라도 살아나야 할 자들을 재앙에서 건지시지 않겠는가?

아침에 (창 19:23-25)

"롯이 소알에 들어갈 때에 해가 돋았더라"(:23)

롯이 소알 성에 들어가기까지의 이 모든 일들은 어둠 속에서 진행되어져 온 일이었다. 세상이 편하게 잠들어 있는 때였다. 소돔과 고모라의 사람들도 간밤에 생겨났던 이 모든 일들을 알지 못한 채 이제 잠에서 깨어날 시간이었다. 한 인간이 살아나기 위해 갈등하고 몸부림쳤던 시간들이었고 한 인간이라도 살리기 위한 하나님의 열심이 또 그렇게 긴박하게 전개되었던 시간들이었다 하지만 저들은 아무것도 알지 못한 채 편안한 잠을 잤다. 그리고 이제 새로이 떠오르는 아침 해를 맞이하며 오늘 어디 가서 무슨 일을 할까 어디서 누구를 만나며 무엇을 먹으며 어떻게 오늘도 즐거이 지낼 수 있을까 생각하며 자리에서 일어난다. 결혼을 준비하며 신랑과 신부를 맞이할 기쁨에 들뜬 자들도 있었으리라.

어떤 삶의 조건에 놓여져 있었든지 간에 이 아침에 해가 돋고 세상이 밝아오며 맑은 아침이 시작되었다는 것만으로도 새로운 희망을 꿈꾸고 있을 때였다. 하지만 그들이 어찌 알았으랴. 이 해뜨는 시각 그들 중에서 나간 한 가족이 숨을 헉헉대며 두려움에 가득 찬 얼굴로 소알성을 들어서고 있었다는 사실을. 지난 밤 이 사람이 몇몇 사람들에게 이 아침의 사건을 알려주기 위해 잠 한 숨 자지 못하고 두루 돌아다녔다는 사실도 그들은 알지 못했다. 간밤에 롯의 방문을 받았던 그의 사위들과 그의 이웃들도 이 아침을 맞이한다. 그리고 아무 일도 일어나지 않았다는 사실을 알고 지난 밤 롯의 말을 다시 떠올리며 피식 웃었을 수도 있다. 아예 까맣게 잊고 이 하루 살아가야 할 일들에 대해 분주히 헤아리는 사람들도 있었을 것이다.

해가 돋았다는 것은 희망을 전해주는 사실임에는 틀림없다. 하지만 자신의 모든 것을 버려두고 소알 성으로 피해 들어간 롯과 그의 가족이 맞이하는 이 아침과 여전히 소돔 성에 남아 있는 사람들이 맞이하는 이 아침은 분명히 달랐다. 죽음을 벗어나 생명을 건진 사람들과 생명을 거부한 채 이제 곧 죽음을 맞이할 사람들의 차이였다. 생명을 얻기 위해 모든 것을 버린 것과 모든 것을 얻고자 생명을 버린 차이이기도 했다. 생명을 얻은 자는 두려움과 긴장과 지친 몸과 마음으로 돋는 해를 맞이했고 생명을 잃을 자들은 오히려 기대와 즐거움을 갖고 바라보는 아침 해였다. 희망찬 햇빛 같았지만 저들에게는 분명 저주의 아침이요 핏빛 고통을 머금고 있었다.

어느 날엔가 우리 모든 남은 자들의 맞이할 아침도 이러하지 않겠는가? 그 날 해가 밤처럼 어두워지며 어떤 이는 데려감을 당하나 어떤 이는 파멸 속에 버려질 것이라고 성경은 그 날을 알려주고 있다(마 24:29-41).

"여호와께서 하늘 곧 여호와에게로서 유황과 불을 비 같이 소돔과 고모라에 내리사"(:24)

왕이나 백성이나, 돈 있는 자나 없는 자나, 편히 살아온 자나 힘들게 살아온 자나, 호화로운 삶을 누린 자나 고통 속에 살아온 자나, 건강한 자나 병든 자나, 그들 모두가 이 아침에 당할 결과는 똑같았다. 간밤에 롯의 집을 습격했던 자들이나 그래도 양심대로 살아본다고 했던 자들이나 예외 없이 이 불의 형벌을 당하였다. 그래도 돈과 권력을 누리며 살아왔으니 후회도 없고 아쉬움도 없이 담담하게 맞이할 수 있는 일이 아니었다. 힘겹고 고통스러운 삶을 살아온 자에게는 얼마나 더 큰 비극이겠는가? 간밤에 롯으로부터 이 심판을 전해 들었으나 코웃음치며 돌려보냈던 사람들은 그 말이 사실이었다는 것을 몸으로 확인하는 시간이었다. 그의 말을 농담으로만 여겼던 롯의 사위들도 생명을 그 대가로 지불하여야 했다.

왜 하필이면 이 무서운 재앙이 돋는 해의 아침에 일어나야 했던 것일까? 차라리 깊은 어둠 속에, 사람들이 깊이 잠든 중에 발생했다면 그래도 고통은 덜 했을 텐데 말이다. 하지만 남은 자들에게는 이 파멸의 재앙이 선명한 아침 해 속에서 더욱 똑똑히 보였다. 롯이 피해 들어간 그래서 롯으로 인해 살아남게 된 소알성 사람들도 이 비극의 현장을 생생하게 목격하였다. 이 비극적 사건의 목격자이자 심판의 증인이 되었다. 무엇보다도 롯에게 이 순간은 지울 수 없는 사진처럼 그의 뇌리에 현상되어졌다. 살아났다는 안도감 보다는 충격과 공포로 이 순간이 새겨진 것이었다. 자비와 은혜의 하나님으로만 생각해온 그에게 분노와 심판의 하나님이 새롭게 확인되는 시간이기도 했다.

"그 성들과 온 들과 성에 거하는 모든 백성과 땅에 난 것을 다 엎어 멸하셨더라"(:25)

언제나 나와 함께 할 것 같았던 그 소중했던 소유물들이, 내 삶에 기쁨을 주고 보람을 느끼게 하며 삶의 의미를 갖게 해 주었던 모든 것들이 산산이 사라져 갔다. 내 젊은 날의 소망이었고 꿈이었던 그래서 내 마음과 몸과 시간을 다 바쳤던 것들과 얻은 것들이 한 순간에 파괴되었다. 영원히 나와 함께 할 것만 같던 나의 생명도 그렇게 허망하게 끝이 났고 이제 끝을 알 수 없는 긴 고통의 세계로 들어섰다. 인간이 이룰 수 있었고 자랑스럽게 여길 수 있는 그 모든 것들도 다 함께 사라져간 것이었다.

소돔과 고모라와 이 들판에 거하던 사람들 중에는 하나님을 믿는 사람도 이제 믿고자 하는 사람들도 있었으리라. 아브라함을 보고서 하나님을 믿고 싶었지만 롯 때문에 믿기를 포기한 자들도 있었을 것이다. 양심을 속이지 않고 정직하게 살아왔다고 자부하던 사람들도 있었겠고 평생 남에게 해 끼치지 않고 살아온 삶을 자랑처럼 여기던 사람들도 있었으리라. 하지만 누구 하나 구분됨이 없이 다 똑같이 죽어갔다. 스스로의 삶의 결과들을 안은 채.

충격과 공포의 사건이었지만 이를 느낄 겨를도 없이 허겁지겁 도망치는 롯의 소유도 그렇게 깨끗이 태워지고 파괴되고 있었다. 그가 한 평생 모으고 쌓아왔던 돈과 집과 땅도 다 그렇게 불태워지고 갈아엎어지듯 멸해졌다. 그가 가까이 하고 또 아꼈던 사람들도 고통스런 비명을 지르며 죽어가고 있었다. 자기 자신의 삶의 흔적들이었다. 그가 살아오긴 했지만 한 순간도 살아있지 못했던 사람처럼 그의 지나온 삶이 깨끗이 치워져 버린 것이었다. 그 자신이 마음을 기울이고 힘을 다하고 생의 주어진 시간들을 몽땅 바쳤던 것들이 흔적 없이 사라질 때는 그 인생도 그렇게 사라지는 것이었기 때문이다. 자신의 생명조차도 저 불길 속에 타 없어져야 했으나 타다 만 나무토막처럼 불 속에서 건져져 있을 뿐이었다.

하나님은 은혜의 하나님이시다. 이 세상 만물을 우리를 위해 창조하시고 그 속에 우리를 두신 하나님이시다. 하지만 그 하나님은 저 소돔과 고모라와 들판에 쏟아 부어진 유황불의 심판도 함께 가지고 있는 분이신 것을 아는가? 우리 인생에게 모든 것을 주셔서 사용하게 하시지만 또 뽑고 엎으며 없는 것처럼 소멸시키시는 하나님이심을 아는가?

어쩌면 소돔과 고모라의 사람들은 풍요한 사해 바다의 소금으로 벌어들인 돈으로 인해 편안해하고 만족해하며 그 부를 자랑하였으리라. 돈으로 쌓아올린 편리하고 화려한 문명을 마음껏 즐기고 있었으리라. 하지만 그것이 오히려 오늘의 결과를 재촉하게 될 줄을 누가 알았겠는가? 모든 것을 주신 하나님이셨지만 모든 것을 엎어 멸하시는 하나님이 계신 줄을 알았더라면 어쩌면 오늘의 재앙은 피할 수도 있었을 텐데 말이다.

오늘도 우리가 돈과 권력, 편리함과 안락함을 추구하는 동안 우리 스스로 우리의 삶을 파괴하고 있다는 것을 보고 있다. 저 썩은 강물과 더럽혀진 하늘, 물고기가 사라져버린 바다 그리고 전쟁과 기근과 질병들과 파괴된 인간관계, 이 모두 우리가 살아오며 맺어놓은 결과들이다. 하나님이 어떻게 하지 않더라도 스스로 소돔과 고모라의 재앙을 재촉하고 있다.

권력이 있느냐 없느냐, 돈이 있느냐 없느냐, 공부를 잘하느냐 못하느냐, 좋은 직장인가 그렇지 못한가, 힘이 센가 약한가, 건강한가 병들었는가 하는 것들이 오늘 이 땅에서 우리가 중요시 여기는 요인들이고 또 사람과 사람을 구분하는 것들이다. 물론 이러한 요소들이 세상을 살아가는 동안에 필요한 것이기는 하지만 이것이 인생의 전부도 아니요 없으면 못 견딜 만큼 중요한 것도 아니다. 그저 일시적인, 있다가 사라져버릴 안개와 같은 것들일 뿐이다. 하나님의 심판 앞에서는 이러한 요소들과 이에 의한 구분이 일체 소용없었다. 죽음과 멸망 앞에서는 그러한 것들 자체가 전혀 의미가 없었다. 소돔과 고모라의 멸망이 아니더라도 누군가의 죽음 앞에서 언제나 확인되는 사실이다.

그러나 진정 소중한 생명의 가치를 지니지 못하는 이러한 것들이 오늘 우리들의 마음과 몸을 얼마나 얽매고 있고 지치게 하는 것인지. 정말로 보아야 할 것을 보지 못하게 하고 알아야 할 것을 알지 못하게 한다. 영원한 생명, 영원한 시간에 관한 소중한 신앙의 가치들을 쓸데없는 것으로 혹은 여유 있는 한가한 자들의 또는 가난하고 좀 모자라는 자들의 그것으로 여기게 한다. 이러한 영원에 관한 가치들을 생각할 마음의 여유 자체를 빼앗아 버린다. 그러면서 우리의 마음과 영혼과 육체는 얼마나 곤고해지고 악해져 가는지 우리가 온 몸으로 겪고 있다.

오늘 아침 쏟아지는 유황과 불 속에서 고통스럽게 죽어가는 자들 중에 간밤에 롯의 방문을 받았던 자들과 그의 사위들은 얼마나 후회할 것인가? 그 재앙의 소식을 코웃음치며 농담으로 여겼던 자들은 그것이 사실임을 알게 되는 이 순간을 어떻게 받아들였을 것인가? 얼마든지 피할 수 있었는데, 내게 저 소식이 들려졌고 내가 좀더 주의를 기울였다면 이 처참한 재앙은 면할 수 있었는데 하는 생각을 떠올리게 되는 자들은 얼마나 땅을 치며 통곡할 것인가? 그들은 저 썩어져갈 허무한 것들을 자기들의 목숨과 맞바꾸었던 것이다.

무슨 큰 죄를 지었다고 (창 19:26)

소돔과 고모라에 불과 유황이 비처럼 쏟아질 때 사람들은 비로소 깨닫는다. 도저히 상상도 할 수 없는 일이 실제로 일어날 수도 있다는 사실을. 특히 지난 밤 롯의 방문을 받았던 사람들에게는 더욱 실감나게 느껴졌을 것이다. 이 아침의 이러한 사건을 미리 전해 들었지만 그것을 거짓으로 농담으로 여겼던 자신들의 행동이 얼마나 어리석었는가 하는 것을 가슴을 치며 통탄했으리라. 그러나 이것도 어디까지나 우리들의 생각일 뿐이다. 그런 뼈저린 후회라도 할 수 있는 시간이나 마음의 여유가 저들에게는 없었을 것이기 때문이다.

만일 죽기 전 저들에게 조금의 시간이 주어져 있어서 오늘의 참혹한 결과를 피할 수 있는 길이 하나님을 믿는 신앙 안에서 그들에게 주어져 있었다는 것과 그럼에도 그들 스스로가 그것을 발길질해 버렸다고 하는 것을 깨달을 수 있다면 어떠했을까? 지극히 이성적이었고 지극히 합리적이어서 하나님을 믿는 것을 우스운 것으로 어리석은 자들의 그것으로 여겼던 자신들의 생각을 어떻게 받아들일 수 있었을까? 조금도 손해 안보고 세상을 아주 똑똑하게 살아간다고 하였지만 정작 가장 중요한 것을 보지 못한 채 최악의 선택을 하며 가장 어리석은 삶을 살았다고 하는 것을 발견하게 될 때 그들의 마음은 어떠할까?

"롯의 아내는 뒤를 돌아 본고로 소금 기둥이 되었더라"(:26)

그런데 여기 또 한 사람 우리를 안타깝게 하는 자가 있다. 롯의 아내이다. 모든 사람들이 죽어가는 불구덩이 속에서 살아날 기회를 얻었지만 전혀 엉뚱한 곳에서 죽어간 여인이다. 성경은 롯과 그의 가족들이 소알로 들어갈 즈음 그녀가 뒤를 돌아본 연고로 죽었다고 기록하고 있다. 곧 그녀는 죽을 자들 속에서 죽어간 자가 아니라 살아난 자들 속에서 죽어간 것이었다. 그 엄청난 파멸의 재앙 속에서 만에 하나라도 있을 수 없는 은혜를 받아 파멸의 죽음을 피해 살아났는데 그 엄청난 은혜 속에서 오히려 재앙을 재촉하여 죽어간 것이다. 마치 침몰하는 배에서 구조 된 후 구조선에서 떨어져 죽은 것과 같다고나 할 수 있는 일이다.

그녀의 죽은 이유는 오직 하나 뒤를 돌아보았기 때문이었다. 왜 그녀는 뒤를 돌아보았으며 또 그것이 죽음으로 연결되어져야 했던 이유는 무엇일까? 우리는 여기서 그녀가 왜 뒤를 돌아보았는지 정확한 이유는 알 수가 없다. 뒤에서 불과 유황이 하늘로부터 비처럼 쏟아질 때 이에 놀라 순간적으로 뒤를 돌아보았을 수도 있다. 죽음이 등 뒤에서 자기를 덮쳐오는 것 같아 두려웠기 때문일 수도 있다. 아니면 아침 일찍 일어난 소알 성 사람들이 소돔과 고모라와 그 들에 일어나고 있는 사건을 바라보며 공포에 질려 떠는 것을 보고 도대체 무슨 일이 뒤에서 벌어지고 있는지 궁금해서 그랬을 수도 있다. 혹은 남겨두고 온 집과 재산들이 어떻게 되었는지 확인하려고 했을 수도 있다. 하지만 어떤 이유에서였든 그녀가 뒤를 돌아본 것이 왜 죽음이어야만 했던 것일까?

저들의 살아남이 저들 자신의 원함이나 그들의 어떤 공로 때문이 아니었다. 저들의 의도와는 전혀 상관없이 다만 하나님께서 억지로 이끌어내어 참혹한 재앙 속에서 살려내셨다. 그렇다면 끝까지 그들을 살려야 되는 것 아닌가? 그런데 왜 이런 하찮아 보이는 이유로 롯의 아내를 죽게 하신 것이었을까? 뒤돌아봄이 누구에게 어떤 해를 끼친 것도 아니었고 그렇기 때문에 겉으로 봐서는 꼭 죽어야만 하는 그다지 심각한 이유도 아닌 것 같은데 말이다. 소알 성의 사람들은 그녀의 뒤에서 벌어지는 장면들을 똑바로 다 보고 있었어도 무사하지 않았겠는가?

그녀가 왜 돌아보았는지는 알 수 없지만 우리는 그녀의 죽음 속에서 한 가지 확실한 이유를 알 수 있다. 그것은 하나님께서 이미 앞서 뒤돌아보지 말라고 롯과 그녀와 그 딸들에게 분명히 명령하셨다고 하는 사실이다. 그리고 이와 관련하여 한 가지 보게 되는 것은 그녀를 제외한 그녀의 남편 롯과 그녀의 딸들은 무사했다는 점이다. 이들이 무사했다는 것은 곧 그들은 뒤를 돌아보지 말라는 나그네들의 말을 대단히 심각하게 받아들였고 뒤돌아보고 싶은 마음이 있어도 그 명령 때문에 꾹 참고 이겨내었다는 것을 의미한다.

이들은 어떻게 이런 엄청난 상황이 뒤에서 전개되고 있는데도 전혀 뒤를 돌아보지 않을 수 있었을까? 두려움 때문에 혹은 놀라서라도 아니면 궁금해서라도 뒤돌아보고 싶었을 텐데 말이다. 이들이 뒤돌아보지 않았고 또 뒤돌아보고 싶은 마음이 있었을 텐데도 이를 이겨낼 수 있었던 것은 분명 그것이 죽음이라고 하는 말씀이 저들에게 명확하게 전해졌고 또한 이를 분명하게 믿었기 때문이라는 것을 우리는 알 수 있다.

그러므로 그녀의 뒤돌아본 행위는 다른 사람들이 하나님의 말씀을 진지하게 받아들여 필사적으로 그 말씀을 지키려고 하는 가운데 혼자만이 말씀을 어긴 것이었다. 곧 그녀의 죽음은 하나님의 말씀을 어긴 때문이요 어긴 것은 그 말씀을 어길 경우 죽음이라고 하는 사실을 진지하고 심각하게 받아들이지 않았기 때문이라는 사실을 우리는 확인할 수 있다. 뒤돌아보지 말라 그러면 죽으리라는 하나님의 말씀을 가운데 두고 그것을 사실로 받아들이고 지켜서 살아난 자와 방심하다가 죽은 자로 나뉘어진 것이 이 여인의 죽음이 나타내는 중요한 결과였다.

그렇다면 왜 하나님의 말씀을 어긴 것이 꼭 이렇게 죽음이 되어야 하는 것인가? 여기서 우리는 하나님의 말씀이 가지고 있는 본질적인 의미와 성격을 생각해 본다. 본래 인간은 하나님의 형상대로 창조되었다. 곧 그의 뜻을 알고 그 뜻대로 살 수 있도록 지어진 것이었다. 하나님께서 당신의 모든 것을 사랑하신 것처럼 모든 지어진 것을 아끼고 사랑하는 것이 인간 본래의 마음이었다. 그런데 이들이 죄를 짓게 되었고 이로 인해 본래의 아름다운 형상을 잃어버린 채 악하고 못된 삶을 살게 되었으며 처음 자리를 잃어버렸다. 그리고 결과는 죽음이었다.

이러할 때 우리들에게 말씀이 들려졌고 이 말씀은 본래의 우리 형상을 기억케 하고 창조 때의 모습을 회복하여 그렇게 아름다운 삶을 살도록 인도한다. 그리고 궁극적인 열매는 영원한 생명이다. 그러므로 말씀을 지키는 것은 하나님의 위대하심을 드러내기 위해 우리가 종처럼 수고하고 그 대가로 구원의 상급을 얻는 것이 아니다. 바로 우리 자신들이 죄를 벗어나 하나님과 동행하는 창조 때의 아름다운 삶을 회복하는 것이다.

따라서 말씀을 지키지 않는다는 것은 그가 하나님을 믿든 믿지 않든 그 죄의 자리를 떠나지 않는 것을 의미하고 이는 곧 죄의 대가로 치르게 될 죽음을 향해 스스로 걸어가는 것을 뜻한다. 하나님의 말씀은 죄를 안고 죄를 이기지 못해 죽어가는 세상에서 살아날 수 있는 생명의 길을 제시하여 주는 것이다. 그런데 그 생명의 길을 무시했기 때문이요 그것 자체가 죽음을 자초하는 결과를 가지고 있는 것이다. 하나님의 말씀을 어긴 것이 죄가 되고 죽음이 되는 것은 감히 하나님의 말씀을 어겨 하나님을 모욕했기 때문에 그것이 괘씸하게 여겨져서 죽는 것이 아니다.

이러한 사실에서 보면 롯의 아내가 뒤를 돌아보지 말라는 하나님의 말씀을 어기고 그 결과로 죽은 것은 대단히 상징적인 의미를 가지고 있다. 곧 하나님의 말씀을 어기는 것이 죽음이라는 사실적인 결과를 보여주는 것이다. 더불어 롯과 그의 딸들은 뒤에서는 엄청난 재앙의 사건이 전개되고 있고 앞에서는 자신들의 뒤에서 일어나는 상황을 보며 경악하는 소알 사람들이 있었으며 또 아내와 어머니가 뒤를 돌아보다가 죽어가는 와중에도 끝까지 뒤를 돌아보지 않고 살아났다. 이는 하나님의 말씀을 지킨다는 것 그리고 이를 통해 나의 생명을 이 경악스런 세상 속에서 살린다고 하는 것이 우리에게 무엇을 요구하는지 생생하게 증거하고 있다. 뒤돌아보게 하는 불같은 시험이 그들 속에도 분명 있었을 것이기 때문이다.

하나님의 말씀이 가지고 있는 곧 하나님께서 요구하시는 삶의 내용을 대단히 소홀히 하며 살아온 롯에게 있어 뒤돌아보지 말라는 말씀과 그 결과는 이러한 점에서 교훈하는 바가 너무도 중요하다. 말씀을 어기고 죽은 아내의 죽음과 말씀을 지켜서 생명을 얻은 자신의 경험은 너무도 생생한 신앙의 교훈이 아닐 수 없다. 만일 이 교훈에 대한 깨달음이 없다면 롯이 불구덩이 속에서 살아난다 할지라도 그가 궁극적으로 소유해야 하는 가장 소중한 생명의 유익은 없다. 육체의 목숨이 잠시 연장된 것 외에는 저 죽은 자들과 다를 바가 없다.

더불어 오늘 롯의 아내의 죽음이 왜 필연적이어야 했는지 우리는 그녀의 삶과 롯과의 관계에서 다시 생각해 본다. 롯에게 있어 이 아내의 존재는 어떠했는가? 우리는 이미 앞에서 롯이 나그네들을 집으로 데려왔을 때 차려진 저녁 식탁을 통해 그녀의 됨됨이를 본 적이 있다. 롯이 오늘 이 어긋난 삶의 자리에 오기까지에는 그녀의 역할이 컸다는 것을 볼 수 있었다. 그러므로 롯과의 관계에서 그녀의 죽음을 본다면 이는 그녀를 롯에게서 제거하신 것으로 나타난다. 죽을 때 그녀의 모습이 소금 기둥이 되어 죽었다는 것은 그녀가 얼마나 돈에 기갈이 들린 여인이었는지 상징하는 것이기도 하다. 소금 무역으로 엄청난 부를 모은 당시 사해 남부의 소돔과 고모라 지역에서 오직 소금으로 번 돈에만 모든 것을 걸고 있었다는 것을 암시한다.

만일 그녀가 아니었더라면 롯도 아브라함에게 그런 큰 상처를 남기고 떠나올 수는 없었으리라. 그녀가 아니었더라면 전쟁 후에라도 아브라함에게로 돌아갈 수 있었을 것이다. 이것은 오늘 롯이나 그 딸들이 하나님의 말씀을 지켰으나 그녀만은 홀로 그 말씀을 무시해버린 것에서도 알 수 있다.

이러한 롯과 그의 아내와의 관계를 우리는 훗날 야곱에게서도 발견할 수 있다. 야곱이 외삼촌 라반에게로 가서 이십 년을 지낼 때 야곱은 외삼촌의 딸 중 둘째인 라헬을 열렬히 사랑한다. 그러나 그녀가 그의 아내로 야곱의 곁에 왔을 때 생겨난 일은 지독한 다툼이었다. 그녀의 질투심이 초래한 결과였다. 그러한 그녀가 야곱이 가나안으로 돌아온 직후 에브랏으로 향하는 길에서 베냐민을 낳다가 죽는다. 그리고 아브라함, 이삭, 야곱 그리고 요셉에 이르기까지 이들 일가의 가족묘로 정해진 막벨라 굴에 묻혀지지 못하고 에브랏 길가에 묻혀진다.

　야곱은 후에 죽은 레아도 막벨라에 장사하고 자기 자신도 거기에 묻히도록 하지만 라헬은 그 묘지에서 제외했다. 아브라함도 사라도 이삭과 리브가도 야곱과 레아도 다 여기에 묻혔으나 라헬은 그 묘에 들지 못한 유일한 인물이었다. 야곱 스스로 그녀가 자기 조상의 무덤에 묻혀지는 것을 거부한 것이었다.

　이러한 점에서 라헬이 죽은 것은 이제 가나안에서 새로운 삶을 시작해야 하는 야곱에게서 그녀가 제해진 것이었다. 그녀 자신 전혀 하나님과 그 신앙의 삶을 받아들이지 못하였고 오직 자기의 육체적 욕망만을 추구하며 야곱의 신앙과 집안을 어지럽혔기 때문이었다. 그리고 이러한 그녀의 삶은 앞으로도 계속되어 가나안에서의 야곱의 삶과 사역을 방해할 것이기 때문이었다. 롯의 아내의 죽음 또한 이러한 맥락을 갖고 이루어진 것이었다. 지나온 날의 삶의 결과였고 또 이 사건 이후 롯의 삶에 계속적으로 끼칠 수 있는 방해요인을 제거하기도 한 것이었다.

　그러므로 롯에게 이 날의 사건들은 하나님의 말씀은 우리의 생명을 지키는 것이라는 사실을 뼈에 시리도록 마음에 새겨준 사건이다. 말씀을 지키지 못함이 다시 죄인의 자리로 내려가게 하는 것이요 그 결과는 죽음이라는 사실을 형상화시킨 사건의 현장이었다. 하나님을 믿고 하나님의 구원의 은총과 삶의 은혜를 바랐으나 하나님의 말씀도 그 원하심도 전혀 주목하지 못한 채 살아온 그에게 하나님의 말씀이 그리고 그 말씀대로 사는 것이 얼마나 소중한가 하는 것을 온 몸으로 깨닫게 해주었다. 그에게 뿐만 아니라 곧 이 사실을 알게 될 아브라함에게 그리고 이 성경을 통해 그의 오늘을 읽고 보는 모든 사람들에게도.

생명이 살아나는 바로 그 현장에서 오히려 죽을 수도 있다는 사실, 오늘 신앙 안에 들어왔고 말씀을 들으나 그 속에서도 죽음의 길을 가는 자가 있다는 사실을 알아야 하리라.

고민은 했지만 (창 19:27-29)

소금 기둥이 되어 죽어간 롯의 아내. 사람이 죽으면 땅 속에 묻혀 생전 그를 알았던 자 외에는 그를 기억하는 자가 없고 또 세월이 흐르면 모두에게서 잊혀진다. 하지만 롯의 아내만큼은 달랐다. 땅에 묻혀지지도 못한 채 죽어간 그 자리에 소금 기둥으로 남아 지나가는 사람 모두에게 두고두고 얘기되며 입에 오르내릴 자가 되었다. 사람들은 지나가며 사람 모양의 이 소금 기둥이 무엇이냐고 물을 것이다. 그리고 이것은 오래 전 이 곳에 살던 롯이라는 사람의 아내였는데 그녀가 소금 기둥이 된 것은 이러 저러한 이유 때문이었노라고 말해질 것이었다. 멸망 중에도 살아남은 소알 사람들이 그 증인이었다.

그녀의 이름과 살아온 삶이 자랑스럽고 오래 기억될만한 좋은 내용을 가지고 있다면 좋았을 것이다. 하지만 오늘 그녀가 소금 기둥이 되어 남은 것은 그리고 이렇게 남겨놓아 오가는 사람들의 눈에 띄도록 한 것은 칭찬받으라고 한 것이 아니었다. 오직 소금을 팔아 돈을 버는 일에만 혈안이 되어 있었던, 말도 생각도 마음도 정신도 온통 소금과 돈뿐이었고 그래서 소금 기둥이 될 수밖에 없었던 그녀의 삶을 사람들은 소금 기둥이 된 그녀 앞에서 손가락질하며 말할 것이었다.

죽은 그녀의 이름을 단순히 욕되게 하려고 그렇게 한 것은 아니었다. 이것을 보는 자들로 하여금 무언가 생각할 수 있도록 하기 위해서였다. 인생의 가치, 물질의 소유와 인간의 관계 그리고 하나님과 하나님의 심판 등 많은 것을 이 소금기둥 앞에서 생각하고 좀더 사려 깊은 인생이 되라고 하신 것이었다. 하지만 이 날 이후 이곳을 지나가는 사람들은 이를 어떻게 바라보았을까? 오늘 우리가 그러하듯이 그저 사람이 꾸며낸 전설 같은 이야기로만 여기고 웃으며 지나갔을지 모를 일이다. 그리고 더 이상 의미가 없을 시점에 이르러서는 다른 어떤 소금장수가 돈을 벌려고 이 소금 기둥을 파가지고 갔는지도 모르겠다.

"아브라함이 그 아침에 일찌기 일어나 여호와의 앞에 섰던 곳에 이르러"(:27)

이제 다시 이야기는 아브라함에게로 돌아온다. 이 사건이 왜 생겨나야만 했는지 그 본질에 관한 부분이다. 하나님의 말씀에 주목함이 없이 단지 하나님이라는 존재를 믿고 그에게 제사를 드린다고 하는 이것이 과연 신앙이냐 하는 것, 이 단순한 사실들로 조상들이 잃어버렸던 구원의 은혜 속으로 다시 돌아갈 수 있느냐 하는 문제였다. 아브라함이 가지고 있는 신앙의 문제였고 그를 통해 하나님 신앙에 접근한 모든 이들의 문제였으며 모든 살아있는 자들의 문제였다. 그러므로 소돔과 고모라의 멸망 사건은 이 부분을 확인케 해주는 사건이었다. 진정한 구원, 하나님께서 인간에게 원하는 삶이자 창조 때에 심어놓으신 그 형상이 과연 지금의 아브라함이 생각하는 그것인가 하는 점이었다.

아브라함이 하나님의 사자들을 영접하고 그들을 통해 소돔과 고모라에 대한 하나님의 심판을 전해들은 것은 어세였다. 그 하나님의 계획에 대해 무리하리만치 자신의 주장을 내세우며 저들의 죽음을 막고자 했던 것도 어제였다. 그리고 그들을 떠나보낸 후 한 밤을 지내고 이른 아침 시간에 어제 하나님과 대화하던 자리로 나왔다. 여호와의 앞에 섰던 곳이라는 표현은 그가 하나님과의 대화를 기억하고 그 결과를 확인하기 위해 이 자리에 왔다는 것을 보여준다. 그리고 그가 이른 시간에 이 곳으로 나왔다는 것은 지나간 밤의 시간들을 상당히 긴장된 마음으로 보냈다는 것을 의미한다. 이 아침의 결과를 초조한 마음으로 기다리고 있었다는 것을 보여준다.

무엇을 생각하며 지난 밤을 보내었을까? 멸망의 말씀이 농담처럼 여겨지지 않았다면 그는 많은 것을 생각하며 누운 자리를 뒤척였을 것이다. 나그네의 모습으로 자기를 찾아온 하나님의 사자들이었다. 자기가 듣고도 무시해버린 하나님의 약속을 상기시키며 자신을 심하게 책망하였다. 그리고 소돔과 고모라에 죄로 인한 하나님의 심판 곧 멸망이 있을 것이라고 전해주셨다. 이는 그 땅이 하나님도 모르고, 알려고도 아니하며, 앞으로도 그 죄를 씻고 변화될 가능성은 전혀 없다는 의미를 내포하고 있었다. 분명 그 곳에 자기로 말미암아 하나님을 믿는 자들이 상당히 있다는 것을 알고 있을 것인데도 하나님은 그러한 계획을 아브라함에게 미리 밝히셨다. 분명 아브라함으로 하여금 무언가를 생각할 수 있도록 하기 위해서였다.

아브라함은 철석같이 믿고 있었다. 그 믿는 자들이 구원 받은 의인들이라고 하는 것을. 만일 그들이 구원받은 신앙인이 아니라면 도대체 믿음이라는 것은 무엇이며 먼저 믿고 그들에게 신앙을 전한 자로서 그들과 동일선상에 있는 자기의 신앙과 구원은 또 어떻게 되는 것인가에 대해 고민하였을 것이다. 하나님의 존재를 인정하고 그 신앙의 표현으로 제사를 드리고 선한 삶을 살고자 하는 이것 말고 더 무엇이 필요하며 인간이 어떻게 죄를 짓지 않고 완전할 수 있는가에 대해 나름대로 묻고 또 대답하며 밤을 새웠을 것이다.

물론 그의 최종 결론은 그 성에 구원받을 의인이 아무리 엄격한 기준을 가지고 헤아려본다고 해도 최소한 열명은 있다고 하는 확신이었다. 그렇기 때문에 그들을 그대로 두고서 저 성들을 멸한다고 하는 것은 있을 수 없는 일이라고 여겼다. 만일 이것이 무너진다면 자기의 신앙도 설 자리가 없어지기 때문이었다.

"소돔과 고모라와 그 온 들을 향하여 눈을 들어 연기가 옹기점 연기 같이 치밀음을 보았더라"(:28)

옹기점 연기란 시커먼 매연을 의미하지 않는다. 이는 이글이글거리며 솟아오르는 불꽃의 오름을 말한다. 높은 온도의 불꽃이 주변 대기 중에서 대량의 산소를 모아 태우게 될 때 이에 의해 생겨나는 공기의 급격한 흐름과 열의 발산이 만들어내는 마치 너울과 같은 대기 산란현상 혹은 열꽃현상이라고 말할 수 있다. 마치 용광로에서 뿜어져 나오는 열이 눈에 보이듯이 이글거림으로 나타나는 현상이다.

이는 그 아래에 개미새끼 한 마리 살아나올 수 없는 초고온의 거대한 불구덩이가 만들어져 있다는 것을 드러내고 모든 것이 완전하게 불태워져 소멸되었음을 보여주는 것이다. 의인 오십 아니 아무리 적게 잡아도 열 명은 있다고 믿었던 아브라함의 계산이 완전하게 빗나갔다. 아브라함 자신의 믿음에 대한 이해 자체가 완전히 틀렸다고 하는 것을 증명하는 결과였다.

모든 것이 헛수고였다. 아브라함이 가나안 땅에 온 이유가 이것이었고 지금까지 이 땅에 거하며 얻고자 한 결과도 바로 이것 곧 믿음의 전파였다. 저들이 하나님을 믿고 악한 죄의 삶에서 떠나 선하고 의로운 사람들로 변화되는 것이었다. 그리고 그 수고한 결과 나름대로 만족할만한 열매를 얻었다고 생각하고 있었다. 지금 믿는 이들을 통해 앞으로 더 많은 사람들이 하나님을 믿고 이 땅이 변화될 수 있으리라고 기대하고 있었다. 하나님이 그렇게 해 주시리라고 믿었다.

그리고 스스로의 인생도 이만하면 성공하였고 이 모든 것이 하나님의 은혜라고 여기고 있었다. 그런데 모든 것이 완전하게 무너진 것이었다. 철저하게 허물어진 것이었다. 그의 지나온 삶도 그의 하나님을 대한 믿음까지도 지금까지 허구에 불과할 뿐이었다는 것이 저 뜨거운 이글거림 속에 쓰여져 있었다.

"하나님이 들의 성들을 멸하실 때 곧 롯의 거하는 성을 엎으실 때에 아브라함을 생각하사 롯을 그 엎으시는 중에서 내어 보내셨더라"(:29)

롯의 살려내심, 그 이유를 성경은 아브라함을 생각하신 하나님의 섭리라고 설명하고 있다. 아브라함의 무엇을 생각하셨다는 것인가? 오늘 교회가 이해하고 있는 것처럼 아브라함이 롯을 살려달라고 애원해서 그 죽어가는 자들 중에서 롯만을 건지신 것인가? 롯이 죽으면 아브라함이 너무 슬퍼할 것 같아서 할 수 없이 롯만이라도 건져낸 것인가? 아브라함은 의인 열 명만 있어도 그 성을 멸하지 말아달라고 한 것이었지 하나님과의 대화 어디에서도 롯을 살려달라고 한 적은 없었다. 다른 사람 다 죽어도 롯만 살아나면 괜찮다고 하는 것이 아브라함의 신앙은 아니었다.

롯은 증언해야 했다. 간밤에 아브라함이 의인이라고 하는 자들이 성의 멸망을 알리는 하나님의 말씀에 어떻게 반응하였는지를. 그들이 그 말씀만 들었어도 죽지 않고 다 살아날 수 있었지만 말씀을 듣지 않고 믿지 않았기에 죽어갔다고 하는 것을 알려야 했다. 그들이 멸망을 알리는 하나님의 말씀을 농담으로 여기고 비웃었을 뿐 조금도 들으려고 하지 않았다는 사실을 전해야 했다. 하나님을 믿든지 아니 믿든지 죽고 사는 것의 요체는 하나님의 말씀을 듣고 믿음으로 따르느냐 아니냐 하는 것이었다는 사실을 알려주어야 했다.

이것이 롯을 살리신 목적이었고 롯이 살아나야만 했던 이유였다. 아브라함이 의인이라고 여기고 있었던 신앙인들, 하나님의 기르시는 양떼라고 믿었던 사람들이 정작 그 주인의 목소리를 들을 때에 어떻게 도망하였는지 그는 목격하였던 것이다. 하나님의 말씀이 없는 신앙은 허구라는 것, 그 말씀을 듣고 믿음으로 순종하여 따르는 그것이 신앙의 핵심이자 본질이라는 것을 롯은 그 불구덩이 속에서 살아난 자신의 삶을 가지고 말해줄 것이다.

"롯의 거하는 성을 엎으실 때에 아브라함을 생각하사 롯을 그 엎으시는 중에서 내어 보내셨더라". 이 말씀이 '하나님께서 성을 엎으려 하였으나 아브라함과 롯을 생각하사 그 성들을 살리셨더라' 라고 기록될 수 있었다면 얼마나 좋았을까? 이것이 저들을 통해 하나님이 원하셨던 결과였는데 말이다. 물론 이들 때문에 저 성들이 망한 것은 아니었다. 저 소돔과 고모라의 성들은 자신들의 죄 때문에 죽어갔고 갈 길을 간 것이었다. 하지만 아브라함과 롯은 저들이 가는 죽음의 길을 생명의 길로 되돌려야 했으나 그렇게 하지 못한 책임을 면할 수는 없었다. 그것이 저들이 해야 하는 일이었고 하고자 한 일이었기 때문이다.

아브라함이 의인이라고 여기고 있었던 자들이나 전혀 하나님에 대한 믿음이 없었던 자들이나 똑같이 저 불구덩이 속에서 죽어갔다고 할 때 결국 이는 하나님을 믿는 의인이라고 여겨지던 자들이나 하나님을 믿지 않았던 자들이나 하등 다를 바가 없었다는 것을 의미한다. 나아가 이는 아브라함일지라도 저들과 전혀 다를 바 없다고 하는 것을 뜻한다. 저 믿지 않는 자들과 함께 죽어간 자들의 신앙이 바로 아브라함의 신앙이었기 때문이다.

그토록 많은 하나님과의 만남을 경험하고 온갖 놀라운 하나님의 은혜를 누리며 자신만은 하나님의 신실한 신앙인이라고 생각하며 살아왔지만 그도 지금 가야 한다면 그가 가야 할 자리는 저 고통스러운 불의 심판 자리였던 것이다. 저 산 너머의 이글거림은 바로 이러한 사실을 아브라함에게 전해주고 있었다. 이보다 더한 참담함이 또 있을 수 있는 것인지.

엉뚱한 곳에 닻을 내린 (창 19:30)

    소돔과 고모라의 멸망은 아브라함에게 엄청난 충격이 아닐 수 없었다. 지금까지 안이한 생각으로 편하게 살아온 그에게 이 도시들에 일어난 재앙은 지금까지 그의 삶과 신앙을 송두리째 무너뜨려버리는 결과를 가지고 있었다. 거기에 없었기에 살아있을 뿐 만일 그도 거기에 있었다면 그렇게 비참하게 죽어가야 했다는 것이 분명한 사실이었다. 그 멸망이 죄에 대한 하나님의 심판이라고 할 때 그 죽음은 곧 천국으로의 구원이 아니라 지옥으로의 저주를 의미하는 것이었기에 신앙인으로 살아온 그에게 있어 이는 상상도 할 수 없는 결과였다. 이러한 결과 앞에 아브라함은 이제 어떻게 해야 하는 것일까? 어디서부터 어떻게 그의 삶과 신앙을 다시 세울 수 있을 것인가?

    만일 이것이 그가 돌이킬 여지를 가질 수 없는 마지막 사건으로 일어났다면 그저 비극일 수밖에 없겠지만 아직은 돌이킬 수 있는 시간과 여유가 있는 때였다. 더 늦기 전에 바른 길을 찾으라고 하는 것이 이 사건을 통해 아브라함에게 주신 은혜였다. 물론 이는 아브라함 개인 때문만이 아니라 그를 통해 하나님 신앙에 동참할 이 땅의 모든 이들을 위해서였다. 문제는 어디서부터 어떻게 되돌릴 것인가 하는 점이다. 그러므로 오늘의 사건 이후에 남은 문제는 아브라함과 롯 두 사람이 각각 이 재난이 남긴 교훈을 어떻게 받아들여 어떤 삶을 선택하느냐 하는 문제였다. 이러한 상황 속에서 말씀은 다시 롯에게로 장면을 돌린다. 이 사건 이후 먼저 롯이 어떻게 대처해 가느냐 하는 점에 초점이 맞춰져 있다.

소돔 성에서 극적으로 살아난 롯이었다. 그 과정에서 아내가 소금 기둥이 되어 죽어갔지만 아무것도 하지 못한 채 앞만 보고 달려야 했던 그였다. 아내가 죽어갈 때도 앞만 보고 달려야 했던 것은 롯에게 있어 살아난다는 것이 얼마나 절박한 과제였는지를 알려준다. 어쩌면 롯은 그의 아내가 소금 기둥이 되어 죽어간 것을 소알에 들어오기까지 알지 못했을 수도 있다. 왜냐하면 만일 그의 아내가 뒤쳐져 오다가 그렇게 되었다면 뒤돌아보아서는 안 되는 상태에서 그녀를 확인할 수 없었기 때문이다. 아내나 어머니가 뒤쳐진 상태에서 보이지 않고 어떻게 되었는지 알지 못했을지라도 뒤돌아 확인해볼 엄두조차 내지 못한 것이 그들의 경험이었다.

지금까지 살아오면서 지나온 삶의 결과로 만들어왔고 또 누려오던 모든 것을 하룻밤 새에 모조리 잃어버렸다. 그토록 소중히 여기던 모든 것이 몽땅 불태워져 버렸고 그저 몸뚱이 하나 들고 나왔을 뿐이었다. 자신의 아내가 소금기둥이 되어 죽어갔지만 전혀 어쩌지를 못했고 혼자 살기 위해 내달려온 삶이었다. 마치 핵폭탄이 터진 것과 같이 천지가 불로 뒤집히고 순식간에 재로 변해버린 꿈도 꿀 수 없는 사건을 어느 맑은 날 아침 떠오르는 해 아래서 경험하였다. 수많은 사람들이 한 순간에 비명도 지를 틈이 없이 비참하게 죽어간 참혹한 사건이었다.

그 외에도 그는 지금까지 이웃이라고 알고 지내오던 사람들이 어느 날 갑자기 폭도로 돌변하여 무서운 분노와 미움의 독기를 품고 자기 집에 난입하는 사건을 경험하였다. 연유야 어떠했든지 간에 이 또한 한 인간으로서는 충격적인 사건이었다. 이런 연속된 사건들 속에서 살아난 롯이었다. 이 사건은 과연 그에게 어떤 영향을 미쳤을까? '아, 나는 저 속에서도 살아났으니 억세게 운 좋은 사람이야' 라고 흐뭇해하였을까? '아, 하나님이 나만은 그래도 사랑해주셔서 살게 해 주셨구나' 하며 하나님께 감사했을까?

오늘날 우리는 너무도 참혹한 사건들 속에서 용케 살아난 사람들에 대한 많은 내용의 얘기들을 가지고 있다. 추락한 비행기의 잔해 속에서 살아난 사람, 망망대해에서 폭풍우로 침몰해 가는 배 속에서 간신히 빠져나와 구조된 사람들, 거대한 화염에 휩싸인 건물이나 붕괴된 지하 시설물에서 기적적으로 생명을 건진 사람들이 그들이다. 이 사람들 중 많은 수가 그 위험에서 살아난 것을 감사할 겨를도 없이 크고 작은 정신적 후유증을 겪는 것이 보통이다.

추락하는 비행기나 침몰하는 배 속에서 살아난 사람은 다시는 비행기나 배를 탈 생각을 잘 못한다. 큰 빌딩의 대형 화재나 지하 시설의 붕괴 사고로부터 살아난 사람은 감히 높은 빌딩에 올라갈 엄두를 내지 못하고 다시 지하 공간에 들어가기 위해서는 상당한 용기가 필요하다. 자동차 사고를 당한 사람이 다시 자동차를 타기까지에는 상당 기간의 준비가 필요하다. 이처럼 재난적 사고를 당한 사람들은 그 사고의 종류와 규모에 따라서 조금씩 다르기는 하지만 정신적인 손상을 입는다. 그리고 그러한 정신적 고통에서 빠져나오기까지는 특별한 치료와 꽤 오랜 시간의 회복과정이 요구된다.

모든 사람이 죽어갔고 개미새끼 한 마리 살아나올 수 없는 참혹한 불구덩이 속에서 살아나온 롯이었다. 하나님의 사자들의 손에 이끌려 살아났지만 하나님의 말씀에 순종하지 않는 것이 죽음이라는 것을 아내의 죽음을 통해 몸으로 경험한 그였다. 이제 그에게는 아무것도 남지 않았다. 더군다나 그의 인생에 있어 이처럼 죽음 가운데서 살아나는 경험은 이번이 처음이 아니라 두 번째였다. 먼저는 북방 군대의 포로로 잡혀 모든 것을 한 순간에 잃고서 평생을 짐승처럼 비참한 노예로 살아가기 위해 끌려가던 사건이었다. 그 때도 아브라함의 목숨을 건 구조 작전으로 기적처럼 간신히 살아날 수 있었다.

그리고 이번이 두 번째였다. 강도가 훨씬 더 큰 것이었고 그러므로 충격 또한 더 클 수밖에 없었다. 과연 이 사건은 정신적으로 어떤 영향을 그에게 미쳤을까? 또 정상적으로 판단할 수 있는 이성적 기능이 그에게 남아있었다면 이제 그가 해야 되는 일은 무엇이었을까?

다행히도 그에게는 처음의 사건 때처럼 삼촌 아브라함이 멀리 떨어지지 않은 가까운 곳에 건재해 있었고 그에게 가면 다시 삶을 시작할 수 있었다. 또 아브라함에게 가서 이 사건이 있기 전 지난 밤에 자신이 겪은 모든 일들의 자초지종을 자세히 들려주어야 했다. 그리고 그 속에서 아브라함과 롯 모두에게 새롭게 확인되어져야 하는 사실들을 인지하고 자신들이 걸어온 삶 속에서 무엇이 잘못되었는지 오류를 바로 잡을 수 있어야 했다. 곧 구체적이고 정확한 내용의 말씀이 그 중심에서 사라진 신앙과 삶이 전혀 아무 의미 없는 것이라는 사실이었다. 그런 다음 그들은 함께 힘을 합쳐 새롭게 시작해야 했다. 그에게 이 모든 충격을 극복할 수 있는 정신적 능력이 있고 또 정상적인 사고를 할 수 있는 상태라면 당연히 이 길을 선택해야 했다. 그런데 실제 롯은 어떤 길을 선택하는 것일까?

> "롯이 소알에 거하기를 두려워하여 두 딸과 함께 소알에서 나와 산에 올라 거하되 그 두 딸과 함께 굴에 거하였더니"(:30)

소알에 들어간 롯은 그 곳에 거하기를 두려워한다. 왜 두려워했고 또 무엇을 두려워한 것이었을까? 그 곳 사람들이 그를 죽이려고 위협했을까? 그 가능성은 거의 희박하다. 오히려 소알 사람들에게 롯은 그 불구덩이 속에서 살아나온 아주 신기한 인물로 보여졌다고 함이 옳을 것이다. 한 사람도 살아나올 수 없는 그 곳에서 어떻게 미리 알고 도망쳐 나올 수 있었느냐고 궁금해서 물을 것이 아니었겠는가?

그렇다면 롯은 이 종말의 사건을 직접 두 눈으로 목격한 소알 사람들이기에 그들에게 자기에게 찾아온 하나님의 사자들에 대해 그리고 자신의 신앙과 삶에 대해 말해주며 하나님의 존재와 심판에 관해 의미 있는 증언을 해줄 수도 있었다. 믿기 어려운 엄청난 재앙의 사건을 직접 목격한 소알 사람들이었기에 그들은 롯의 증언을 경청할 수 있었을 것이고 그렇게 된다면 여기서부터 롯의 삶은 새롭게 시작될 수도 있었다. 롯의 진실함이 드러날 수만 있다면 이는 가능한 일이었다.

하지만 롯은 소알 성에 거하기를 두려워한다. 어떤 연유로 해서 소알이라는 성에 거하는 것을 두려워한 것이었을까? 이 때 나타나는 중요한 단서는 그가 평지의 소알 성을 떠나 산으로 올라가 굴에 거하였다고 하는 사실이다. 즉 그 두려움으로 인한 결과는 산에 올라가 굴에 거하는 것으로 나타나고 있다.

그의 행동은 보통의 사람들 속에 함께 거하는 것 자체를 두려워하는 것이자 낮은 평지의 도시에 거하는 것을 두려워하는 행동이다. 만일 소알 성만이 두려움의 대상이었다면 그는 소알 성을 떠나 다른 곳으로도 갈 수 있었고 그것보다는 앞에서 보았듯이 가까이 있는 헤브론의 아브라함에게 가는 것이 정상이었다. 아브라함이 자신을 거부할 이유는 없었기 때문이다. 그러므로 그가 두려움으로 인해 산으로 도망하여 굴에 거하는 것은 소돔과 고모라의 멸망을 겪은 그에게 평지에 거하는 두려움 혹은 사람들 속에 함께 거하는 것에 대한 두려움이 생겨났다는 것을 보여주고 있다. 또 이는 소돔과 고모라에 임한 그러한 재앙이 다시 있을 것이라는 강박관념이 정신적으로 그를 압박하고 있다는 것을 보게 된다.

곧 정상적으로 판단하고 분별할 수 있는 마음이 없어졌고 이는 오늘날로 말하면 심각한 대인기피증 혹은 세상도피적인 우울증 같은 정신병적 문제가 생겨났다는 것을 알게 한다. 공황장애 혹은 광장공포증이 그에게 생겨났다고도 볼 수 있다. 혹은 자신만이 하나님의 구원받은 자라고 하는 생각에 사로잡혀 있거나 혹은 산으로 도망하라고 하셨던 그 말씀에 극단적으로 집착하는 태도라고도 볼 수 있다. 어찌되었건 롯이 아브라함에게 갈 수 있음에도 가지 않은 채 어떤 두려움에 의해 산으로 올라 굴에 거하는 것은 적어도 세상을 등지는 행동이요 사람들에게서 자기를 격리시키는 극단적인 폐쇄적 사고가 그에게 생겨났다는 것을 알려준다.

그의 이러한 행동 자체가 그의 신앙이 전혀 건강하지 못하였다는 것을 알려준다. 불구덩이 속에서 살아나는 엄청난 은혜를 입었으나 그에게는 그 은혜가 은혜가 아니었다. 오히려 엉뚱한 곳으로 들어가 거기에 닻을 내린다. 하나님의 은혜가 진정한 은혜가 되기 위해서는 그 끝이 더욱 아름다워야 하는 것인데 전혀 엉뚱한 곳으로 달려가는 자들이 얼마나 많은 지.

이를 어째 (창 19:31-32)

"큰 딸이 작은 딸에게 이르되 우리 아버지는 늙으셨고 이 땅에는 세상의 도리를 좇아 우리의 배필 될 사람이 없으니 우리가 우리 아버지에게 술을 마시우고 동침하여 우리 아버지로 말미암아 인종을 전하자 하고"(:31-32)

정상적으로 판단한다면 롯과 그의 두 딸은 보다 건강하게 이 땅에서 살아갈 수 있는 기회를 가지고 있는 사람들이었다. 망한 것은 소돔과 고모라 뿐이었지 세상이 다 망해 없어지고 천지간에 사람이 다 사라진 것은 아니었다. 그러므로 멸망의 교훈을 안고 아브라함에게나 다른 곳으로 가서 살고자 한다면 얼마든지 새로운 삶을 살 수 있었다. 그럼에도 롯과 그의 딸들은 산 속 굴에 은거하면서 전혀 사람들과의 접촉을 끊은 채 짐승처럼 자기들만의 삶을 영위하고 있다. 특히 롯의 딸들은 결혼까지도 포기한 채 사람들과의 접촉과 사귐을 완전하게 차단한 삶을 살아가고 있다. 이는 산 속 굴에 거하는 이들의 선택이 단순한 한 때의 과정이 아니라 세상과 자신들을 극단적으로 분리하는 행동이라는 것을 알게 한다.

소돔의 이웃 사람들이 어느 날 갑자기 자기의 집을 습격하였던 사건 그리고 소돔과 고모라의 멸망과 아내의 죽음 등이 겹쳐 발생하면서 그에게 대인공포증 혹은 우울증 등의 정신적 질환들이 생겨나 있다. 결국 그에게는 살아난 것이 중요한 것이 아니라 그러한 충격을 이겨낼 만한 정신적인 능력이 준비되지 않았고 이로 인해 자기를 세상으로부터 극단적으로 분리시키는 삶을 선택하고 있다. 더군다나 그의 두 딸이 아버지를 겁간하여 아들을 낳고자 한다. 차라리 죽음만도 못한 전혀 비정상적이고 더 비참한 상황을 맞이하고 있는 것이다.

건강치 못한 신앙을 소유하고 살아온 그였다. 그러했기에 그가 모든 사람이 죽어가는 소돔 성의 멸망에서 살아날 수 있는 천재일우의 은혜를 입었지만 그 후 그의 삶은 이렇게 비참한 모습으로 바뀌어져 버렸다. 그 충격을 삶에 대한 보다 건강한 가치로 승화시켜 세상과 다른 사람들에게 신앙과 삶에 대해 귀한 교훈을 주는 삶을 살아야 했다. 그러나 정반대로 이처럼 비참한 몰골로 허물어져버린 것이 그의 현재 결과였다. 그의 신앙은 이런 고난을 극복하고 주어진 삶을 살아갈 수 있도록 도움이 되어주지를 못했던 것이다.

오늘날 현대인들은 거의 대부분이 정도의 차이가 있을 뿐 이런 정신병리적 요인을 가지고 살아가고 있다. 엄청난 스트레스를 안고 터지기 일보 직전의 한계 상황에서 간신히 삶을 버텨내는 이들이 너무도 많다. 정도의 차이가 있고 본인들이 자각하지 못하고 있을 뿐이지 어깨와 어깨가 맞닿는 너무 밀착되어 불편한 인간관계와 과도한 학업과 업무 그리고 치열한 경쟁에서 유발된 스트레스로 인해 신경쇠약 혹은 우울증과 같은 정신질환을 거의 모두가 안고 있다. 그러기에 사소한 일에도 감정을 통제치 못하고 갑자기 메마른 분노를 표출하기도 하며 광기 혹은 객기와도 같은 이상한 행동을 취하기도 한다. 사회가 불안할수록 이런 현상은 더욱 보편적이고 광범위하게 나타난다.

중요한 것은 그가 신앙인이라고 할지라도 이런 상황을 이겨낼 힘을 갖지 못한 채 거의 무방비 상태로 이런 정신적 충격들에 그대로 노출되어 있다는 사실이다. 롯이 겪은 이런 엄청난 충격은 고사하고 삶에서 일상적으로 일어날 수 있는 작은 어려움도 이기지 못해 불안해하고 두려워하다가 우울증과 같은 정신병을 앓는 사람들 그리고 비정상적인 인격의 소유자들이 얼마나 많은가? 때로는 롯이 산 속 굴로 도피한 것처럼 극단적으로 세상과 자기를 분리시켜 사람들과의 정상적인 접촉을 끊고 전혀 단절된 삶을 사는 사람들은 또 얼마나 많은지.

하나님을 향한 건강한 신앙이 있다면 있을 수 없는 일이다. 과연 신앙은 이런 상황에서 우리에게 어떤 유익을 줄 수 있는 것일까? 성경은 죽음보다도 더 고통스런 상황에서도 오직 하나님을 향한 신앙 하나로 그 모든 어려움을 이긴 사람들의 찬양을 담고 있다. 다음의 고백들을 들어보자.

"여호와여 내 고통을 인하여 나를 긍휼히 여기소서 내가 근심으로 눈과 몸이 쇠하였나이다 내 생명은 슬픔으로 보내며 나의 해는 탄식으로 보냄이여 내 기력이 나의 죄악으로 약하며 나의 뼈가 쇠하도소이다 내가 모든 대적으로 말미암아 욕을 당하고 내 이웃에게서는 심히 당하니 내 친구가 놀라고 길에서 보는 자가 나를 피하였나이다 내가 잊어버린 바 됨이 사망한 자를 마음에 두지 아니함 같고 파기와 같으니이다 내가 무리의 비방을 들으오며 사방에 두려움이 있나이다 저희가 나를 치려 의논할 때에 내 생명을 빼앗기로 꾀하였나이다 여호와여 그러하여도 나는 주께 의지하고 말하기를 주는 내 하나님이시라 하였나이다"(시 31:9-14)

"내가 여호와를 기다리고 기다렸더니 귀를 기울이사 나의 부르짖음을 들으셨도다 나를 기가 막힐 웅덩이와 수렁에서 끌어 올리시고 내 발을 반석 위에 두사 내 걸음을 견고케 하셨도다 새 노래 곧 우리 하나님께 올릴 찬송을 내 입에 두셨으니 많은 사람이 보고 두려워하여 여호와를 의지하리로다"(시 40:1-3)

"내 영혼아 네가 어찌하여 낙망하며 어찌하여 내 속에서 불안하여 하는고 너는 하나님을 바라라 그 얼굴의 도우심을 인하여 내가 오히려 찬송하리로다" (시 42:5)

하나님의 신앙이 우리에게 더하여 주는 너무도 놀라운 은혜이다. 신앙을 통하여 그저 돈 많이 벌어 부자 되며 높은 지위를 얻고 공부 안 해도 좋은 성적 얻고 그리고 죽어 공짜로 천국 들어가는 것쯤으로 신앙을 알고 있는 자들에게서는 꿈에서도 들을 수 없고 기대할 수도 없는 찬양이요 고백들이다. 정신이 건강하고 영혼이 힘이 있는 자들만이 낼 수 있는 신앙의 신비이다.

내가 부자이든지 가난하든지, 몸이 건강하든지 병들었든지, 실패했든지 성공했든지 간에 나의 영혼은 얼마나 강건한지 돌아보자. 나의 정신은 얼마나 힘이 있는지 생각해 보자. 어떤 위기도 이겨낼 힘이 내 안에 있는지 종말 때의 그 험한 상황을 극복하고 많은 이들을 옳은 길로 돌아오게 할 수 있는 능력이 있는지 곰곰이 점검해보자.

주님은 증언하신다. **"내가 진실로 너희에게 이르노니 심판 날에 소돔과 고모라 땅이 그 성보다 견디기 쉬우리라"**(마 10:15)라고. 강건한 영혼, 지혜롭고 분별력 있는 견고한 정신의 힘이 없이는 이겨낼 수 없는 때가 이미 닥쳐오고 있다. 돈 한 푼 생기면 좋아하고 헤헤거리며 은혜 받았다고 날뛰는 그런 신앙으로는 견뎌낼 꿈도 꿀 수 없는 때가 말이다. 내 때가 아닐 것 같아 다행이라고 여기겠는가? 때가 어느 때이든 주님은 이미 우리의 신앙 상태를 다 헤아리고 계신다.

눈을 내리깔고 보지만 (창 19:31-33)

소돔과 고모라의 멸망이 끝난 후의 롯의 삶. 산으로 올라가 굴 속에 거하며 딸들의 결혼도 포기한 채 살아간다. 세상으로부터 스스로를 격리하는 행동이었다. 그 땅의 재난을 신앙과 삶의 교훈으로 삼지 못한 채 충격을 이기지 못해 정신적으로나 육체적으로 피폐해진 비정상적인 상태에 머물게 된 롯이었다. 살았으나 죽은 자들보다 더 추하게 짐승과도 같은 삶을 살아가게 된 그의 현실을 보여주고 있다.

모든 사람이 다 죽어가는 재앙 속에서 나만 죽지 않고 살아났다고 해서 좋아하겠는가? 어떤 위기와 위험에서도 죽지 않고 살아나기만 하면 다 되는 것인가? 그것이 그렇게도 고맙고 감사하고 축복 받았다고 할 일인가? 물론 그렇다. 이를 굳이 부정할 필요는 없다. 하지만 롯의 결과는 그것이 전부가 아니라 보다 중요한 것은 그 이후의 삶이라는 것을 알려준다. 그 사건 속에서 이전에 깨닫지 못하던 중요한 사실들을 깨닫고 지나온 삶을 반성하고 새로운 가치를 실현하는 계기가 된다면 정말로 감사한 일이다. 하지만 육체적으로나 정신적으로 더 못한 삶을 살게 된다면 살았으나 죽음만도 못한 삶을 사는 것이 될 것이다.

"큰 딸이 작은 딸에게 이르되 우리 아버지는 늙으셨고 이 땅에는 세상의 도리를 좇아 우리의 배필 될 사람이 없으니"(:31)

그러면 롯이 두 딸을 데리고 산 속의 동굴에 은거하고 있을 때 그 딸들의 사고는 과연 어떠할까? 어느날 큰 딸이 작은 딸에게 이렇게 말한다. **"우리 아버지는 늙으셨고 이 땅에는 세상의 도리를 좇아 우리의 배필 될 사람이 없으니"** 라고. 아버지 롯이 늙었다고 할 때 이는 딸들의 눈에 아비의 죽을 날이 그리 멀지 않게 보여지고 있었다는 것을 나타낸다. 그러므로 딸들의 마음 속에는 아버지가 죽은 다음에는 우리가 어떻게 해야 할 것인가가 염려되고 있음을 보여주는 말이다.

이 때 당연히 이들에게 남아있는 선택의 문제는 합당한 남자를 택하여 결혼을 하는 것이었다. 그리고 그 가능성은 이들에게 얼마든지 열려져 있다. 그런데 이에 대해서도 이들은 세상에 자신들의 남편이 될만한 사람은 없다고 말하고 있다. 이들의 말은 세상에 남자는 많이 있지만 남편 삼을만한 세상의 도리를 갖춘 자는 없다고 하는 뜻이다. 곧 이는 이들의 눈에 세상의 사람들이 다 인간의 도리를 갖추지 못한 수준 낮은 자들로 여겨지고 있었다는 것을 뜻한다.

롯의 딸들이 세상을 바라보고 판단하는 시각이 상당히 비뚤어져 있다는 것을 알게 한다. 이들이 사람을 대하는 시각이 상당히 냉소적이고 비판적이며 나아가 사람을 업신여기는 태도가 담겨져 있다. 이는 역으로 자신들의 존재 가치에 대해서는 저들보다 우월하게 평가하는 소위 말하면 선민의식이 그들의 속에 있다는 것을 드러내고 있다. 왜 이렇게 된 것일까? 롯의 딸들이 예전에도 자신들과 사람들을 이렇게 구별지어 생각하는 선민의식이 있었던가? 그것은 아니었다. 이들 또한 저들의 사는 곳에서 태어나 저들과 더불어 살아온 자들이었고 소돔 청년들과 정혼하여 결혼을 앞두고 있는 전혀 다를 바 없는 자들이었다.

그렇다고 자라나는 기간 동안 저들과는 아주 다른 고차원의 교육을 받은 것도 아니었고 특별히 고귀한 가치관을 배우고 익힌 것도 아니었다. 그럴만한 시대가 아니었다. 그리고 그들에게 전해진 신앙 또한 세상을 분별할 만한 것도 아니었고 아비나 어미나 그런 차원 높은 교육을 실시할 수 있는 위인들이 아니었다. 오히려 남보다 더 속된 인간들에 지나지 않았다. 그토록 큰 은혜를 준 숙부 아브라함을 배신하고 나온 탕자와 같은 아비였고 소금기둥이 되어 죽어간 어미였다. 그들에게서 무슨 좋은 것을 보고 배울 수 있었겠는가?

그런데 이 딸들이 오늘 아비를 따라 산 속 굴에 은거하면서 어떻게 저 세상의 사람들을 자기들보다 한참 수준 낮은 자들로 보게 된 것이었을까? 적어도 소돔의 멸망 이전에는 저들에게 이런 의식이 자리 잡을 여지가 별로 없었다고 할 때 이들의 이러한 시각과 가치관은 전적으로 소돔의 사건과 더불어 생겨났다는 것을 알 수 있다.

멸망이 있기 전날 밤 자기의 집에 모셔진 나그네들을 따라 소돔 사람들이 자신들의 집을 덮쳐왔다. 노인 아이 할 것 없이 모든 소돔 사람들이 자신들의 집에 대해 증오와 적개심을 표출한 사건이었다. 조금 전까지도 이웃으로 알고 지내어 오던 자들이었다. 물론 소돔 사람들은 롯의 집을 이웃으로 받아들이지 않고 있었다고 할지라도 롯이나 그의 아내나 이 딸들은 이웃으로 여기고 지내오고 있었다. 그런데 어느 한 순간 적으로 돌변하여 자기들에게 해를 가하여 온 것이었다.

또 성이 하나님의 심판으로 멸망당할 것이라는 말을 전하여줄 때에도 하나님을 믿는 모든 자들이 이를 무시했고 자신들과 정혼한 남편들도 장인의 말을 한낱 우스갯소리로 밖에는 듣지 않았다. 그러다가 그 무서운 재앙으로 다 똑같이 죽어갔다. 재앙을 피하라고 알려줄지라도 그것을 듣지 않고 멸망을 자초한 것이었다. 살아난 자의 입장에서 본다면 지극히 어리석게만 보일 수도 있는 일이었다.

반면 자신들은 어떠하였던가? 하나님의 사자들을 자기들의 집으로 모셔들였고 소돔 사람들의 난행 앞에서도 그들을 보호하려고 애썼다. 그리고 하나님은 자신들에게 가장 먼저 이 성을 멸망하겠다고 알리셨고 이를 저들에게 전하도록 하셨다. 뿐만 아니라 자기들의 손을 억지로 잡아끌어 불구덩이를 벗어나 살아나도록 해 주었다. 엄청난 은혜였다.

그러므로 롯의 딸들의 눈에는 이 모든 것이 자신들을 대한 특별한 하나님의 은총으로 여겨질 수밖에 없었다. 모든 사람들이 죽어가는 파멸의 죽음 속에서 살아났다는 것 자체가 아주 특별한 자들로 선택받았다고 느끼게 해 주는 충분한 이유가 될 수 있었다. 이것 말고는 이들이 자신들을 세상 사람들과 다르게 보아야 할 이유나 근거가 없었다.

물론 다른 사람들과 달리 먼저 멸망의 소식을 들었고 하나님의 사자들의 인도로 죽음에서 살아났다는 것은 엄청난 은혜임에는 틀림없다. 하지만 그것은 이들이 저 죽은 자들과 달라서가 아니었다. 저들보다 더 나은 삶을 살고 있었기에 그러한 것도 아니었다. 그리고 이들이 살아났다고 할지라도 단지 죽지 않고 조금 더 살 수 있는 기간을 부여받았다고 하는 것 외에는 큰 의미가 없었다.

　그럼에도 저들을 살리신 것은 이제 이들로 하여금 증인의 삶을 살도록 하는 것이 중요한 의미였다. 왜 그 사건이 일어났고 또 하나님께서 우리에게 원하시는 것은 무엇인지를 알고 이를 전하는 것이 저들이 해야 하는 일이었다. 그리고 이들 또한 남은 삶을 통해 다시는 저러한 멸망의 삶이 아니라 영원한 생명의 삶을 살아야 하는 것이 주어진 과제였다. 하지만 그 본래의 일은 전혀 일어나지 않고 오히려 다른 사람들을 얕잡아 보고 그들에 대한 우월의식에 사로잡혀 있는 것이 이 딸들의 현실이었다. 그리고 이 소중한 경험이 전하는 교훈을 못된 선민의식 속에서 소멸시키고 있었다. 그러면 선민의식에 사로잡힌 자들이 살아가는 삶의 양태와 마음의 판단은 어떠하였는가?

"우리가 우리 아버지에게 술을 마시우고 동침하여 우리 아버지로 말미암아 인종을 전하자 하고 그 밤에 그들이 아비에게 술을 마시우고 큰 딸이 들어가서 그 아비와 동침하니라 그러나 그 아비는 그 딸의 눕고 일어나는 것을 깨닫지 못하였더라"(:32-33)

　더러워 입으로 감히 표현할 수 없는 비극적인 사건이 이들에 의해 자행되고 있다. 딸이 아버지에게 술을 마시게 하고 그를 겁간한다. 이들이 동침을 하기 전 아비에게 먼저 술을 마시웠다는 것은 이들도 이 일이 용납될 수 없는 지극히 패륜적인 일이라는 것을 잘 알고 있음을 나타낸다. 곧 어떤 사람의 세계에서도 일어날 수 없는 너무도 더러운 일이었다.

세상에 사람의 도리를 좇아 사는 자들이 없다고 생각하는 이들이다. 자신들이야말로 하나님의 특별한 은총을 입은 자들이요 아주 차원 높은 삶을 살고 있다고 자부하는 자들이다. 그런데 바로 이들에 의해 일어나고 있는 오늘의 비극은 도대체 무엇인가? 세상을 멸시하는 자들이 그 수준 낮은 세상에서도 차마 행해지지 않는 추악하고 더러운 짓을 일말의 거리낌도 없이 태연하게 자행하고 있는 것이다.

의와 선을 외치는 자들이 더러워지면 더 추악한 몰골로 변해간다. 훗날의 이스라엘도 이러했다. 하나님께서 그들을 택하시고 많은 기적을 경험케 하며 살아계신 하나님을 알게 해주실 때에는 이들이 다른 족속들과 더 달라서가 아니었다. 이들을 통해 하나님을 알게 되는 일이 세상 모든 민족에게로 전해져 가도록 하심이었다. 하지만 이스라엘은 이를 자신들만을 향한 하나님의 특별한 사랑이라고 왜곡하여 이해한다. 그리고 이 땅의 다른 사람들을 개처럼 여기며 자신들만이 귀한 사람이라고 여긴다.

타인을 향해 그들의 거짓을 들추어내고 이를 욕하고 정죄하던 자들이 자신의 거짓 앞에서는 얼굴색 하나 바꾸지 않고 또 다른 거짓으로 이미 있는 거짓을 덮으려고 한다. 타인의 불의와 악을 비난하며 그것을 자신의 존재 기반으로 삼던 자들이 더 악하고 불의한 일을 행하며 얼마나 더 세상을 지치게 하는지 우리는 매일 매일 눈으로 목격하고 있다. 스스로를 택함 받았다고 여기는 자들과 그 지도자들에 의해 자행되는 추악하고 볼썽사나운 일들은 또 어떠한가? 하나님을 전혀 알지도 못하고 알려고도 하지 않는 자들과 조금도 다르지 않을 뿐만 아니라 그들보다 더 악하고 더러운 일을 버젓이 행하면서도 자신은 구원받은 은혜의 자손이라고 자처하는 기가 막힌 일들이 말이다.

하나님의 말씀으로 자기의 내면을 살피고 성찰할 수 있는 신앙을 갖추지 못한 채 어느 한 때의 주관적인 경험에 의지하여 신앙의 근본을 삼는 자들에게서 나타나는 모습들이다. 그 경험이 자기를 더 겸손하게 해주는 것이 아니라 남들이 하지 못한 것을 경험하였다는 우월의식과 자만심을 그에게 심어주기에 나타나는 결과들이다. 진정 하나님을 깊이 경험하고 만난 자라면 그는 더욱 겸손해져야 한다. 남들이 보지 못하고 알지 못하는 내 안의 숨은 죄들을 발견한 자라면 그 앞에 겸손해지지 않을 수 없다. 오만한 눈으로 세상을 바라보는 것이 아니라 세상이 하나님 앞에 겸손해지기를 위해 눈물 흘리며 수고할 것이다. 자신의 의를 자랑하는 것이 아니라 세상이 불의를 벗게 되기를 위해 기도하며 말씀의 도를 가르치고자 할 것이다.

시궁창 같음에도 (창 19:34-38)

롯의 두 딸이 아버지를 겁간하고 이를 통해 자손을 만들고자 하는 행위는 감히 어느 누구도 상상할 수 없는 패륜적인 일이었다. 롯의 딸들도 이 일을 아버지에게 술을 먹여 인사불성이 되게 한 상태에서 자행한 것으로 보면 이들도 이 일이 결코 용납되지 않는 일이라는 것을 알고 있었다. 이 날 이후 두 딸의 배가 불러오고 임신한 것이 드러날 때 이들은 이를 어떻게 설명하였을까? 과연 아버지 롯에게 이러한 사실을 알려 주었을까?

"롯의 두 딸이 아비로 말미암아 잉태하고 큰 딸은 아들을 낳아 이름을 모압이라 하였으니 오늘날 모압 족속의 조상이요 작은 딸도 아들을 낳아 이름을 벤암미라 하였으니 오늘날 암몬 족속의 조상이었더라"(:36-38)

롯의 두 딸이 각각 아들을 낳는다. 그리고 그 이름을 모압과 암몬이라고 짓는다. 모압이라는 표현은 '아버지로 인해 얻은 자'라는 뜻이다. 암몬은 '내 아버지의 아들'이라는 의미이다. 곧 롯의 딸들은 아들을 낳은 후에 이 아들들이 아버지로 말미암아 낳은 자들이라는 사실을 이름 속에 새겨놓았고 이는 그 출생의 비밀을 전혀 숨기지 않았다는 것을 보여준다. 곧 롯의 딸들은 아이를 임신하였거나 혹은 아들들을 낳은 후에 이 아이들이 아버지의 씨라는 사실을 아버지 롯에게 밝혔고 롯은 이를 받아들였다는 사실을 보여주고 있다.

　도대체 어떻게 이러한 일이 가능한 것일까? 이들이 사람 사는 세상을 등지고 산 위의 굴 속에 거하며 딸들이 아버지를 겁간한다. 또 거기에서 태어난 아이들에게 이러한 사실을 그 이름에 담아 전한다. 이러한 행동이 어떻게 있을 수 있는 것이며 어떤 사고에서 롯은 이를 받아들인 것이었을까? 우리는 그 이유를 딸들의 다음 말 속에서 살펴볼 수 있다.

> "이튿날에 큰 딸이 작은 딸에게 이르되 어제 밤에는 내가 우리 아버지와 동침하였으니 오늘밤에도 우리가 아버지에게 술을 마시우고 네가 들어가 동침하고 우리가 아버지로 말미암아 인종을 전하자 하고 이 밤에도 그들이 아비에게 술을 마시우고 작은 딸이 일어나 아비와 동침하니라 그러나 아비는 그 딸의 눕고 일어나는 것을 깨닫지 못하였더라"(:34-35)

　우리는 앞에서 이 딸들이 자신들만의 특별한 선민의식에 사로잡혀 있음을 보았다. 세상의 사람들을 세상의 도리를 지니지 못한 아주 어줍잖은 존재들로 인식하고 있었다. 이런 속에서 이들은 **"우리가 아버지로 말미암아 인종을 전하자"** 라는 의도를 가지게 된다. 여기서 아버지로 말미암은 인종이란 롯의 순수한 혈통을 이어받은 자손을 뜻한다. 즉 오늘 모든 사람들이 죽어가는 속에서 하나님의 전적인 은혜로 말미암아 살아난 자들로서의 증거를 간직한 혈통을 이들은 꿈꾸고 있었다. 그리고 이를 이루기 위해 이와 같은 짓을 행한 것이었다.

　그러므로 이들의 행위는 불구덩이 속에서 살아난 자기들의 경험을 자기들만을 향한 하나님의 아주 특별한 사랑이자 섭리라고 이해하여 받아들인

선민의식의 결과인 것이다. 이들을 살린 하나님의 뜻은 전혀 다른 것이었는데도 말이다.

딸들이 자기들의 행위를 숨기지 않고 아버지에게 밝힐 수 있었던 것이 그들 나름대로의 정당한 이유가 있었다면 분명 이러한 생각 때문이었다. 이들은 하나님께서 왜 우리만을 그 속에서 건져내어 살려주셨을까 하는 점에 대해 생각하였다. 그리고 이후의 삶에 대해 이제 자기들에게 주어진 임무는 이 증거를 가진 자기들만의 혈통을 이어가는 것이라고 결론을 내린 것이었다. 더 나아가 자기들 나름대로는 이 사실이 너무도 자랑스러웠기에 이를 숨기지 않고 아들들의 이름에 담아 떳떳하게 세상에 드러내는 것이었다.

물론 이러한 이름들은 이제 이 아들들이 만나게 될 사람들에게도 들려질 것이었다. 산 위의 굴 속에 사는 이들의 정체를 사람들은 궁금하게 여길 것이고 왜 이들의 이름이 '아버지로 인해 얻은 자'(모압) 그리고 '내 아버지의 아들'(암몬)이라고 지어진 것인지 의아하게 여겨 물었을 것이다. 그리고 이들이 소돔과 고모라의 모든 성과 들판이 불로 뒤집혀지던 그 속에서 살아 나온 자들이라는 것을 알게 될 것이고 또 이름의 내력도 듣게 될 것이었다. 하나님의 특별한 은혜를 덧입은 자의 자손이요 특별히 선택된 자들이라는 사실을 어쩌면 자랑스럽게 말하는 것을 들었을 것이다.

사람들은 이를 어떻게 받아들였을까? 이들을 어떤 시각으로 바라보게 되었을까? 과연 저들이 말하는 것처럼 특별한 은혜를 입은 자들로 보아주었을까? 하나님의 은혜가 저들에 의해 멋대로 해석되고 그러므로 전혀 엉뚱한 길로 가서 시궁창 같이 냄새나는 삶을 살게 되는 것을 본다. 그 결과 이들에 의해 보여지는 하나님을 향한 신앙이 있었다면 그것은 분명 신뢰와 존경과 신비를 담은 것이 아니라 아주 역겨운 것이 되어졌을 것이다.

오늘도 격리된 산 속이나 도시의 건물 속에서 하나님을 믿는 신앙의 이름으로 자행되고 있는 신앙의 행태들이 사람들의 눈살을 찌푸리게 하고 역겹게 하는 일이 얼마나 많은가? 자신들은 지극히 은혜롭고 거룩하다고 생각하며 행하지만 오늘 롯과 그의 딸들에게서 벌어지는 것 같은 일들이 얼마나 많은지.

예배를 통해 하나님의 말씀을 들으며 그 말씀에 따라 깨끗하고 단정한 바른 삶을 사는 것이 우리 신앙의 근본이다. 홀로 조용히 하나님께 나아가 깊은 묵상에 잠겨 기도하는 것은 우리의 삶을 얼마나 더 깊이 있게 해 주는가? 누가 봐도 우리의 신앙은 아름다운 것이다. 본 받고 싶고 따르고 싶고 함께 하고 싶은 것이 우리의 여호와 신앙이다. 하나님이 그리고 그의 아들 예수님이 아름답기 때문이다. 여기 어디에도 믿는 자이든 믿지 않는 자이든 그 누가 볼지라도 눈살을 찌푸려야 할 것이 없다. 그런데 오늘 신앙의 이름으로 행해지면서도 보기에 심히 거북하고 민망한 행태들이 얼마나 많은지.

이들이 자손을 얻고자 한다면 분명히 저 산 아래 많은 사람들이 사는 곳에서 남편을 선택하여 가정을 꾸려야 했다. 하지만 그것을 거부하고 이러한 전혀 비정상적인 방법을 통해 후손을 얻고자 하는 것은 저들이 생각하는 자손은 평범한 사람들이 아니었다. 자신들만의 무언가를 이어받는 후손을 꿈꾸고 있는 것이다. 그리고 이들이 기대하는 후손은 그들에게나 그 후손에게나 결코 해롭거나 악한 자들이 아니라 무언가 좋은 자들이었음이 분명하다. 이 세상을 대해서도 불로 모든 것을 뒤집어 엎어버리고자 하는 것과 같은 악한 존재들은 아니었을 것이다. 분명 그들이 꿈꾸고 기대한 것은 하나님의 은혜를 입고 특별한 은총으로 살아가게 될 자들이었다.

하지만 이들이 기대하고 꿈꾼 것이 무엇이었든지 또 어떤 사고에서 이와 같은 일을 계획하였든지 간에 이 일은 누구도 용납할 수 없는 아주 악하고 더러운 짓거리였다. 그들의 뜻이 아무리 숭고한 것이었다고 할지라도 그것을 얻기 위한 방법은 아주 잘못된 것이었다. 이렇게 해서 태어난 자손이 과연 세상을 유익하게 하는 어떤 일을 도모할 수 있을까?

훗날 이들은 각각 모압과 암몬이라는 별개의 민족을 구성하고 또 사해 동쪽에 영토를 정하여 별개의 독립된 나라를 이루고 살아간다. 세상 모든 사람의 자손들이 다 각각의 족속과 나라를 이루는 것이 아니다. 그저 섞이고 섞이며 사람과 족속들 사이에서 평범하게 이어져 간다. 인류 역사의 극소수 몇몇 족속의 자손 말고는 다 그러하다. 그럼에도 이들이 이렇게 살아가게 된 것을 보면 '아버지로 인해 얻은 자'(모압) 그리고 '내 아버지의 아들'(암몬)이라고 불리워지는 롯의 손자인지 아들인지 모를 이 두 자손은 다른 자들 속에 섞이지 않고 아주 특별한 의식을 고취 받으며 대단히 독립적이고 자존심 강한 족속으로 성장해간 것을 알 수 있다. 무척 투쟁적이고 강한 욕망을 지닌 족속이었다.

롯의 자손이라는 것이 두 아들의 후손들에게서 대단히 자랑스럽게 기억되고 있다. 롯의 딸들에게서 난 '아버지로 인해 얻은 자'(모압) 그리고 '내 아버지의 아들'(암몬)이라는 두 아들의 이름이 이들 족속을 대표하고 상징하는 이름으로 남는 것을 본다. 롯의 딸들이 두 아들에게 그들이 태어난 연유에 대해 태어나면서부터 뼛속에 심어놓은 결과이자 이것이 자손들에게로 잊혀지지 않고 집요하게 가르쳐지고 전달된 결과이다.

이러한 역사적 사실을 어떤 각도에서 본다면 롯의 자손들은 성공하였다고 할 수 있을 것 같다. 정말로 하나님의 은혜가 그들에게 있었던 것처럼 보여질 수도 있다. 하지만 하나님은 약 500여년이 지난 후에 모세를 통해 이 '아버지로 인해 얻은 자'(모압)과 '내 아버지의 아들'(암몬) 족속에 대해 특별히 말씀하신다.

"암몬 사람과 모압 사람은 여호와의 총회에 들어오지 못하리니 그들에게 속한 자는 십대 뿐 아니라 영원히 여호와의 총회에 들어오지 못하리라 그들은 너희가 애굽에서 나올 때에 떡과 물로 너희를 길에서 영접하지 아니하고 메소보다미아의 브돌 사람 브올의 아들 발람에게 뇌물을 주어 너희를 저주케 하려 하였으나 네 하나님 여호와께서 너를 사랑하시므로 발람의 말을 듣지 아니하시고 그 저주를 변하여 복이 되게 하셨나니 너의 평생에 그들의 평안과 형통을 영영히 구하지 말찌니라"(신 23:3-6)

이들이 사해 동쪽 지역에 살면서 한 일은 바알, 아스다롯, 그모스, 밀곰 등 숱한 우상을 만들어내었고 이를 확산시켰다. 광야 40년의 연단을 마치고 가나안 입성을 앞둔 이스라엘에게 여자들을 통해 유혹하여 바로 이 바알신을 섬기게 함으로써 24,000여명을 죽어가게 만든 것은 그 상징적인 사건이었다. 이러한 그들을 대해 하나님은 영원히 구원의 은총 속에 들어오지 못하리라는 저주를 선포하셨다.

이것이 롯의 삶의 마지막 사건이었다. 이 사건을 끝으로 롯의 존재는 성경에서 사라진다. 아주 부끄러운 이름으로 아주 비참한 결과를 남기고 떠난 것이었다. 하나님 나라를 세우기 위한 부르심은 끝까지 거절하고 자기의 나라를 세우는데 열심이었던 한 신앙인의 말로였다. 아브라함과 함께 했던 자로서 하나님의 모든 은혜를 함께 나누고 이어갈 자로 부름 받았었고 아브라함과 함께 믿음의 사람으로 영원히 아름답게 기억될 사람이었다. 모든 사람들이 죽어가는 재앙의 현장에서 홀로 살아날 수 있었던 엄청난 은혜의 주인공이기도 하였다. 하지만 그 모든 은혜를 스스로 포기하고 이렇게 끝을 맺고 말았다. 그의 삶이 원했던 대로 그의 나라가 세워졌으나 그 나라는 영원한 저주의 나라였다. 원인은 단 한 가지 하나님을 알기는 알았으나 잘못 알았기 때문이었다.

아! 아브라함

창세기 20장

제3부 아닌 밤중에 홍두깨

소돔의 멸망 이후 아브라함은 또 다시 가나안을 떠난다.
그리고 옛날처럼 아내 사라를 누이라 하고 그랄 왕에게 빼앗긴다.
소돔의 멸망이 그에게 전해준 것은 무엇이었을까?

깨끗이 허물고 난 후에 (창 20:1-2)

의인 오십은 있을 것이라던 곳에 진짜 의인이라고는 단 한명도 없었다. 그리고 소돔과 고모라를 비롯한 그 지역의 도시와 사람들은 그들 중에 하나님을 믿는 자가 얼마나 있었든지 간에 어느 날 아침 불로 뒤덮여 깨끗이 사라지고 말았다. 그나마 사자들의 손에 이끌려 간신히 탈출할 수 있었던 롯과 그의 가족은 비록 살아나는 은혜는 누렸으나 그 이후의 삶은 차라리 죽음만도 못한 결과를 남기고 말았다. 산 속 굴에서 짐승처럼 웅크리고 살아가며 딸들이 아버지를 겁간하여 영원히 하나님의 저주를 받게 되는 씨앗을 이 세상에 퍼뜨리게 되는 이들이었다. 신앙의 의미는 고사하고 신앙의 흔적일지라도 찾아볼 수 없었다.

소돔과 고모라의 멸망, 아브라함은 이를 어떻게 받아들였을까? 그 자신이 도시들에 대한 멸망의 소식을 들었을 때 그것을 막기 위해 하나님께 간곡히 청원하였다. 의인 오십 아니 열명만 있어도 그들을 용서해 달라고 간구하였다. 하지만 자신의 그러한 간절한 소망에도 불구하고 그 성읍들은 완전하게 파괴되어져 버렸다. 자신의 생각이 틀렸다는 것이 첫 번째로 남겨진 결과였고 또 하나 중요한 것은 아브라함의 간구를 하나님께서 외면해버렸다는 것이 두 번째의 결과였다.

어쩌면 그는 하나님과의 만남이 있었던 그 날 밤 저들을 멸하지 말고 살려달라고 하나님께 간절한 기도를 올렸을 수도 있었다. 하지만 그가 어떤 기도를 드렸든지 전혀 의미가 없었다. 그의 신앙이 잘못되었고 하나님의 뜻과도 일치하지 않는 기도가 응답될 리 만무하였다. 그의 기대도 그의 간구도 이 도시들과 함께 하였던 그간의 그의 삶도 깨끗이 무너져 내린 것이었다. 그가 롯에 관한 소식을 들었든지 듣지 못했든지 상관없었다. 아니 들었다면 더 비참했을 것이다. 아무리 간절할지라도 그 기도는 응답될 여지가 없었다.

이제 아브라함은 어떻게 해야 하는 것일까? 모든 것이 사라져버렸다. 그의 신앙도 삶도 모조리 무너져 내린 것이었다. 그는 하나님께서 자기 자신을 대해 일으키신 이 엄청난 사건을 어떻게 받아들여야 하는 것이었을까?

"아브라함이 거기서 남방으로 이사하여 가데스와 술 사이 그랄에 우거하며 그 아내 사라를 자기 누이라 하였으므로 그랄 왕 아비멜렉이 보내어 사라를 취하였더니"(:1-2)

소돔과 고모라의 도시가 깨끗이 사라진 후 그는 헤브론을 떠나 남방의 그랄로 내려간다. 헤브론에서의 삶을 정리한 것이었다. 헤브론은 그가 애굽에서 돌아온 후 오늘까지 살아왔고 또 그의 오늘이 있게 해 준 땅이었다. 곧 가나안에서의 삶 중 그의 고향 같은 곳이었다. 20여년 정을 붙이고 살아온 곳이었고 마지막까지의 삶을 꿈꾸던 곳이었다. 그런 땅을 그는 왜 떠나는 것일까? 더군다나 100세가 된 사람이었다. 스스로 노인이라고 말할 만큼 이미 젊은이의 힘과 패기는 상실한 때였다. 이사를 생각하고 새로운 곳에서의 삶을 꿈꿀만한 때가 아니었다. 그런데 왜 이 때에 헤브론을 떠나는 것일까?

가데스와 술 사이 그랄이라고 하면 가나안 땅을 벗어난 곳이었다. 즉 그랄은 블레셋 족속의 땅으로 가나안 일족과는 전혀 관계없는 땅이었다. 그러므로 아브라함이 헤브론을 떠났다는 것과 블레셋 족속의 땅으로 갔다는 것은 그가 가나안 땅을 등졌다는 것을 뜻한다. 특히 그가 그랄에서 그의 아내 사라를 자기 누이라고 말하는 것을 볼 때 이 곳은 가나안과 거의 교류가 없는 곳이었다는 것을 보여준다. 만일 그랄의 블레셋과 헤브론의 가나안 족속들이 서로 교류가 있었다면 아브라함이 자기의 아내 사라를 자기의 누이라고 감히 속일 수는 없기 때문이다. 왜냐하면 가나안에서의 아브라함은 많은 사람과 큰 세력을 지닌 감히 무시할 수 없는 존재로 누구라도 알 수 있는 유명한 자이기 때문이다. 곧 아브라함은 자기를 아는 자가 아무도 없고 또 지금까지 전혀 교제가 없는 전혀 낯선 이방 땅으로 삶의 거처를 옮긴 것이었다.

더군다나 중요한 사실은 그가 이곳에서 자기의 아내 사라를 옛날 애굽에서 그러했던 것처럼 또 다시 자기의 누이라고 속이고 있다는 사실이다. 이는 그가 이 곳에서 새롭게 접하는 사람과 환경을 두려워하고 있다는 것을 의미한다. 곧 새로운 사람들과 환경이 가져다주는 긴장과 두려움을 극복할 수 없을 만큼 소심하고 나약해져 있다는 것을 알려주고 있다.

그런데 이 속에서 나타나는 더 중요하고 심각한 사실이 있다. 그것은 그가 하나님의 언약까지도 완전하게 무시하고 있다는 점이다. 왜냐하면 사라는 '열국의 어미'가 될 것이라고 하는 하나님의 언약의 대상이었고 그 언약의 증거로써 아기를 잉태할 여자였기 때문이다. 그리고 현재의 시점에서 본다면 지금 사라에게는 아기가 잉태되어져 있을 가능성이 매우 높다.

하나님께서는 소돔과 고모라의 멸망 전 아브라함에게 임하셔서 사라에게 아들이 있을 것이라고 약속해주셨다. 이 언약은 얼마 전 하나님의 사자들에 의해서 다시 한 번 분명하게 확인되어졌었다. 그리고 그 때 덧붙여져 들려진 것은 아기의 태어날 시점까지 내년 이맘때라고 정확하게 들려졌다는 사실이었다. 그리고 실제 아이는 나그네들의 말대로 그 만남이 있은 지 일년여 되는 시점 곧 오늘 아브라함이 나의 누이라고 속이는 이 사건 이후 얼마 지나지 않아 사라에게서 태어난다. 곧 지금까지의 진행되어져 온 과정을 계산해 본다면 이미 사라에게 아이는 잉태되어져 있다고 보아야 하는 시점인 것이다.

그러므로 아브라함이 사라를 누이라고 한 것과 그녀를 아주 손쉽게 그랄 왕 아비멜렉에게 준 것은 하나님의 언약을 완전하게 무시한 처사였고 언약에 대한 기대를 철저히 저버린 행위였다. 하나님의 언약을 기억하거나 기대하는 마음은 흔적조차도 찾아볼 수 없다. 미래에 대한 소망이나 삶의 의지마저도 생각해볼 여지가 없다. 즉 이전의 그의 신앙도 그의 마음 속에서 깨끗이 청소되어진 것이었다.

이러한 정황들을 감안해 본다면 아브라함이 가나안의 헤브론을 떠나 블레셋 족속의 땅 그랄로 온 것은 새로운 전도의 기회를 가지려 하거나 삶을 다시 시작해 보려는 것이 아니었다. 깊은 절망감에 사로잡혀 자기의 삶 자체를 포기하는 것과 같은 것이었다. 곧 소돔과 고모라의 사건 이후 그는 자기의 삶이 그 도시들과 함께 무너져 내리는 것을 경험하였고 자신의 신앙도 포기해버리는 지경에 이른 것이었다.

결국 소돔과 고모라의 멸망 이후 롯이 그 딸들과 더불어 보여준 행태나 오늘 아브라함이 언약의 아기를 잉태한 자기의 아내를 내어버리는 것이나 조금도 차이가 없는 것을 발견하게 된다. 롯은 그렇다 치더라도 아브라함마저도 이렇게 되다니 이를 도대체 어떻게 받아들여야 하는 것인가? 무척 놀라운 사실 같지만 그가 언약의 말씀을 주목하지 못하였을 때부터 이것은 이미 생겨난 사실이었다. 다만 감추어져 있다가 소돔과 고모라의 멸망이라는 조건을 통해 현실화되어졌을 뿐이었다. 신앙이 본질을 상실할 때 그 삶의 행태는 신앙 없는 자와 똑같아진다는 것을 보여주고 있다.

이것이 하나님께서 하신 일이었다. 아브라함의 신앙이나 이에 입각한 삶까지도 완전하게 허물어버린 것이었다. 그 기초까지 철저하게 뒤집어 엎어버리셨다. 몇 번이나 찾아오셔서 그 신앙이 잘못되었다는 것을 지적하셨고 하나님의 언약에 주목하라고 일러주셨다. 이 언약에 합당한 사람이 되고 그러한 삶의 모습을 갖추라고 권고하셨다. 하지만 아브라함은 요지부동이었다. 이미 형성되어진 신앙관과 이에 의한 사고방식 그리고 삶의 습관까지도 아주 단단한 바위처럼 되어 깨어지지 않았다. 결국 하나님은 소돔과 고모라의 멸망이라는 사건을 통해서 그의 잘못된 신앙관과 이에 의한 삶을 남김없이 무너뜨려버리셨다. 그리고 다시금 가장 약한 한 인간의 자리로 그를 끌어내리신 것이었다.

중요한 것은 이것이 아브라함을 버리기 위한 것이 아니라 아브라함을 다시 세우기 위한 것이라는 점이다. 그 오류를 극복하고 온전한 한 신앙인으로 세워 후회할 것 없고 부끄러워할 것 없는 생명의 길, 구원의 길로 인도

해가기 위함이었다.

　잘못 지어진 건물이 있다. 기초부터 잘못 놓여진 건물이다. 사람이 살기 위해서는 어떻게 해야 하는가? 그저 지붕이나 벽이나 슬쩍 슬쩍 수리해 놓으면 되는 것인가? 바닥까지 남김없이 들어내고 다시 짓지 않으면 눈 가리고 아웅 하는 것이 될 뿐이다. 비바람이 몰아치는 어느 날엔가는 무너지고 사람을 죽게 할 것이다. 하나님은 오늘 아브라함을 바닥까지 낮춰놓으셨다. 그가 지금까지 지어놓은 집을 완전하게 파괴해버리셨다. 비바람 가릴 것 없는 거친 벌판에 다시 한번 홀로 세워놓으셨다. 그를 버림이 아니었다. 그를 사랑하기 때문이었고 그를 다시 세우기 위함이었다.

　100세 된 노인이다. 이제는 평안한 죽음을 꿈꿀 나이이지 무엇을 새로 시작할 나이는 한참 지난 때였다. 하지만 하나님은 이제라도 그를 다시 세워야 했다. 아브라함에게는 그의 아내를 버려야 하는 것처럼 감히 감당할 수 없는 길이었지만 이렇게 해서라도 그의 가는 길을 막고 새 길로 인도해야만 했다. 그렇지 않으면 그가 가야 할 곳도 소돔과 고모라같은 멸망의 자리이기 때문이다. 그를 다시 살려야 했고 세상을 대한 당신의 사랑도 버릴 수 없었기 때문이다.

　사람마다 자기의 지은 집을 다시 볼 것이다. 잘못 놓여진 기초를 허물고 튼튼하게 다시 지어진 집인지 아니면 허물기 귀찮아 옛날의 허술한 기초 위에 눈가림만 해 놓은 집인지를.

또 다시 부르는 이름 '사라여' (창 20:3)

그랄 왕 아비멜렉, 그는 왜 사라를 아내로 취한 것이었을까? 그에게 여자가 없었기 때문인가? 혹 아니면 사라가 여전히 처녀와 같이 아름다웠기 때문인가? 사라의 나이 90세였다. 아무리 예쁘기로서니 나이를 속일 수는 없다. 물론 아이를 낳아보지 않았기 때문에 그 몸매는 여전히 날씬하고 아름다울 수 있었다. 하지만 이미 폐경기가 지나 할머니의 연줄에 들어선 여자였다. 젊어서의 고운 자태는 남아있을지 몰라도 이미 그 미모는 상당히 시들어 있을 수밖에 없었다. 그런데 그가 왜 그녀를 취한 것이었을까?

고대 사회에서 왕이 본래의 아내 말고 다른 여자를 첩으로 둘 때 자기의 세력권 안에 있는 지방 호족들의 딸을 그렇게 맞이하는 경우가 많았다. 정치적으로 결혼관계를 통해 지배와 다스림의 관계를 공고히 하기 위함이다. 이런 면에서 볼 때 아비멜렉이 아브라함의 아내 사라를 취한 것은 물론 사라의 미모에 반한 것일 수도 있지만 어느 날 자기 나라의 영역 안으로 들어온 낯선 자에게 자신의 신하가 되어 자기에게 충성할 것을 요구한 것이라고 할 수 있다.

즉 아브라함이 블레셋 족속의 그랄 땅으로 들어왔을 때 그는 자기에게 속한 많은 재산과 가솔들 때문에 당연히 주목을 받게 되었을 것이고 이에 그 땅의 왕 앞으로 불려나갈 수밖에 없었을 것이다. 그리고 어디에 있던 누구인가에 대해 질문을 받았을 것이고 이에 대해 그는 소돔과 고모라의 멸망으로 인해 그 재앙을 피해 이 곳으로 왔다고 말했으리라. 그리고 얼마동안이 될지 모르지만 이 땅에서 살게 해 달라고 간청하는 것은 당연한 순서이다. 왜냐하면 그 땅을 지배하는 왕의 허락 없이 자기 맘대로 남의 나라 땅에서 터를 잡고 살 수는 없었기 때문이다. 많은 가축떼가 있기에 그 가축들과 함께 머물 수 있는 넓은 터가 있어야 했고 이는 이미 그 땅에 있는 가축 치는 자들의 영역을 침범하는 것이 되기 때문이다.

따라서 아브라함은 그 땅에 사는 조건으로 상당액의 세금을 내야 했다. 그리고 더 나아가 그의 재산과 사람이 만만치는 않았기에 블레셋 왕에게 충성하는 증표로서 아브라함이 자기의 여동생이라고 말한 사라를 아비멜렉의 요구에 따라 줄 수밖에 없었다. 아브라함과 사라가 함께 아비멜렉 왕의 앞에 섰을 때 사라가 아브라함에 비해 상대적으로 젊고 아리따운 모습이었기에 왕이 상당한 호기심으로 너의 옆에 선 여자는 누구냐 물었을 것이고 이에 대해 아브라함은 두려움으로 위축된 마음에서 자기의 누이라고 거짓을 말했기 때문이리라. 물론 이 때도 아브라함은 설마 왕이 사라를 달라고 할 줄은 감히 생각지 못했을 것이다.

어찌되었건 아브라함이 사라를 자기의 누이라 했고 또 블레셋 왕의 입장에서는 상당한 재산과 세력을 지닌 아브라함으로부터 자기에게 충성하겠다고 하는 보증수표를 받아놓을 필요가 있었다. 그러므로 그녀를 마치 인질처럼 확보해 둔 것이라고 봄이 타당하다. 아브라함의 입장에서 본다면 사라를 자기가 먼저 누이라고 했기에 왕의 요구를 거부할 명분이 없었다. 또 왕의 요구를 거부할 경우 어떤 재난을 당할지 알 수 없었기 때문에 그녀를 내어줄 수밖에 없었다. 만일 왕이 아니라 다른 사람이라면 그녀를 내어줄 리가 없었을 것이다. 결국 이 모든 결과는 아브라함 스스로가 자초한 어려움이었다.

이럴 때 아브라함은 어떻게 해야 하는 것인가? 아브라함 스스로는 마음의 절망감 때문에 이러한 상황을 헤쳐나갈 힘이 없다. 당연히 하나님께 도와달라고 기도해야 옳은 때이다. 그러나 그의 마음 속에는 하나님을 향한 기대와 믿음보다는 오히려 오늘의 현실에 대해 원망하는 마음이 가득했을 것이다. 하나님을 향해 도와달라고 기도할 힘도 그에게는 남아 있지 않다고 봄이 타당하다. 이럴 때 문제는 사라이다. 그녀 자신 또 다시 밀어닥친 곤경을 어떻게 받아들였을까? 그저 아무 생각 없이 멍청하게 바람 불고 물 흘러가는 대로 떠밀려가는 마음이었을까?

바로 여기서 이 상황과 관련하여 그녀에게서 생각할 수 있는 중요한 사실들이 있다. 그것은 그녀가 얼마 전(약 두어 달 전) 하나님의 사자들로부터 내년 이맘때에 아들이 있으리라는 약속을 전해 들었다는 사실이다. 그 때 이 말을 하는 사람들이 그리 단순하게만 보이지 않았던 것은 보이지 않는 곳에서 속으로 웃는 자기를 대해 사라가 왜 웃느냐고 정확히 지적하였고 그 때 그녀 자신 심하게 놀라고 두려워한 적이 있었기 때문이다. 그러므로 그녀는 그 날 밤 이 일이 어찌된 일이냐고 아브라함에게 물었을 것이다. 그리고 아브라함은 그들을 하나님의 사자들로 인식하고 있는 상황이었기 때문에 이전에는 숨겼을지라도 아이와 관련된 하나님의 언약을 자세히 들려주었을 것이다. 소돔과 고모라에 되어질 일에 대해서까지.

결국 그 날 이후 아브라함은 그 사실을 여전히 믿지 않았을지 몰라도 사라 자신은 설마 하면서도 자기 몸에 일어날 변화를 기대하며 지내왔을 것이다. 아이 없는 여자에게 아이를 갖는다는 것은 그것이 절실하면 절실할수록 죽을 때까지라도 포기할 수 없는 소망이기 때문이다. 이스마엘과 하갈로 인한 그녀의 상실감이 더욱 커져가는 때였기에 더욱 그러하다. 그러므로 그녀는 그 날 이후 오늘까지 기도하며 지내왔으리라. 내년 이맘때에 아이를 갖게 되리라는 언약이 사실이 되기를 위해서 그리고 아이가 태어나면 어떻게 기를 것인지 생각하면서. 그리고 그 약속은 소돔과 고모라가 멸망하리라는 나그네들의 말이 현실로 나타났을 때 더욱 강하게 그녀의 마음에 자리 잡게 되었을 가능성도 크다. 아브라함은 절망했을지라도 말이다.

그러했기에 그녀는 아비멜렉의 첩으로 끌려가는 그 날 더욱 간절히 기도하지 않았겠는가? 물론 아이에 대한 소망 때문이기도 하였겠지만 절망하여 현실을 포기한 아브라함을 도와달라는 기도와 오늘 자기가 이 수치스런 상황에서 벗어날 수 있게 해달라고 애원하듯 매달렸으리라. 애굽에서처럼 다시 한번 도와달라고 간청했으리라. 어쩌면 이 때 사라의 몸에는 이미 임신한 징조가 느껴졌을 수도 있다. 그러했다면 그녀는 더욱 강하게 하나님께 매달렸을 것이다.

> "그 밤에 하나님이 아비멜렉에게 현몽하시고 그에게 이르시되 네가 취한 이 여인을 인하여 네가 죽으리니 그가 남의 아내임이니라"(:3)

"**그 밤에**". 사라가 아비멜렉에게 온 바로 그 날 밤을 의미한다. 곧 그 날 즉시로 하나님께서 이 상황 속에 개입하신다. 예전 애굽에서 이러한 똑같은 상황이 벌어졌을 때는 재앙으로 바로의 집을 치심으로 그 상황을 풀어나가셨다. 그런데 오늘은 조금의 지체함도 없이 하나님 자신이 직접적이고 즉각적으로 임재하신 것이었다. 하나님께서 이토록 급하게 나타나시는 첫 번째 이유는 사라의 태 안에 있는 아기 때문이다. 만약 이 밤에 아비멜렉이 사라와 동침한다면 이 아이는 아브라함의 아이가 아니라 아비멜렉의 아이가 되기 때문이다. 이렇게 된다면 상황은 돌이킬 수 없을 만큼 헝클어진다.

그리고 이와 더불어 하나님이 이렇게 임재하실 수 있는 또 다른 중요한 이유는 언약을 믿고 의지하는 사라의 믿음과 기도 때문이다. 사라가 이러한 상황에서 믿음으로 기도하는 아무런 신앙의 행위도 없이 이 상황을 멍청하게 받아들일 리가 없었으리라는 것은 굳이 설명할 필요가 없다.

사라가 아이를 낳게 되리라는 언약을 아브라함이 숨겼음에도 불구하고 왜 굳이 나그네를 보내셔서 사라의 귀에 들게 해주신 것인지 그 섭리를 여기서 다시 생각하게 된다. 아브라함의 좌절을 보셨기 때문이 아닌가? 이렇게 닥쳐올 상황을 헤쳐나갈 힘이 사라 이외에는 없었기 때문이 아니었겠는가? 사라만이라도 깨어서 하나님의 언약을 지켜가는 사람이 되고 그 행하실 길을 예비하라고 하심이 아니었겠는가?

훗날 이렇게 태어난 아이 이삭을 신앙의 자녀로 지키며 키워가는 것은 거의 전적으로 사라의 몫이었다. 곧 신앙을 후손에게 이어줌으로써 하나님의 나라를 세워가도록 한 가장 중요하고도 결정적인 역할을 감당하는 것은 정녕 사라였다. 그녀 자신이 언약의 사람이었기 때문이다. 롯만이 아니라 아브라함도 무너진 이 때 여기 한 사람 사라는 깨어서 하나님의 언약을 지켜가고 있었다.

이 개가 짖으니 저 개도 짖는구나 (창 20:4-5)

하나님은 아브라함이 숨긴 언약을 왜 굳이 사자들을 통해 사라의 귀에 들리고 이를 알도록 한 것이었을까? 소돔과 고모라의 사건 이후 아브라함도 롯도 형편없이 무너졌다. 하지만 오직 한 사람 사라에게만은 하나님의 언약이 살아있고 그 언약이 그녀를 버티게 하는 버팀목이 되고 있다는 것을 우리는 볼 수 있다. 90세의 나이에 또 다시 남의 아내로 팔려가야 하는 말할 수 없는 수치를 당하는 순간이었다. 어떤 도움도 기대할 수 없는 상황이었지만 그래도 좌절하지 않고 한 가닥 희망을 안고 간절히 매달리게 하는 것이 있었다면 그것은 그녀에게 들려진 하나님의 언약이었다.

하나님의 언약을 기억하고 믿는 자와 기억하지도 믿지도 못하는 자와의 차이가 바로 여기에 있다. 하나님의 언약은 생명력이 있어 그 언약을 지닌 자에게 어떤 상황 속에서도 무너지지 않는 힘을 더해주는 것임을 우리는 볼 수 있다.

"아비멜렉이 그 여인을 가까이 아니한고로 그가 대답하되 주여 주께서 의로운 백성도 멸하시나이까 그가 나더러 이는 내 누이라고 하지 아니하였나이까 그 여인도 그는 내 오라비라 하였사오니 나는 온전한 마음과 깨끗한 손으로 이렇게 하였나이다"(:4-5)

아비멜렉으로서는 아닌 밤중에 홍두깨와도 같은 일이 벌어졌다. 그가 그랄 땅의 왕으로 살아오면서 누구의 지배와 간섭도 받지 않고 자기가 원하는 일들을 행하며 지내왔다. 자신의 행한 일로 인해 누군가로부터 책망을 받고 그 책망을 면하기 위해 궁색한 변명을 늘어놓는다는 것은 있을 수 없는 일이었다. 그가 아브라함으로부터 사라를 취한 것도 당시 세상의 관습으로 볼 때는 별 이상히 여길 일도 아니었고 당연한 권리와도 같은 것이었다. 자기 땅의 백성으로부터 그들의 딸을 아내로 취하는 것은 반려자를 얻기 위한 것일 수도 있지만 서로의 이해관계에 따라 정당하게 이루어지는 일이었다. 부유하고 힘 있는 자들과의 혼인관계를 통해 우호세력을 확보함과 동시에 그들을 견제하는 장치로도 활용하였던 것이다.

아비멜렉이 사라를 취한 것도 왕으로서 자기 땅에 들어와 살기를 원하는 이방인에게 그가 요구할 수 있는 당연한 것이었다. 이로 인해 아브라함 또한 그랄 땅에 살 수 있는 은혜를 누리게 되었으므로 이 거래는 상호 호혜적이었다. 그러므로 그가 양심의 가책을 느끼거나 도덕성이 비난받거나 더 나아가 누구로부터 정죄당해야 하는 이유는 없었다. 그런데 그가 이 밤에 거역할 수 없는 존재로부터 책망을 당하고 죽임을 당할 것이라는 두려운 경고를 받게 된 것이었다.

이 때 하나님의 책망과 경고에 대해 아비멜렉은 항변한다. **"주여 주께서 의로운 백성도 멸하시나이까"**. 자기는 이 일에 대해 정죄당해야 될 이유가 없다고 자신의 무죄함과 의로움을 주장한다. 곧 내가 뭘 잘못했고 무슨 죽을 죄를 지었습니까 하고 항변하는 행위이다. 그의 이 말은 바로 위에서와 같은 배경을 가지고 있기에 가능한 말이다. 왕으로서 불법을 저지른 것이 아니었다. 칼로 위협하여 빼앗아 온 것이 아니라 서로의 사회적 관계에 의해 정당하게 결정된 것이었다. 당시 세계의 가치관으로 본다면 별로 문제될 것이 없었고 적어도 왕이나 세력 가진 자들에게는 특권적으로 용납되는 행위였다. 남의 아내를 빼앗아 온 것이 아니라 그의 누이를 그의 동의 아래 취하여 온 것이기 때문이다.

그런데 우리는 그의 이 말에서 아주 묘한 아이러니를 느낄 수 있다. 그것은 그가 지금 자기를 의롭다고 말하며 주께서 의로운 백성도 멸하시나이까 하고 항변하듯 하는 말이 얼마 전에 아브라함이 하나님을 향해 한 말과 어떻게 그리도 똑같은가 하는 점이다. **"주께서 이같이 하사 의인을 악인과 함께 죽이심은 불가하오며 의인과 악인을 균등히 하심도 불가하니이다 세상을 심판하시는 이가 공의를 행하실 것이 아니니이까"**(18:25). 인간의 죄를 심판하고자 하는 하나님의 결정에 대해 아브라함은 오히려 하나님이 공의를 무시한 처사를 행하는 것이라고 강하게 불만을 나타내는 것이었다. 아브라함도 이러했을진대 아비멜렉이 또한 이러한 것은 어쩌면 너무도 당연한 일이 아니겠는가?

결국 우리는 여기서 하나님의 신실한 종이라고 자처하는 아브라함이 말하는 의로움이나 하나님을 전혀 알지 못하는 아비멜렉이 말하는 의로움이나 그 개념에서 전혀 차이가 없다는 것을 알 수 있다. 곧 그들의 의로움은 당시 살아가는 세계에서 사회적으로 결정된 관습을 따르는 것이었고 이 관습만 깨지 아니하면 그것을 의롭다고 여기는 것이 그들의 개념이었던 것이다.

중요한 것은 아브라함이 신앙 안에서 가지고 있었던 의로움에 대한 개념이나 사회적으로 인정된 관습이라는 이유로 남의 여자를 권력의 힘으로 빼앗은 자가 갖고 있는 의로움에 대한 판단이나 전혀 다를 바가 없었다는 사실이다. 이럴 때 의로움의 개념은 사회에 따라, 시대에 따라, 인간에 의해 언제든 변할 수 있는 관습이나 인간의 가치관에 그 상대적 기준을 갖게 되다. 인간의 선택과 행동이 사회적으로 인정되고 통용되는 관습의 범위 안에만 있다면 결코 죄인이라고 정죄당하거나 비난받을 수 없다는 점에서의 의로움인 것이다. 그러므로 이 의로움이 갖고 있는 결정적인 하자는 시대와 역사와 문화와 민족과 인종을 뛰어넘어 존재할 수 있는 보편적이고 절대적인 것이 되지 못한다고 하는 점이다.

오늘날 교회의 의에 대한 가치 기준도 이 수준을 넘지 못하고 있다. 내가 국가의 법을 지키고 보편적 관습의 규범을 따라 살고 사회적으로 비난받을만한 것이 없다면 하나님 앞에서도 회개할 것이 없는 곧 죄에 대해 의롭다고 여기고 살아가는 것이 보통의 신앙인들이다. 무엇을 회개해야 하는지 알지 못하고 그렇기 때문에 그들의 속에 죄가 가득함에도 전혀 죄의식이 없고 죄로 괴로워하는 흔적도 없다.

죄인이라고 말은 하지만 그 죄에 대한 구체적 인식이 없이 대단히 모호하고 막연한 고백일 뿐이다. 죄가 어떤 것인지 하나님의 말씀이 정하고 있는 절대 불변의 기준을 알고 있지 못하기 때문이다. 그러므로 하나님을 믿는 자들의 가치 기준이나 신앙 없는 자들의 그것이나 전혀 다를 바가 없는 것이다. 때문에 하나의 사회적 문제에 대해 신앙으로 해석하고 판단하고자 할 때도 모두의 의견이 분분하나.

아비멜렉에게 있어 이 밤의 사건은 상상도 할 수 없는 것이었으리라. 왕인 자신이 누군가로부터 자신의 행위에 대해 추궁을 받고 책망을 당한다는 사실, 자신의 옳음을 누군가에게 주장하고 변호해야 한다는 사실은 그가 블레셋의 왕으로 존재하는 한 생각할 수 없는 일이었다. 그것이 옳은 것이든 그른 것이든 왕이라는 권력으로 정당화될 수 있는 것이기에 그러했다. 만일 그런 경우가 발생한다면 그것은 그에게 수치스런 일이기도 하고 왕으로서의 권위를 상실하는 것이기도 했다.

하지만 이 밤에 이런 일이 발생한 것이다. 비록 꿈 속일지라도 하나님과의 대면이라는 생생한 현실의 사건을 경험하고 있고 이 속에서 자신의 행위를 추궁 받고 죽음을 선고받고 있는 것이었다. 그리고 이에 대해 자신의 행위를 변명하고 있다. 왕으로서의 권위나 체면은 이미 사라져 버리고 죽음으로부터 살아나기 위한 고단한 몸짓만이 있을 뿐이었다.

한 인간이 절대자 하나님 앞에서 자신의 삶을 놓고 심판을 당하는 모습의 일단을 보게 된다. 비록 사람에게서는 비난받을 만한 일을 저지르지 않았고 이 세상에서는 의로운 자처럼 살아왔을지라도 오직 죽음을 두려워하는 마음으로 자신의 행위를 고백해야 하는 그 최후의 심판 자리를 오늘 아비멜렉에게서 언뜻 볼 수 있다. 자신을 지켜줄 사람도 없고 의지할 권세도 다 사라진 채로 가장 연약한 인간의 모습으로 벌거벗고 서서 심문을 당해야 하는 자리이다.

이 땅에서 얼마나 강하고 높은 자리에 있든지 간에 어느 낮고 낮은 자보다 더 초라하고 불쌍한 모습으로 서는 날이 있다는 것을 알려준다. 아무리 바르게 살아왔다고 할지라도 자기의 죄를 숨길 수 없는 날이요 스스로 자기의 죄를 보고 놀라는 날이다. 그 날이 있다는 것을 아는 자는 오늘 좀더 자기를 살피고자 하며 조금이라도 겸손하고자 할 것이다.

하늘과 땅 만큼이나 큰 이 차이를 (창 20:5-7)

아브라함이나 아비멜렉이나 공히 자신들의 의를 주장하며 결국 하나님 심판의 공의를 부정할 때 이 의가 가지고 있는 문제점은 무엇일까? 인간이 세상의 법과 관습과 인간의 도리를 다하면서도 이것이 하나님 앞에서 의가 될 수 없는 것은 왜일까? 우리는 이를 다음의 아비멜렉의 말 속에서 살펴본다.

"그가 나더러 이는 내 누이라고 하지 아니하였나이까 그 여인도 그는 내 오라비라 하였사오니 나는 온전한 마음과 깨끗한 손으로 이렇게 하였나이다"(:5)

아브라함의 아내 사라를 취한 일에 대해 아비멜렉은 **"나는 온전한 마음과 깨끗한 손으로 이렇게 하였나이다"**라고 주장한다. 아브라함의 아내 사라를 취한 일에 대해 내가 책망 받아야 하고 책임져야 할 일은 없습니다라는 의미이다. 곧 죄에 대해 자신은 의롭다고 주장하는 것이다. 아브라함이 먼저 자기 땅에 들어왔고 이 땅에 살게 해 달라고 요청하였으며 사라에 대해서도 자기의 누이라고 하여 남편 없는 여자로 소개를 했기 때문이다. 이에 대해 그 땅의 주인인 아비멜렉이 자기의 지배에 복종하며 자기 백성들과 똑같이 의무와 책임을 질 것을 아브라함에게 요구하는 것은 당연한 절차였다.

따라서 적어도 표면적으로 본다면 이 사건에 대해 아비멜렉이 크게 잘못한 일은 없었다. 이 땅으로 들어와 자기 아내를 누이라고 속인 아브라함의 잘못이 더 큰 것이었다. 그러므로 아비멜렉이 자기는 잘못한 것이 없다고 말하는 것은 이러한 외적인 사건의 전개 과정을 놓고 하는 말이었다.

하지만 여기서도 우리가 한 가지 생각해 볼 것이 있다. 그것은 만일 사라를 달라고 요구한 사람이 왕이 아니라 다른 사람이라면 과연 아브라함이 응하였을까 하는 점이다. 거절하는 것은 당연하다. 그렇다면 아비멜렉의 요구에 대해서는 왜 거절할 수 없었던 것일까? 그것은 그가 가진 권력 때문이다. 곧 그 요구를 거절할 경우에 직접적으로 다가올 수 있는 해로움이 있었기 때문이다. 그 땅에서 쫓아내거나 혹은 왕의 요구를 거절한 것 자체를 왕의 권위를 무시한 것으로 여겨 죽일 수도 있는 것이다. 물론 이런 위협을 아비멜렉 자신은 전혀 의도하지 않았다고 할지라도 아브라함은 이를 느끼지 않을 수 없었다. 그리고 그의 신하들에 의해 얼마든지 아브라함에게 전달될 수 있는 것이었다.

사람이 총과 칼을 들고 사람을 해쳐야만 강도요 살인자가 되는 것은 아니다. 꼭 말로써 욕을 하거나 저주를 퍼부어야만 상대에게 괴로움을 가하는 것이 아니다. 손끝 하나 대지 않고서도 인간을 얼마든지 죽음으로 몰아넣을 수 있다. 밤에 몰래 재산을 훔쳐내지 않고서도 얼마든지 그 주인 스스로 자기 재산을 갖다 바치도록 할 수도 있다. 내가 가진 직위와 권력을 이용해서이다. 겉으로는 지극히 점잖게 보이고 말 또한 부드러운 예의를 갖추고 있으나 그 속에 얼마든지 느낄 수 있는 칼의 위협을 현대를 살아가는 사람들은 누구라도 알고 있다. 말은 부드러우나 가시가 돋힌 독설이 인간의 감정을 상하게 하고 인간으로서 살아간다는 것에 대해 환멸을 느끼게 하는 일들이 도처에 즐비한 이 세상이다.

물론 이러한 사태를 초래케 한 아브라함의 실수에 대해서는 달리 변호할 여지가 없다. 하지만 아비멜렉이 사라를 취한 것은 그가 칼을 아브라함의 목에 대고 직접 빼앗아 온 것은 아닐지라도 그의 가진 권력이 이미 그 역할을 하였기에 가능한 일이었다. 이것이 없었다면 이런 일은 생길 수 없었다. 그러므로 오늘 우리는 그가 **"나는 온전한 마음과 깨끗한 손으로 이렇게 하였나이다"**라고 하는 말 속에서 서로의 마음으로 이미 충분히 느끼고 아는 것이지만 눈에 보이지 않고 그래서 그것을 입증할 수 있는 증거가 없기에 얼마든지 자기의 잘못을 감추고 부인하며 오히려 자신의 의를 주장할 수 있는 이 시대 우리들의 가증스러움을 함께 들여다 볼 수 있다.

"하나님이 꿈에 또 그에게 이르시되 네가 온전한 마음으로 이렇게 한 줄을 나도 알았으므로 너를 막아 내게 범죄하지 않게 하였나니 여인에게 가까이 못하게 함이 이 까닭이니라"(:6)

"네가 온전한 마음으로 이렇게 한 줄을 나도 알았으므로". 하나님께서 이 밤에 급히 그에게 임하신 것은 그가 사라에게 가까이 하지 못하도록 하기 위함이지 그의 죄를 놓고 심문하기 위함이 아니다. 그에게 죄가 무엇인지 가르치기 위함도 아니었다. 아브라함이 먼저 저지른 실수가 있었고 아비멜렉의 행위는 이에 의해 생겨난 것임도 아셨다. 그러므로 이 말씀은 그가 사라를 취한 것이 여자를 보고 음욕이 발동하여 왕의 권력을 이용 남의 아내를 강탈한 것이 아니라는 것을 인정하는 하나님의 말씀이다.

"너를 막아 내게 범죄하지 않게 하였나니" 하는 말씀도 인간의 죄 자체를 놓고 하시는 말씀이 아니라 다만 사라와 태 안의 아기에 대한 상황을 전제한 말씀이다. 사라를 보호하기 위함이었고 그녀의 태 안에 이미 잉태되어 있는 아기 곧 언약의 자녀를 보호하기 위함이었다.

> "이제 그 사람의 아내를 돌려보내라 그는 선지자라 그가 너를 위하여 기도하리니 네가 살려니와 네가 돌려보내지 않으면 너와 네게 속한 자가 다 정녕 죽을 줄 알찌니라"(:7)

아비멜렉은 아브라함이 자기 땅에 들어와 사는 이상 그에 대한 지배권은 자기에게 있다고 생각했다. 아브라함 또한 그렇게 생각하고 그가 두려워서 자기의 아내도 누이라고 속여 말했으며 그가 사라를 요구할 때도 거절할 수 없었다. 물론 이것이 세상의 이치요 질서다. 힘 있는 자가 다스리고 힘 없는 자가 복종하는 것은 피할 수 없는 결과다. 하지만 이것이 하나님 앞에서도 그러하며 하나님 나라와 하나님 백성에게도 그래야만 하는 것인가?

하나님은 아비멜렉이 자기의 신민처럼 여기는 아브라함에 대해 **"그는 선지자라"**라고 말씀하신다. 선지자란 하나님의 뜻을 이 세상에 전하며 하나님의 다스림을 실천해 가는 사람이다. 하나님의 신적인 권위를 지닌 사람이다. 곧 그는 이 세상이나 세상의 사람에게 속한 자가 아니요 하나님께 속한 하나님의 사람임을 의미한다. 아브라함을 자기보다 못한 낮은 자로서 자기에게 속한 자라고 인식하는 아비멜렉에 대해 그는 너에게 속한 자가 아니요 너의 다스림을 받을 자도 아니라고 분명하게 알리시는 것이다.

"그가 너를 위하여 기도하리니 네가 살려니와 네가 돌려보내지 않으면 너와 네게 속한 자가 다 정녕 죽을 줄 알찌니라". 아비멜렉은 아브라함의 목숨이 자기의 손 안에 있다고 생각하였으나 그것이 아니었다. 오히려 그의 목숨이 아브라함에게 달려있었다. 아브라함이 그를 위해 기도하고 복을 빌어주는 자요 그럼으로써 생명을 부지할 수 있는 위치였다. 그러기에 아비멜렉이 그에게 머리 숙이고 그를 선대해야 마땅한 것이었다. 아브라함이 그를 위해 기도할 수 있는 마음이 되기까지 그의 마음을 사야 했고 그의 말을 들어야 했다. 만일 이것이 이루어지지 않거나 오히려 그를 훼방하고자 한다면 이는 그 스스로 저주를 자초하고 죽음의 길을 택하는 결과를 범하는 것이었다.

하나님의 사람, 그는 세상에 하나님의 은혜를 전하는 자이다. 오직 하나님께만 속하여 하나님께만 머리 숙이는 자요 하나님의 말씀만을 따를 뿐이다. 저가 세상으로 말미암아 사는 것이 아니며 세상의 왕이나 권력자에게 빌붙어 사는 것도 아니다. 오히려 저들이 그로 말미암아 생명을 살릴 수 있어야 한다. 그럼에도 불구하고 하나님의 선지자요 사자요 그의 백성 된 자면서도 세상을 두려워하고 거기 힘 가진 자들에게 부종하며 그들을 통해 살기를 도모한다면 어찌 그를 하나님께 속한 자라고 할 수 있겠으며 하나님의 은혜를 그들에게 전해줄 수 있겠는가?

이치가 이러함에도 아브라함은 그 자신 하나님의 선지자요 그랄 왕의 생명일지라도 자기에게 달려있다는 것을 알지 못했다. 오히려 그랄 왕에게 자기의 생명이 달려있다고 생각했다. 아비멜렉의 도움이 있어야 살아갈 수 있다고 생각했고 그의 도움을 받기 위해 그를 거역하지 말아야 한다고 판단했다. 그래서 자기의 아내 사라일지라도 그에게 주고 자신의 생명을 도모하고자 하였다. 가장 귀한 것을 가진 가장 강한 자이나 가장 약한 자라고 스스로를 보았던 것이다.

바로 여기 하나님께서 당신의 사람을 보는 눈과 사람이 자기를 인식하는 눈이 이렇게 다르다는 것을 나타낸다. 하나님께서 아브라함에게 부여해 주신 그의 존재 가치와 아브라함이 느끼고 있는 자신에 대한 존재 가치가 이렇게 달랐다. 하나님은 아브라함에게 세상을 맡기셨다. 그에게 이 세상을 살리는 사명을 주셨고 이에 합당한 권능을 주셨다. 세상이 하나님께 속한 것처럼 세상이 그에게 속하도록 하신 것이었다. 그러므로 아브라함은 하나님의 보시는 눈으로 이 세상을 보고 하나님이 원하시는 것을 그 마음에 품어야 했다. 그리고 비록 더딜지라도 하나님의 공의와 선을 이 땅에 심어 이 백성들이 하나님께로 돌아오도록 해야만 했다. 세상의 죽고 사는 것이 그의 마음과 손에 달려있으므로 그는 자기를 무겁게 하여 말과 행동에 권위가 있어야만 했다.

오늘 나 자신은 누구이며 나에 대한 인식은 어떠한가? 내게 하나님의 말씀을 들려주시고 이 말씀의 법을 세상에 알리도록 하는 사명을 맡겨 주실 때는 나를 이 세상에 대한 당신의 사자요 선지자로 파송하신 것이었다. 세상에 속한 자 그 누구에게도 무릎 꿇을 수 없는 권위와 권세가 부여되어 있고 이 세상의 생명을 맡은 자로서의 막중한 책임이 주어져 있는 자이다. 내가 비록 몸은 여전히 세상에 놓여져 있을지라도 나의 영혼은 하나님을 바라볼 수 있고 그의 음성을 들을 수 있어야 한다.

하지만 내가 하나님 앞에서 어떤 사명을 부여받았는지 세상을 대해서는 내가 어떤 자인지 알지 못한다면 어떻게 될까? 하나님의 법을 따르는 하나님께 속한 자로서 세상과는 분명 구별된 존재지만 구별된 모습이 없이 살기 위해 필요에 따라 부종한다면, 오늘 아브라함이 가나안의 변방 밖에 있는 작은 나라의 작은 왕을 두려워하여 그에게 자기를 맡기고 자기 아내일지라도 빼앗겨버리는 것과 같은 그런 자가 되지 않겠는가?

내게 맡겨진 사명이 얼마나 중요한 것인지 그가 얼마나 강한 힘으로 나를 지켜주시며 얼마나 놀라운 능력을 내게 주셨는지 그러므로 내가 얼마나 존귀한 자인지 다시 한 번 깨달을 수 있어야 하리라. 순간 순간의 상황과 사람 앞에서 아무것도 갖지 못한 불쌍한 자처럼 너무도 왜소하고 나약해지지 않기를 위해.

혹시 개꿈은 아닐까? (창 20:8-9)

아비멜렉이 아브라함의 아내 사라를 취한 것으로 인해 꿈 속에서 하나님을 경험한다. 자기가 취한 여자가 아브라함의 누이가 아니라 그의 아내라고 하는 사실을 알게 되었고 더군다나 그가 신의 선지자라는 사실도 통고받았다. 그리고 만일 이 일이 원래대로 되돌려지지 않을 경우에는 아비멜렉 자신뿐만 아니라 그에게 속한 자 곧 자기의 집안사람들과 신하들까지도 다 죽게 되리라는 말씀을 들었다. 물론 이 일이 사라를 아브라함에게 되돌려 주는 것으로 단순하게 끝이 난다면 그래도 조금은 쉬운 일이 될 수도 있었다. 그냥 되돌려 보내면 되는 것이기에.

하지만 하나님은 그에게 아브라함이 그를 위해 기도할 수 있어야 한다는 조건을 덧붙이고 있었다. **"그는 선지자라 그가 너를 위하여 기도하리니 네가 살려니와"**. 하나님의 이 말씀은 아브라함이 먼저 어떠했든 상관없이 아비멜렉 자신이 저지른 행위에 대해 아브라함에게 충분히 사과하고 용서를 구할 것을 요구하는 말씀이다. 하나님께 자기의 죄가 용서될 수 있도록 기도해 달라는 요청이 있어야 함을 전제하고 있다. 그렇지 않고서 현재의 아브라함이 그냥 그를 위해 기도하게 되는 것은 거의 있을 수 없는 일이기 때문이다.

아브라함이 그에게 어떤 위협도 되지 못함에도 그에게 용서를 구하고 기도를 요청한다는 것은 대단히 중요한 내용을 포함하고 있다. 곧 아비멜렉이 아브라함의 하나님을 인정한다는 것이자 아브라함이 하나님의 선지자가 된다는 것과 자기의 생명이 아브라함에게 달려있다는 것을 인정하는 것이 된다. 그러므로 그에게는 하나님을 인정하는 것과 아브라함의 선지자 됨을 또한 인정해야 하는 과제가 주어진 것이었다. 사라를 아브라함에게 돌려보내야 하는 것에 더하여 주어진 과제이다. 만일 이 일이 실천되지 않는다면 네가 죽으리라고 하는 내용을 담고 있는 말씀이다.

이것이 현실에서 진행된 사건이 아니라 꿈 속에서의 사건이었다. 잠을 자는 동안의 무의식 세계에서 경험된 일이었다. 과연 아비멜렉은 이를 어떻게 받아들였을까? 꿈에서의 사건이기에 그 현실성을 부인할 수도 있는 일이었다. 더군다나 실제 하나님이라는 신의 존재와 그 현현을 사실로 받아들인다고 할지라도 그가 이에 따라 아브라함에게 행하여야 하는 일은 왕의 신분으로 행하기에는 대단히 어려운 일이었다. 한번 자기의 아내로 취한 자를 다시 되돌려 보낸다는 것도 체면 구기는 일이 될뿐더러 아브라함에게 자기의 행위에 대해 용서를 구하고 살려달라고 요청한다는 것은 왕의 신분으로서 극히 자존심 상하는 일이었다.

특히 블레셋은 이미 섬기는 여러 우상 신들이 있었다. 그러함에도 왕으로서 하나님이라는 다른 신을 인정하고 아브라함을 그 선지자로 높여 그에게서 기도를 받게 되는 것은 더욱 곤란한 일이었다. 남의 나라 땅에 가서 전쟁에 진 것도 아니요 자기 땅에 떠돌이처럼 찾아들어온 어느 볼품없는 늙은 유목민이었다. 그것도 왕의 권한으로 행사한 정당한 자기의 행위에 대해 왕이 직접 그에게 사죄하고 그 신을 인정한다는 것은 실제적으로는 거의 불가능한 일이었다. 과연 그는 어떻게 해야 하는 것일까?

"아비멜렉이 그 아침에 일찌기 일어나 모든 신복을 불러 그 일을 다 말하여 들리매 그 사람들이 심히 두려워하였더라"(:8)

아비멜렉은 그 날 아침 일찌기 잠에서 깨어 일어난다. 그리고 그 아침 이른 시간에 일어나자마자 모든 신복을 불러 모은다. 그가 이렇게 행하는 것은 꿈 속에서의 사건이 그에게 얼마나 생생하게 기억되어졌는지 그리고 얼마나 심각하게 이를 받아들였는지를 말해주고 있다. 단순히 꿈 속에서 일어난 것이라고 치부하여 흘려버릴 수 없는 심각한 무엇이 그에게 남겨졌던 것이다. 실제적으로 받아들여야 하는 어떤 현실성이 충분히 느껴졌다는 것을 말해주고 있다.

그리고 꿈에서의 사건을 그의 모든 신하들에게 들려주었다. 신하들의 의견을 들어보고자 함이었으리라. 그런데 그의 신하들도 이를 두렵게 받아들인다. 이는 그의 신하들도 왕이 이토록 이른 시간에 자기들을 불러 들려주는 그 꿈 얘기가 전혀 부정할 수만은 없는 것으로 인식되어졌다는 것을 알려준다. 그러면 이들은 어떻게 해야 하는 것일까? 곧바로 아브라함을 불러 꿈에 경험되어진 이 일을 실행해야 하는 것일까?

"아비멜렉이 아브라함을 불러서 그에게 이르되 네가 어찌하여 우리에게 이리 하느냐 내가 무슨 죄를 네게 범하였관대 네가 나와 내 나라로 큰 죄에 빠질뻔 하게 하였느냐 네가 합당치 않은 일을 내게 행하였도다 하고"(:9)

이어지는 위의 말씀은 꿈에서의 일이 바로 그 날 곧바로 아비멜렉 왕에 의해 실행되어진 것처럼 기록되고 있다. 그러나 다음의 말씀은 이 일이 실행되기까지는 상당히 오랜 시간이 경과되어졌다는 것을 증거하고 있다.

> "아브라함이 하나님께 기도하매 하나님이 아비멜렉과 그 아내와 여종을 치료하사 생산케 하셨으니 여호와께서 이왕에 아브라함의 아내 사라의 연고로 아비멜렉의 집 모든 태를 닫히셨음이더라"(:17-18)

위의 말씀은 아브라함이 아비멜렉으로부터 사죄의 말을 듣고 또 자기를 위해 기도해 달라는 요청도 받아들여 그대로 행하게 될 때 나타나는 상황을 설명하고 있다. 여기서 우리가 주목하게 되는 것은 아브라함이 기도할 때 아비멜렉과 그 아내와 여종들이 치료를 받고 생산케 되었다고 하는 사실이다. 이는 아비멜렉이 아브라함을 불러들여 그 꿈에 지시받은 대로 행하기까지 상당한 시간이 경과하였다는 것을 보여준다. 곧 사라를 취한 이후 쉽게 치료가 되지 않는 어떤 질병이 아비멜렉에게 발생하여 고통을 받아왔고 그의 아내와 여종들에게도 아기를 생산할 수 없는 어떤 사건들이 그가 아브라함을 불러 오늘 그에게 사죄하는 시점까지 계속되어졌다는 것을 증거하고 있는 것이다.

이러한 사실은 **"네가 돌려보내지 않으면 너와 네게 속한 자가 다 정녕 죽을 줄 알찌니라"**라는 하나님의 경고 말씀이 아비멜렉에게 실제로 발생하였다는 사실을 증거한다. 즉 아비멜렉에게도 치료가 되지 않고 죽음을 두려워해야 하는 질병이 그 몸에 들었으며 그의 아내나 여종들에게도 잉태한 아기를 사산하는 것과 같은 불행한 일들이 계속되어져 왔던 것이다. 그리고 이러한 일련의 계속된 상황들 끝에 아비멜렉은 도저히 어쩔 수 없이 아브라함을 불러 그에게 도움을 요청하는 오늘의 상황에까지 이르렀다는 것을 알 수 있다.

결국 이러한 사실은 다음과 같은 내용을 가지고 일이 진행되어져 왔다는 것을 알게 한다. 아비멜렉은 꿈에 하나님을 경험하고 그 다음 날 아침 일찍 신하들을 불러들여 이 사실을 알리고 대책을 숙의하였다. 신하들 또한 이 일을 두려운 사실로 받아들였다. 하지만 막상 이 일을 꿈에 들려진 하나님의 말씀대로 실행하는 것에는 상당한 부담을 느낀다. 밤에 꾼 꿈에 근거하여 이러한 일을 행하는 것이 사람들의 우스갯감이 될 수도 있을 뿐더러 왕의 자존심과 체면 그리고 더 나아가 자기들이 기존에 섬기는 신의 위신에도 상당한 손상이 오기 때문이었다.

따라서 아비멜렉과 신하들은 두렵긴 하였으나 꿈은 그저 꿈일 수도 있다고 보았다. 그리고 우선은 그냥 덮고 지나가고 앞으로 혹 일어날 지도 모르는 상황들을 한 번 주시해 보기로 결정했다는 것을 알 수 있다. 그리고 이어 하나님은 말씀에 순종치 않고 그 사실성을 의심하는 아비멜렉과 그의 집에 꿈에서의 말씀대로 징벌을 행하신 것이었다.

우리는 여기서 다시 한 번 아비멜렉이 하나님의 말씀에 대해 스스로를 의롭다고 주장하였던 그의 말로 되돌아가 본다. 그의 말대로 그 자신 진정 의로운 자였다면 비록 이전에 사라와 아브라함의 관계를 설혹 몰랐다고 할지라도 그것을 알게 된 이상 그녀를 즉시로 돌려보내야 했다. 아니 꿈에 하나님과의 만남이 있던 바로 그 다음 날 먼저 아브라함을 불러들여 일의 자초지종을 들어보아야 했다. 그리고 한 늙은이의 두려움과 좌절에서 비롯된 이 일을 왕의 너그러움으로 회복시켜 주는 것이 합당했다. 꿈에 나타난 하나님이 그를 선지자라고 할 때 그가 어떤 사람인지 왜 오늘의 상황에 이르게 되었는지 자세히 들어보아야 했던 것이다. 만일 그러했다면 그는 오히려 높은 덕망으로 신뢰와 존경을 받을 수 있었을 것이었다.

하지만 그는 그 어떤 시도도 하지 않았다. 하나님과의 만남이 있기 전에는 몰랐어도 그 후의 일은 전적으로 그의 몫이었음에도 불구하고 말이다. 그 일이 자기에게 불리하다고 여긴 때문이었다. 그냥 무시해버린 채 이 일이 무사히 지나가기를 바라는 마음 때문이었다. 결국 그가 그 일을 진행치 아니함으로 말미암아 아브라함이라는 한 늙은이와 사라라는 한 여인이 모진 정신적 고통을 받고 있는데도 그러했던 것이다. 그것이 자기 자신에게도 고통이 되어 돌아오기까지 말이다.

이것이 인간이 가지고 있는 의로움의 실상이다. 어느 한 순간 의롭다고 여겨지는 삶을 살 수는 있어도 그의 삶 전체를 관통하는 의를 유지할 수 있는 인간은 없다. 자기의 이해관계에 따라서 혹은 무지함으로 인해 타인에게 모진 고통을 안겨주면서도 이를 알지 못하고 때로는 알면서도 간과할 수밖에 없는 것이 인간이기 때문이다.

"아비멜렉이 아브라함을 불러서 그에게 이르되 네가 어찌하여 우리에게 이리 하느냐 내가 무슨 죄를 네게 범하였관대 네가 나와 내 나라로 큰 죄에 빠질뻔 하게 하였느냐 네가 합당치 않은 일을 내게 행하였도다 하고"(:9)

하나님을 경험하고 살 길을 제시받았음에도 일부러 무시한 그가 아브라함 앞에서 하는 말이다. 그의 이 말 속에는 자기의 잘못을 시인하는 내용은 일체 없고 오히려 아브라함을 타박하며 그에게 모든 책임을 돌리고 있다. 자기의 책임은 최대한 줄이고 상대의 잘못을 최대한 크게 해서 자기가 입을 타격을 최소화하기 위해서이다. 그리고 마지못해 사라를 돌려주면서도 이것을 또 자기가 주는 은혜로 포장하고 싶었기 때문이기도 하였으리라.

사람이 하나님의 존재를 믿어서 하나님을 경험하든 혹은 믿지 않을지라도 이런 저런 형태로 하나님을 경험하든 하나님에 대한 경험을 실제 삶 속에 받아들이는 것은 무척이나 어렵다는 것을 알게 한다. 이스라엘이 출애굽하던 때에 이집트의 왕 바로도 이와 같았다. 이스라엘을 내보내는 것과 관련하여 하나님의 계시를 열 번이나 계속해서 받았다. 하나님의 존재와 계시가 사실이라는 것을 직접 목격하지만 그 때가 지나고 나면 이를 번번이 무시한다. 오늘 아비멜렉처럼 자기가 잃을 체면과 자존심, 권위와 이익 때문이었다. 결국 그는 자기의 모든 것을 잃고서야 하나님을 인정한다. 그것도 자기에게 닥친 위기가 지나가기까지의 잠시 뿐이었다. 인간이 자기 좁은 소견에만 의지하여 살고자 하기 때문이다.

하나님을 알만한 기회가 주어져 있을 때 알아야만 하지 않겠는가? 하나님의 뜻을 실천할 수 있을 때에 실천해야 하지 않겠는가? 들어 알고도 실행치 않는다면 오늘 아비멜렉이 하나님의 말씀을 듣고도 행치 않아 징벌을 당하는 것과 무엇이 다르랴. 하지만 인간은 자기를 위한 좁은 생각들 때문에 이를 놓쳐버린다. 그리고 어느 날엔가는 후회한다. 후회하게 되리라.

두 번 죽이는 (창 20:9-10)

사라를 아비멜렉에게 빼앗긴 후 오늘에 이르기까지 아브라함은 어떻게 지내왔을까? 그가 사라를 자기의 누이라 말하고 왕에게 줘버렸다는 것은 소돔의 멸망 이후 절망한 와중에도 살고자 하는 집착만은 가지고 있었다는 것을 나타낸다. 그 절망이 자기 목숨을 포기하고 싶을 만큼 끝까지 간 것은 아니었다. 그런데 그렇게 사라까지도 빼앗겨버린 후 그것을 통해 그랄 땅에서 오히려 편히 살아갈 수 있게 된 자기의 삶을 그는 어떻게 받아들이고 있었을까? 아니 사라를 그렇게 줄 수 있었던 자기 자신에 대해서 그는 무슨 생각을 하였으며 또 어떻게 받아들이고 있었을까? 하갈이 낳은 아들 이스마엘이 있기에 그래도 그에게 남은 소망과 미련을 두고 아무 생각 없이 편하게 잘 살아올 수 있었던 것일까?

사라를 준 대가로 그나마 이 그랄 땅에서 발붙이고 살아갈 여지를 가질 수 있었던 아브라함을 어느 날 아비멜렉이 찾는다. 그리고 그 앞에 선 아브라함에게 아비멜렉은 그의 거짓말을 추궁한다.

"아비멜렉이 아브라함을 불러서 그에게 이르되 네가 어찌하여 우리에게 이리 하느냐 내가 무슨 죄를 네게 범하였관대 네가 나와 내 나라로 큰 죄에 빠질뻔 하게 하였느냐 네가 합당치 않은 일을 내게 행하였도다 하고"(:9)

이 말 속에 담긴 아비멜렉의 감정은 무엇일까? 사라를 보내라는 하나님의 말씀을 지키지 않음으로 당한 재앙 때문에 지치고 피곤한 그래서 하소연하듯 하는 말인가 아니면 굳은 얼굴로 정색을 하고 아브라함을 책망하는 말인가? 성경에 기록된 그의 한 마디 한 마디 표현들은 이 말을 하는 아비멜렉의 분위기를 잘 드러내고 있다. "**네가 어찌하여 우리에게 이리 하느냐**", "**내가 무슨 죄를 네게 범하였관대 네가 나와 내 나라로 큰 죄에 빠질뻔하게 하였느냐**", "**네가 합당치 않은 일을 내게 행하였도다**". 이러한 표현들은 이 말을 하는 주체가 왕이라고 할 때 이 말의 대상이 되는 자는 오금이 저릴 수밖에 없는 말이다. 왕으로 하여금 죄를 범하게 한 자 왕에게 합당치 않은 일을 한 자가 당할 수 있는 결과는 죽음뿐이다. 이것이 보통의 상황에서 들려지고 있다면 이 말을 듣는 자는 가혹한 형벌을 받을 수밖에 없다.

아브라함이 자기 아내를 누이라고 속였을 때 그 속인 대상이 왕이었다. 결과적으로 본다면 왕은 속아서 남의 아내를 자기의 아내로 맞아들인 결과를 범하였다. 그러므로 이것은 각도를 달리해서 보면 왕을 희롱하는 것과 같은 대단히 심각한 범죄행위가 될 수 있다. 왕을 남의 멀쩡한 아내나 탐내어 빼앗는 못된 범죄자로 만드는 것으로 판단할 수도 있기 때문이다. 어떤 중간 과정이 있었든지 이와 같은 각도에서 접근하는 것을 전혀 부정할 수 없는 것이다.

그러므로 아비멜렉이 아브라함을 대해 하는 이 말들은 그가 아브라함을 불러 앞에 놓고 일부러 엄한 표정에 강한 어조로 그를 질책하는 그런 말이다. 이와 더불어 그의 이 말은 자기와 자기 백성들은 절대 남의 아내를 탐내어 빼앗거나 남에게 해를 가하는 그런 사람들이 아니라고 자기를 변호하는 의도가 담긴 말이다. 만일 네가 사라를 너의 누이라고 말하지만 않았어도 오늘과 같은 사태는 절대 임하지 않았을 것이라는 말이다. **"네가 합당치 않은 일을 내게 행하였도다"** 라는 말은 그러므로 이번 일은 아브라함 너로 인해 생겨난 일이요 전적으로 너에게 모든 책임이 있다고 하는 말이다. 아브라함을 책망하면서 동시에 자기가 사라를 취한 행위를 변호하고 정당화하고자 하는 의도가 여기에 담겨 있다.

결국 그는 아브라함을 앞에 놓고 토한 이 말 속에서 첫째는 왕의 권위가 담긴 말로 아브라함을 질책하고 있고 둘째는 자기의 실수나 잘못을 부인하여 자기를 정당화하고 있다. 그러므로 이러한 내용을 놓고 본다면 그는 모든 잘못을 아브라함에게 돌리면서 그에게 사뭇 고압적이고 위협적인 태도를 나타내 보이고 있는 것이다. 과연 그는 어떤 의도를 가지고 이러한 상황을 조성하는 것일까?

"아비멜렉이 또 아브라함에게 이르되 네가 무슨 의견으로 이렇게 하였느냐"
(:10)

"네가 무슨 의견으로 이렇게 하였느냐". 아비멜렉의 이 질문은 적어도 표면적으로는 아브라함이 왜 이렇게 행하였는지 그 이유를 알고 싶다는 말이다. 과연 그는 정말 아브라함의 행동의 동기가 궁금해서 이렇게 묻는 것일까? 물론 그럴 수도 있다. 자기의 아내를 자기의 누이라 하고 비록 왕이지만 그에게 줘버리는 것과 같은 행위는 쉽게 일어날 수 없는 일이기 때문이다.

하지만 앞에서의 그의 말과 행동을 관련지어 생각해 보면 이 질문은 분명 그의 어떤 의도를 느끼게 한다. 곧 아브라함이 자기의 행위가 부적절했다는 것을 시인하고 자기에게 먼저 잘못을 빌고 용서를 구할 것을 기대하고 또 요구하는 말이다. 네가 그렇게 나온다면 내가 너를 용서해줄 수도 있다는 의사를 아브라함이 읽기를 바라면서 말이다. 한 늙은이가 남의 나라 땅에 들어와서 행한 이러한 행위가 죽을까봐 두려워서 행한 것이라는 사실을 굳이 설명하지 않는다고 모를 이유는 없기 때문이다.

사라를 돌려보내야 했다. 하지만 어떻게 돌려보내느냐 하는 것이 아비멜렉 앞에 놓여진 문제였다. 왜냐하면 왕으로서의 자존심과 권위와 체면이 걸려있는 것이기 때문이다. 아브라함이 자기의 잘못을 시인하고 용서를 빌며 사라를 돌려보내줄 것을 간청하게 함으로써 돌려보내는 것과 그런 과정 없이 그냥 돌려보내는 것은 상당한 결과적 차이가 있기 때문이다.

만일 아브라함의 책임을 묻지 않고 그냥 돌려보낸다면 한갓 늙은이에게 왕이 놀아난 것 밖에는 되지 않는다. 하지만 아브라함이 먼저 잘못을 시인하고 용서를 구하며 이렇게 해서 사라를 돌려보낸다면 이는 아브라함의 간청에 의한 사건으로 만들어진다. 자기의 곤란한 입장을 변명할 수 있는 여지가 생겨날 뿐 아니라 그의 잘못을 용서해주는 왕의 아량이 크게 돋보여질 수 있다. 따라서 그는 사라를 돌려보내되 아브라함이 이를 간청하게 만들고 자기의 실수를 인정하고 용서를 구하게 함으로써 자기의 체면을 살리고자 하는 의도인 것이다.

아비멜렉은 이미 강한 자요 왕의 권세를 지닌 자이다. 그리고 아브라함은 초라한 유목민이자 죽을까 두려워 거짓말하던 약자이다. 이미 죽을까 두려워 자기 아내도 누이라고 속일만큼 소심한 인간이었다, 그런 자에게 겁을 주고 무릎을 꿇려 그를 두 번 죽일 이유가 어디 있겠는가? 약자이기에 그저 덮어주고 이해하고 넘어가 주면 되는 일이다. 하나님이 개입하셔서 그를 하나님의 선지자라고 하셨던 것은 이미 그것을 요구하고 있다. 아브라함에게 어떤 잘못이 있다고 할지라도 그를 죽이거나 벌을 가할 수 있는 입장이 아닌 것이다. 강자로서의 아량과 용서가 오히려 그의 자존심과 권위를 세울 수 있는 길이었다. 100세 된 노인이 자기가 죽을까봐 두려워하여 행한 일이라고 주변을 이해시키면 그의 너그러움이 더 빛날 수도 있는 일이었다.

잠시 부끄럽지만 넓게 보고 조금 더 솔직해질 수 있으며 그 결과를 좀더 담대하게 맞이하고자 한다면 상황은 쉽게 정리될 수도 있는 일을 내 알량한 자존심 혹은 얄팍한 이기심 때문에 일을 더욱 꼬이게 만드는 이 시대 우리들의 모습이 여기에 담겨 있다. 내가 조금 손해를 보고 지나가면 될 것도 꼭 상대방에게 더 큰 손해를 안겨서라도 나의 곤란함을 모면코자 하는 것이 우리인 것이다. 뒤에서는 잘못을 시인하면서도 사람들 앞에서는 그것이 아닌 것처럼 일을 만들어 자기가 질책 받을 여지를 최대한 줄이고 없애려고 한다. 상대방의 받을 상처를 더욱 크게 해서라도 말이다.

더는 물러설 곳이 없기에 (창 20:11)

무릎 꿇고 용서를 구하라고 하는 그랄 왕의 요구에 대해 아브라함은 어떻게 대답해야 하고 어떤 태도를 보여야 할까? 두려워 떨며 자기의 행위를 사과하고 용서를 구해야 하지 않겠는가? 이것이 실제 아비멜렉의 요구이다. 자기가 죽을까봐 아내를 누이라고 말한 아브라함이라면 지금 자기의 잘못을 추궁하는 왕의 분노 앞에서는 벌벌 떨며 무릎을 꿇는 것이 당연했다.

"아브라함이 가로되 이곳에서는 하나님을 두려워함이 없으니 내 아내를 인하여 사람이 나를 죽일까 생각하였음이요"(:11)

"이 곳에서는 하나님을 두려워함이 없으니". 이 말은 이 곳의 블레셋 사람들은 하늘을 두려워 않는 곧 오늘 자신들의 행위에 대해 장차 임할 형벌을 생각하지 못하는 족속이라고 말한다. 지금 나의 행위를 돌이켜 보고 무엇이 옳은 것인지 인간으로서의 삶의 가치는 무엇인지 등을 생각하지 않는 자들이요 이 세상에서의 삶을 위해서라면 어떤 행위든 할 수 있는 자들이라고 하는 말이다.

내가 그렇게 행한 것은 당신들이 그처럼 악하고 호전적인 족속들이요 내가 이것을 두려워하였기 때문이라고 자기를 설명한다. 그의 이 말은 아비멜렉이 방금 자기와 자기 백성은 남의 아내를 빼앗는 죄를 범할 그런 자들이 아니라고 한 말을 정면으로 반박하는 말이다. 너희가 내 아내를 빼앗아 간 것은 이미 못된 의도를 가지고 행한 악한 짓이었다라고 지적하고 있는 것이다.

아브라함의 속에는 아비멜렉이 요구하는 것과 같은 자기의 행위에 대해 사과하고 용서를 빌고자 하는 의도가 없다. 내가 잘못했으니 나를 용서하고 내 아내를 내게 돌려달라고 간절히 요청하는 말이 아니다. 물론 그렇다고 해서 이 말이 자기가 잘했다고 주장하는 것은 아니다. 다만 자기가 왜 그렇게 했는지에 대해서 아비멜렉의 입장이나 그의 요구를 고려함이 없이 있었던 그대로를 설명하는 것이다.

사실을 속이고 그로 인해 아내를 남에게 빼앗겨버린 자로서 더 이상 비굴할 수 없다는 각오가 그에게 서 있는 것 같기도 하다. 더 이상 쓸데없는 말로 자기를 가리거나 자기에게 좋은 상황을 얻고자 지저분한 모습을 보이고 싶지 않은 그저 담담하게 현실에 대처해 가고자 하는 그의 마음을 읽을 수도 있게 하는 그런 말이다.

자기를 돌아보고 또 돌아본 후 자기 스스로를 어느 정도 정리한 그의 모습을 보여주고 있다. 나이 100세나 된 자가 무얼 더 오래 살겠다고 그런 거짓말을 하였는지 회한에 찬 심정으로 자기 가슴을 친 자에게서 나타나는 모습이다. 사라를 보낸 후 오늘까지 가슴을 쥐어뜯으며 자기를 괴롭히는 시간들이 그에게 있었다는 것을 알려주고 있다. 그 절망적인 충격 속에서 이제 어느 정도 정신을 차리고 자기 자신을 있는 그대로 대면하고자 하는 그의 의지를 읽을 수도 있는 말이다.

인간은 어쩌면 가장 약한 순간에 가장 강해질 수 있는 것이 아닐까? 더 이상 물러설 길이 없다고 판단될 때 더는 이렇게 살 수 없다는 생각이 자기를 덮쳐오는 순간에 인간은 오히려 더욱 강한 결의로 자기를 회복해 가는 것을 우리는 현실에서 볼 수 있다. 아직 미련이 있고 더 얻고자 하며 지키고자 하는 무언가가 아직 남아 있을 때 인간은 얻을 수 있고 지킬 수 있고 피할 수 있는 길을 생각한다. 아브라함이 사라를 누이라고 속인 것 같은 비굴하고 지저분한 수단을 부리게 된다. 하지만 더는 피할 길도 잃을 것도 그리고 더 나빠질 것도 없다는 판단이 들 때 인간은 오히려 정직하며 강하고 담대한 마음으로 현실을 대면할 수 있는 것이다.

하나님께서 왜 오늘까지 아브라함을 포기하지 않고 그를 사랑하시는지 이유를 발견할 수 있다. 그가 완벽한 인간, 온전히 의로운 인간이라서가 아니라 그 또한 약점을 지닌 허물 많은 인간이지만 자기를 돌아보고 자기를 회복할 수 있는 사람이기 때문이다. 또 하나님 앞에서 자기를 바르게 세우고자 발버둥치는 자이기 때문이다.

보통의 사람이라면 평생 단 한 번도 경험할 수 없는 실수를 두 번씩이나 범한 자였다. 하나님의 말씀에 대해 또 그렇게 불성실한 모습으로 임하기도 한 자였다. 그러함에도 그를 오늘까지 사랑하고 동행하며 그를 지켜 보호하시는 것은 그가 이처럼 자기의 잘못을 대해 정직할 수 있는 자였고 돌이킬 수 있는 사람이기 때문이었다. 한 번은 실수할 수 있어도 그리고 그 실수를 또 범하게 될지라도 그 결과에 대해 정직하고자 한 자였다. 자기에게 불리한 상황을 피하고 위기를 모면하려고 교묘한 말로 사람을 속이고 신앙을 속이며 자기의 유익을 도모하는 자가 아니었다.

여기 두 사람이 있다. 자기 아내를 누이라고 속여 남에게 준 사람과 왕의 권세를 이용하여 남에게 있는 여자를 자기의 소유로 삼은 자이다. 그 처음 실수는 모두 동일하였다. 하지만 결과를 대하는 두 사람의 태도는 전혀 달랐다. 한 사람은 자기가 취하여 온 여자를 돌려주어야 한다는 것과 왕의 아량과 관용이 요구된다는 것을 알았다. 하지만 자기의 체면과 위신 때문에 이를 회피하고 교묘한 수단을 부려 자기가 입을 상처를 최소화시키려고 한다. 그러나 다른 한 사람은 자기의 실수를 스스로 인정하고 깊이 참회하며 또 다시 그러한 잘못을 범할 수 없다고 다짐한다. 하나님께서 어떤 사람과 동행하실지 답은 분명하게 떠오르지 않는가.

오늘 이 시대 어느 누구라도 실수와 과오를 범하지 않고 살아갈 수 있는 자가 없다. 그러나 너무도 많은 경우에 사람들이 실망하는 것은 그 결과를 대하는 저들의 태도이다. 분명한 잘못을 행하였고 명백한 범죄행위를 저질러 놓고서도 한사코 부인하고 뒷거래를 하려고 한다. 정직히 시인하면 용서받을 수 있고 오히려 자기를 세울 수 있음에도 자기에게 불리한 결과가 올까 두려워하여 할 수 있는 한 부인하고 숨기고 변명한다. 이런 자는 어느 한 순간 정직해진다고 할지라도 더는 신뢰할 수 없다.

한 순간 아내를 누이라고 속이면서까지 자기 목숨을 구걸하는 구차한 삶의 주인공이 될 수도 있다. 하지만 그 결과에 대해서까지 속이고자 하는 자가 되어서는 안 된다. 한 번 잘못할 수 있고 또 그 실수를 반복할 수도 있다. 그러나 그 하나 하나에 대해 정직하게 하나님과 나를 대할 수 있어야 한다. 그린 자라야 거듭남을 기대할 수 있지 않겠는가? 더불어 어느 한 때 가장 추해 보이는 한 인간 속에서도 우리는 그가 자기를 이기고 본래의 자아를 회복해 가는 것을 기대할 수 있어야 한다. 더는 소망이 없다고 판단되는 사람에 대해서도 언젠가 새 사람으로 놀랍게 변해갈 수 있다는 여지를 우리는 남겨둘 수 있어야 한다. 정직한 속사람이 살아나기를 기대하며.

거짓인데도 거짓이 아닌 것 (창 20:12-13)

사라를 잃고서 깊은 시름에 잠겨 지내던 아브라함, 그는 무슨 생각을 하였을까? 왜 내게 그런 거짓말을 했냐고 다그치는 아비멜렉 왕에게 그는 자신의 행위를 조금도 꾸밈없이 담담하게 말한다. 분명 아비멜렉은 그가 무릎을 꿇고 사죄하고 용서를 구할 것을 기대하고 있었지만 그런 행위는 전혀 일어나지 않았다. 자신의 그런 구차한 태도를 다시 반복하지 않겠다는 다짐이 조용히 배어나오는 그러한 모습이었다. 사람이 한 순간 원치 않는 잘못을 범할 수도 있다. 하지만 문제는 그 뒤에 주어진 결과를 어떻게 대면하느냐 하는 것이다. 그 실수나 잘못이 헤어나오기 힘든 더욱 깊은 질곡으로 그를 몰아갈 수도 있고 반면 그로 인해 오히려 새로운 인생의 자리로 나아갈 수도 있다는 것을 보여주는 그의 모습이었다.

"또 그는 실로 나의 이복누이로서 내 처가 되었음이니라"(:12)

우리는 여기서 부부 이전의 아브라함과 사라의 관계를 보게 된다. 이복누이라고 하는 것은 아버지는 같으나 어머니가 다른 이복형제의 관계라는 뜻이다. 어머니를 놓고 본다면 서로 다를 수 있었지만 아버지를 중심으로 본다면 친 오누이지간이었다. 따라서 실제로 이들은 오라비와 누이동생의 관계였다. 이를 아브라함의 아비 데라의 관계에서 살펴본다면 그에게 아브라함을 낳은 아내 이외에 사라를 낳은 또 다른 아내가 있었다. 이는 데라의 자식이 아브라함, 나홀, 하란의 이 세 아들 이외에도 최소한 사라를 비롯 또 다른 자녀들이 있었을 것이라는 사실을 뒷받침한다. 그리고 그 자녀들 중 아브라함과 사라가 그의 친아들 친딸로써 부부관계를 이루었던 것이다.

친오누이 간에도 부부관계로 맺어지는 것이 오늘 우리의 관점에서 보면 이상한 일이지만 홍수 후에 노아의 세 아들과 이들의 자녀들의 관계에서 자손들이 번식되어 나온 것을 놓고 보면 그리 이상할 것이 없다. 보다 앞선 근원을 따지고 올라간다면 아담과 하와 이 두 사람에게서 난 자녀들이 서로 결혼하여 노아 때까지 인류를 만들어 온 것을 보면 더욱 그럴 것이다.

그런데 우리가 여기서 보게 되는 중요한 사실은 아브라함이 사라를 자기의 누이라고 말한 것은 거짓말이 아니었다고 하는 사실이다. 그런데 그것이 어떻게 왕을 속이는 거짓말이 되었던 것일까? 그 이유는 아브라함이 사라를 자신의 누이라고 말한 것은 거짓이 아니었지만 그것이 부부지간이라는 사실을 숨기려는 의도에서 한 말이었다는 점에서 거짓말을 한 것이 되기 때문이었다.

곧 그는 자기들의 부부관계를 부인하는 거짓말을 하면서도 전혀 없는 허구를 꾸며 상대를 속인 것이 아니라 그들이 실제 오누이라고 하는 하나의 분명한 사실관계를 말한 것이었다. 그러므로 그가 사라를 자기의 누이라고 말한 것은 그 자체로만 본다면 거짓이 아니었지만 명백히 부부관계를 부인하여 타인에게 실제 관계를 속이고자 하였다는 점에서는 거짓이었던 것이다. 분명 거짓을 말하고 있었지만 그들이 실제 오누이였다는 사실에 의해 그 거짓은 정당성을 가질 수 있었던 것이다.

그렇다면 아브라함과 사라가 오누이 관계라는 점에 근거하여 아브라함이 사라를 자기의 누이라고 말한 것과 또 그들이 친오누이가 아니라고 할 때 그렇게 말한 것과는 어떤 차이가 있게 되는 것일까? 만일 오누이 관계가 아니었다면 사라를 자기의 누이 동생이라고 말한 것은 그야말로 상대를 속이기 위해 꾸며낸 명백한 거짓이 된다. 이는 한 신앙인으로서 그리고 가나안의 유력자로서 오늘까지 살아온 그의 삶을 놓고 볼 때 그리고 100세라는 그의 나이에 비추어 볼 때 결코 쉽게 만들어내고 내뱉을 수 있는 말이 아니었다. 너무 속 들여다보이는 치졸한 거짓말이기 때문이다. 거짓을 말하고 있다는 양심의 죄책감, 옳고 그름에 대한 최소한의 판단과 신앙과의 관계 때문에 깊이 고민하게 하였을 것이고 이런 거짓말 자체가 불가능할 수도 있었다.

하지만 두 사람이 실제로 오누이라는 사실 관계를 가지고 있을 때 이는 거짓을 말하면서도 실제 사실을 말하는 이중성을 갖게 만든다. 즉 그 거짓과 속임에 정당성을 부여하는 것이다. 그러기에 남을 속일 의도에서 거짓을 말하면서도 다른 한 편 그 거짓이 사실이기 때문에 거짓말에 대한 죄의식을 줄일 수 있었고 태연하게 행할 수 있는 것이다. 이것이 아브라함이 거짓을 말하는 실체였다.

사실을 말하면서도 그 속에 상대를 속이고자 하는 거짓을 담을 수 있는 우리 인간의 교묘함을 본다. 거짓을 말하면서도 거짓에 대한 죄의식을 줄일 수 있고 피할 수 있는 교활함과 능청스러움이 우리 인간에게 있다. 이런 거짓말이라면 속아 넘어가지 않을 자가 없다. 그 누구라도 의심할 수 없다. 명백한 거짓을 지어 말한다면 표정이나 말투가 이상할 수도 있고 사실관계를 추적함으로써 거짓을 밝혀낼 수 있다. 그러나 엄연한 사실관계를 들어 상대를 속이고자 할 때 이에는 속수무책이라고 해야 할 것이다.

　아브라함이나 사라 또한 그들이 실제 오누이 관계였기에 이를 말함에 있어 별 어색함이나 죄의식을 느끼지 않을 수 있었을 것이다. 왜냐하면 사실이었기에. 그러나 이 사실이 그들이 부부지간이라는 사실을 숨기기 위한 도구로 말해질 때 분명히 거짓이었고 상대를 속이는 사기행각이었던 것이다. 하지만 그들은 이 속임이 자기들을 갈라놓는 무서운 결과를 가져올 줄은 꿈에도 생각지 못하였을 것이다. 사실을 말하는 것이기에 대수롭지 않게 생각하고 내뱉은 그 말이 그렇게 자기들의 인생을 뒤헝클어 놓고 땅을 치며 통곡하게 만드는 결과를 초래할 줄은 눈꼽만큼도 짐작하지 못했을 것이다.

　훗날 다윗이라는 인물이 사울 왕의 핍박을 피해 갈 곳을 알지 못하고 도망갈 때 그는 잠시 놉이라는 땅에 들른다. 그리고 그 곳에 있는 제사장에게 가서 자신이 골리앗을 죽일 때 노획한 칼과 약간의 먹을 것을 요청한다. 왕의 사위이자 이스라엘의 장군인 다윗이 대동한 군사도 없고 소지한 무기도 없이 홀로 나타나서 칼과 떡을 구하는 것을 이상히 여긴 제사장이 이를 묻는다. 그러자 다윗은 자기와 함께 한 군사들은 저 들에 있다고 거짓을 말한다. 하지만 이 말을 믿고 다윗에게 칼과 떡을 준 제사장은 이로 인해 왕의 분노를 사게 된다. 그 제사장뿐만 아니라 놉 땅의 다른 모든 제사장들과 그들의 가솔들과 모든 가축 소유물까지 완전히 몰살을 당한다. 사울 왕의 사악함이 만들어낸 결과였지만 이 일이 다윗의 아주 작은 어쩌면 사소할 수도 있는 거짓이 초래한 결과였다.

　오늘 내가 진실한 신앙인이라면 하나의 사실을 말하면서도 그 속에 어떤 다른 뜻이나 생각을 감추어 두고 있지 않은지 예민하게 살펴볼 수 있어야 한다. 만일 사실을 말하지만 무언가를 감추기 위해 혹은 상대가 알지 못하는 다른 어떤 계획을 갖고 있다면 이것이 과연 신앙에 합당한지를 스스로 점검하고 제어할 수 있어야 한다. 그러함에도 신앙의 탈을 쓰고서 자기의 곤란함을 모면하기 위해서 뿐만이 아니라 상대를 죽이기 위해서 명백한 거짓을 태연히 지어내는 자들이 있고 아비멜렉처럼 교묘한 술수로 자기를 방어하려고 시도하는 자들도 있다.

"하나님이 나로 내 아비 집을 떠나 두루 다니게 하실 때에 내가 아내에게 말하기를 이후로 우리의 가는 곳마다 그대는 나를 그대의 오라비라 하라 이것이 그대가 내게 베풀 은혜라 하였었노라"(:13)

아브라함은 오늘까지 자신의 아비 집 고향 본토를 떠나 오늘까지 두루 다닌 것이 하나님의 하신 일이었다고 말한다. 그리고 그것은 명백한 사실이었고 그러한 소명의식이 그에게 분명히 있었던 것도 사실이었다. 하지만 그는 자신을 보내고 인도해 가시는 하나님이 아니라 자신의 아내 사라에게서 한 가지 은혜를 구하였다. 곧 부부관계라는 사실을 속임으로써 혹 겪을 수도 있는 어려움을 덜고자 함이었고 자신의 안전을 도모하고자 함이었다.

문제는 바로 여기서 발생했다. 하나님의 뜻을 따라 행하면서도 하나님께서 나의 모든 것을 책임져 주신다는 확고한 믿음을 갖지 못했다. 때문에 그 행하는 길에서 자신의 생명을 잃게 되지나 않을까 하는 두려움이 있었다. 그리고 할 수 있는 만큼 인간을 통해 그 두려움을 해소코자 하였다. 바로 이것이 그의 삶과 신앙의 길을 왜곡되게 만들었고 오히려 전혀 뜻하지 않은 재앙과도 같은 어려움을 그에게 가져다 주었다.

내가 하나님의 일을 하면서도 하나님을 신뢰하지 않는 경우가 있다. 내 속에 하나님의 부르심에 대한 확고한 소명감이 있고 내가 하는 일이 하나님께서 내게 맡겨주신 일이라는 사명감도 있지만 정작 그 일의 진행과정에 대해서는 하나님께서 도와주시고 지켜주신다는 은혜에 대해 온전히 믿지 못하는 면이 있는 것이다. 그것도 아주 많이. 그래서 하나님의 일을 한다고 하면서도 그 진행과 처리에 대해서는 비신앙적인 왜곡된 가치관으로 임하게 되는 것이다. 교묘한 술수와 인간적인 방법으로 말이다. 바로 아브라함에게서 나타난 것과 같은 거짓과 속임 같은 것들이다.

아브라함의 이 말은 그가 왜 이런 속임의 말을 하게 되었는지 왜 오늘의 이런 험하고 곤란한 상황을 스스로 초래하였는지에 대한 답을 제공하고 있다. 하나님의 부르심에 대한 의식은 분명히 있었으나 하나님의 인도하심과 보호하심에 대한 인식은 부족했던 그의 믿음의 실상을 반영하고 있는 것이다. 물론 하나님의 부르심에 대한 소명의식은 아주 중요하다. 하지만 그의 인도해 가시는 길이 어디에 있는지 이를 분별하고 그 뜻대로 행할 수 있는 지혜 그리고 그 길에서 두려워하지 않고 염려하지 않을 수 있는 보다 확고한 믿음이 부름 받은 일군들에게 반드시 있어야 함을 가르쳐준다.

오늘 우리들도 하나님을 마주하면 소망을 얻고 용기를 가질 수도 있으나 뒤돌아서면 온갖 염려와 근심 나아가 장래에 대한 알 수 없는 두려움에 사로잡힌다. 그리고 삶은 아브라함이 사라를 누이라고 한 것처럼 이리 저리 뒤틀리기 시작하고 신앙은 내 삶을 지켜줄 힘을 상실한 채 삶의 보조적 도구로 전락해 버린다. 두려움과 염려에서 나온 말과 생각들 그리고 사람에게 나를 의지하고 사람에게 무릎 꿇고자 하는 움직임들이 일어난다. 그 결과 몸은 분주하나 마음은 하나님에게서 멀어져 가는 일이 발생한다.

어디 이만한 여자 없소? (창 20:14-16)

"아비멜렉이 양과 소와 노비를 취하여 아브라함에게 주고 그 아내 사라도 그에게 돌려보내고 아브라함에게 이르되 내 땅이 네 앞에 있으니 너 보기에 좋은 대로 거하라 하고"(:14-15)

아비멜렉 앞에 불려나온 아브라함은 왕의 부름에 대해 무슨 생각을 하며 나왔을까? 그리고 왕이 자기의 거짓에 대해 추궁할 때 그는 어떤 결과를 예상하고 있었을까? 이미 준비된 마음이 있었기에 이 순간 왕 앞에서 의외로 침착하고 담담할 수 있었지만 적어도 그 결과에 대해서는 앞이 캄캄하지 않았을까? 왕을 속인 것이었고 그로 인해 왕은 젊고 아리따운 처녀가 아닌 어느 늙은이의 아내를 강탈하여 자기의 첩으로 삼은 꼴이 되게 만들어버렸다. 그리고 오늘 대단히 화가 난 모습으로 자기를 불러 이 일을 추궁하고 있다.

아브라함이 예측할 수 있는 결과는 어떤 것이었을까? 더는 물러설 곳이 없고 또 각오한 바가 있어 지극히 담담하였다. 하지만 어떤 해로운 결과는 피할 수 없는 것이라고 생각하지 않았겠는가? 어쩌면 사라와 함께 많은 사람들이 보는 앞에서 심한 모욕을 당하고 죽임을 당하거나 자기의 모든 재산을 다 빼앗기고 쫓겨나는 상황까지도 그는 상상하고 있었을 것이다. 혹 용서받을 수 있다면 그것 하나만으로도 감지덕지할 수 있는 것이었다.

그런데 아브라함의 말을 듣고 난 후 왕은 아브라함에게 심한 벌을 가하는 대신 사라를 돌려보낼 뿐만 아니라 양과 소와 노비를 취하여 그에게 준다. 양과 소뿐만 아니라 이것들을 돌볼 사람들까지 노비로 그에게 더하여 주는 것이었다. 한 두 마리의 양과 소가 아니라 무척 많은 가축 무리가 아브라함에게 건네졌다는 것을 알 수 있다. 그리고 이 땅 어느 곳이든지 네가 원하는 곳에 거하라고 한다.

아브라함은 아비멜렉이 자기를 죽일 것이라고 생각하지 않았겠는가? 큰 해로움이 자기에게 임할 것이라고 어쩌면 인생을 포기하는 심정을 가지고 나아왔지 않았겠는가? 그런데 전혀 뜻밖에도 오히려 생각지 못한 후한 은혜를 누리게 된 것이었다. 아브라함은 이를 어떻게 받아들였을까? 사라는 또 이 순간의 사건을 어떻게 바라보았을까? 다른 일도 아니었다. 왕을 속인 것이었고 이에 대해 추궁 받는 자리였다. 그런데 왕을 속인 대가가 징벌이 아니라 오히려 넉넉한 은혜라니, 이것이 과연 일치할 수 있는 원인과 결과인가?

낙심했던 아브라함이었다. 하나님 신앙에 대해 그리고 자신의 삶에 대해 깊은 회의에 빠져 내려온 길이었다. 헤브론을 떠나 그랄로 올 때는 소망도 의욕도 잃어버린 채 절망한 심정으로 내려왔고 이 땅에서도 자포자기의 심정으로 대한 삶이었다. 블레셋 족속의 훼방과 도전을 두려워했었다. 그랄 왕으로부터 받을 해가 염려되고 두려워서 아무 말도 못한 채 사라를 빼앗겨 버렸고 볼모처럼 내어주어야 했다. 그저 자기가 살아갈 땅 한 평 허락해 달라고 왕에게 사정하던 신세였다. 그리고 오늘 아비멜렉으로부터 네가 어찌하여 나를 속였느냐고 추궁 받는 이 순간은 그 모든 비극의 절정과도 같은 순간이었다. 자기의 목숨마저도 포기하기로 각오해야 하는. 조금이라도 나은 것을 기대할 수 없는 순간이었다.

그런데 자기를 멸시하고 죽일 것이라고 생각했던 왕이 자기를 살려줄 뿐만 아니라 양과 소와 노비까지 더하여 주고 사라도 무사히 돌려보내는 것이었다. 더군다나 그 땅에서 쫓아내는 것도 아니었고 살아갈 한 평 땅을 구하였던 그에게 어떤 땅이든지 선택하여 얼마든지 넉넉하게 소유하고 살아갈 수 있는 은혜를 베풀어준 것이었다. 너 보기에 좋은 대로 거하라고 하는 것은 단순히 살아가도록 내버려두겠다는 것이 아니라 살아가는데 불편함이나 위기를 겪지 않도록 왕의 권한으로 지켜주겠다고 하는 것까지 포함하는 말이다.

다시 한 번 하나님의 은혜를 생생하게 경험하는 순간이었다. 어쩌면 지독한 회의를 느끼고 있었을 하나님의 존재에 대해 다시금 온전하게 체험하는 것이었다. 한 순간에 아브라함의 삶의 문제와 근심을 해소시켜 버리시고 다시금 가장 풍족하게 은혜를 부어주시고 인도해 가시는 하나님을 보여주신 것이었다. 거짓말을 해서라도 어떻게든 비비적대고 살아보려던 비참한 한 인간에게 임한 하나님의 은혜였다. 신앙의 무게와 삶의 짐을 이기지 못해 쓰러진 자를 일으켜 세우시는 하나님이었다.

너는 나를 버리고 떠났을지라도 나는 너를 결코 버리지도 떠나지도 아니하였노라고 하시는 하나님이셨다. 불꽃같은 눈동자로 너를 지켜보고 있었노라고 하시는 하나님이었다. 그리고 이 은혜는 더는 물러설 수 없다고 각오한 순간 자기의 생명을 대해서도 담대해지는 그 순간에 임한 것이었다.

하나님이 어떤 하나님이신지 하나님께서 당신의 백성이 되려고 하는 자에게 원하시는 우리의 모습은 무엇인지 선명히 보여주신다.

> "사라에게 이르되 내가 은 천개를 네 오라비에게 주어서 그것으로 너와 함께 한 여러 사람 앞에서 네 수치를 풀게 하였노니 네 일이 다 선히 해결되었느니라"(:16)

사라. 또 한번 너무나도 큰 삶의 짐을 졌던 여인이었다. 어쩌면 대단히 호전적인 블레셋 족속의 왕에게 사로잡힌 것이기에 헤어날 수 없는 암담함을 느꼈을 것이다. 아브라함의 아내로서 평생 두 번씩이나 남의 아내가 되는 일을 겪었으니 그 수치심은 또 어떠했을 것인가? 그것도 이번에는 90세가 다 된 몸이었다. 기가 찰 노릇이었음에 틀림없다. 하지만 오늘 이 순간 그녀는 또 한 번의 기적을 맛본다. 아니 자기의 기도에 응답하시는 하나님의 극적인 은혜를 다시 한번 누린다. 남몰래 흘린 눈물을 기억하시는 하나님, 숨어 숨죽여 드린 간절한 부르짖음에 단 한 치의 오차도 없이 정확히 응답하여 주시는 하나님을 다시금 경험하는 것이었다.

그런데 우리는 또 한 가지의 특이한 사실을 보게 된다. 그것은 그저 아브라함에게 다시 돌아갈 수만 있어도 기쁘고 감사할 수 있는 사라였는데 그녀를 위해 이 일 외에도 한 가지가 더하여지고 있다는 것이었다. 그것은 첫째 사라를 취하여 온 것으로 인해 그가 은 천개를 아브라함에게 주었다는 것과 둘째는 이를 통해 사라의 수치를 풀어주고자 노력하였다는 사실이다. 곧 사라와 관련하여 그녀의 자존심과 체면을 회복시키고자 하는 별도의 조치를 취하는 것을 볼 수 있다.

사라에게 대하여 각별히 신경을 쓰고 정성을 기울이는 아비멜렉을 볼 수 있다. 왜 이런 것일까? 이번 일은 아브라함과의 일이기에 그와의 사이에 회복되어야 할 것을 회복하면 되는 일인데 왜 사라를 위해 또 이런 조치를 취하는 것일까?

여기서 특히 아비멜렉이 **"너와 함께 한 여러 사람 앞에서 네 수치를 풀게 하였노니"**라고 말하는 것은 그의 이러한 배려가 사라가 집에 돌아가 만나야 할 그 집 사람들과 관련이 있다는 것을 알게 한다. 곧 사라가 아브라함의 아내라고 하는 것은 그 집 사람들에게는 뻔한 사실이었다. 그런데 그녀가 아브라함의 거짓으로 인해 남의 아내가 되었다가 돌아오게 되었으니 이를 결코 편하게 바라볼 수 없는 그들이었다. 그러므로 사라 또한 저들 대하기가 대단히 민망할 수밖에 없는 상황이었다. 그의 공동체 식구들을 어떤 낯으로 볼 수 있을 것인지 막막할 뿐이었다.

따라서 아비멜렉이 **"너와 함께 한 여러 사람 앞에서 네 수치를 풀게 하였노니"**라고 말하는 것은 이러한 곤란한 상황까지 알고 이것까지 풀어주고자 하는 그의 세심한 배려인 것이다. 곧 그녀와의 사이에 아무 일도 없었다는 것을 왕 자신이 증언하고자 하는 증표라고 할 수 있다.

그렇다면 여기서 아브라함에게 은 천개를 주었다는 것과 이러한 재물을 준 것이 그녀의 수치를 풀기 위함이었다고 할 때 이는 어떤 관계를 갖고 있는 것일까? 은 일천 개를 주며 이것이 이러한 수치를 풀기 위한 것이라고 하면 이는 어떤 내용을 담고 있는 것일까? 그녀가 남의 아내가 되어 봉사한 일에 대한 대가를 뜻하는 것인가? 왕의 아내가 되어 봉사한 결과로 은 일천 개를 벌었다면 이것으로 그 수치는 풀리는 것인가? 그것은 그렇지 않다. 이런 의미에서의 돈이라면 이는 오히려 수치를 더하는 것이 될 뿐이다. 한 번 왕의 아내 노릇을 한 다음에 그 대가로 돈을 왕창 번 게 되기 때문이다. 오히려 사람들의 비웃음거리 혹은 우스갯감이 될 수도 있었다.

그러므로 이는 분명 아비멜렉의 사라를 대한 세심한 배려이자 이러한 배려를 하는 것은 그녀를 대한 대단한 정성의 표현이다. 어떻게 그에게 이런 일이 생겨나게 되었을까? 그는 왜 이렇게 세심한 데까지 신경을 쓰는 것이었을까?

아비멜렉은 사라에게 물었으리라. 어째서 이런 일이 벌어졌느냐고, 너는 도대체 누구이길래 너의 남편이 너를 누이동생이라고 하는데도 이를 거부하지 않고 또 내게 온 이후에도 전혀 내색하지 않고 그 사실을 온전히 숨기고 지내올 수 있었느냐고 묻고 대답을 구하였으리라. 그리고 더 나아가 너희는 누구며 지금까지 어디서 무엇 하던 사람들이냐고 사라에게 물었겠고 그리고 자신의 꿈에 나타난 신의 존재에 대해서도 자세히 물었을 수도 있다. 너희가 믿는 신은 도대체 어떤 신인가 하고.

이에 대해 사라는 거짓 없이 지금까지의 삶을 있는 그대로 들려주었고 자신이 겪은 일들도 말해주었으리라. 어쩌면 자기 태안에 아이가 잉태되어 있을 가능성과 그 연유에 대해서도 자세한 설명을 들려주었을 수도 있다.

한 여인의 사연 많은 삶에 대해 그리고 그 속에서 여인이 감당해온 희생과 한 남자를 향해 온 몸과 마음을 기울여온 정성과 사랑을 들었으리라. 남편이 자기를 버리는 순간에도 오직 남편을 사랑하기에 스스로를 버릴 수 있었던 여인의 마음을 들었으리라. 하나님에 대해서도 그는 사라를 통해 자세한 내용을 들을 수 있었을 것이다. 조용히 다소곳이 마치 세상을 관조하는 듯한 그녀의 눈빛에서 나오는 맑음과 깊음을 그는 보았는지도 모르겠다.

그러므로 아비멜렉이 사라를 위해 은 천개를 주어 그녀의 수치를 풀고자 한 것은 그녀가 이렇게 자기를 희생하여 지아비를 섬기고자 한 것을 칭찬하여 세상에 알리고 그녀의 인생을 존중하며 그녀의 삶을 회복시켜 주고자 한 아비멜렉의 각별한 마음이라고 할 수 있다.

특히 이런 그의 조치가 반드시 필요한 것은 이제 곧 태어날 사라의 아이와 관련이 있다. 만일 아비멜렉이 그녀와의 사이에 성적 관계가 없었다는 사실을 증명하여 주지 않는다면 그 태어날 아이는 아브라함의 아이가 아니라 아비멜렉의 아이라고 인식될 수밖에 없다. 그러므로 이러한 그의 조치는 그 아이가 아비멜렉의 아이가 아니라는 사실을 증거하는 결과를 가지고 있는 것이다.

참으로 진실된 삶은 그 어떤 악한 자의 마음도 녹일 수 있다. 사람의 온 몸을 다한 진지한 삶 앞에서는 그 누구라도 고개를 숙일 수밖에 없다. 삶이 없이 입만 있을 때 사람은 더 거친 환멸을 그 위에 쏟아놓는다. 하지만 아무리 하찮게 보이는 자일지라도 최선을 다한 삶의 흔적을 그 몸에 지니고 있다면 사람은 그 앞에서 겸손해질 수밖에 없다. 아비멜렉이 어떤 사람이었는지 정확한 실상은 규명할 수 없다. 하지만 대단히 호전적인 족속의 왕이었다. 거친 인물이었음에 틀림없다. 자기의 뜻을 이루기 위해서라면 그 누구의 어떤 희생도 마다하지 않을 사람이었을 것이다. 그러나 그 또한 사라라는 여인의 한 남자를 향한 그 오랜 고통의 사랑과 희생을 알게 되었을 때 고개를 숙일 수밖에 없었던 것이다.

어디 사라만한 여자 볼 수는 없을까? 삶이 아무리 거칠고 힘들지라도 초록향처럼 그윽하고 맑은 정신을 소유한 그런 여자를.

나는 이미 내가 아닌 것을 (창 20:17-18)

아브라함이 아비멜렉 앞에 서서 자기가 왕을 속인 것에 대해 추궁을 받을 때 그는 겉으로는 담담했으나 속으로는 죽음을 각오했으리라. 대단히 호전적인 국가에 와서 그 나라의 왕을 속여 왕과 그 국민을 업신여긴 꼴이 되었으니 이러고서도 살아난다고 하는 것은 기대하기 어려운 일이었다. 그런데 그 결과는 전혀 뜻밖에도 죽음이나 내쫓김이 아니라 모든 것을 회복하고 그 위에 더 풍성한 은혜를 덤으로 받아 누리게 되는 것이었다.

아브라함은 이를 어떻게 바라보았을까? 물론 아비멜렉이 아브라함을 죽일 수 없고 모든 것을 회복해 주어야 하며 오히려 하나님의 선지자로 높여야 한다는 것은 아브라함만 모르고 있었을 뿐 아비멜렉에게는 이미 정해진 일이요 하나님의 섭리 안에 들어와 있는 일이었다. 아브라함이 죽음을 각오하고 있었던 그 순간에 이미 이 모든 은혜는 결정되어져 있었던 것이다.

하지만 아브라함에게 이는 기적 같은 일로 받아들여졌을 것이다. 전혀 얼떨떨할 수밖에 없는 결과였다. 이런 상황을 놓고 본다면 아브라함은 이미 자신을 위해 잔치가 예비 되어 있음에도 죽음을 떠올리고 있었던 것이다. 하나님께서 준비해 놓으신 엄청난 은혜를 앞에 놓고서도 죽음과 같은 고난을 떠올리고 이를 각오해야 하는 것은 어쩔 수 없는 인간의 한계이기도 하지만 쉽게 지워버릴 수 없는 기묘한 아이러니이다.

신앙의 사람 야곱도 언젠가 이와 비슷한 하나님의 섭리를 경험한다. 그것은 그가 요셉을 잃고 난 십 수년 후 극심한 흉년이 들었을 때였다. 애굽으로 양식을 사러 보낸 아들들이 돌아와 애굽의 국무총리 된 자가 자기의 막내아들 베냐민을 데려오라고 하였다는 말을 전해들을 때였다. 베냐민은 그가 가장 사랑하던 아들 요셉을 잃은 후 자기의 곁에서 거의 잠시도 떼어놓지 아니하고 지켜 보호해 오던 아들이었다. 그런데 애굽의 국무총리가 아들들에게 정탐꾼의 죄목을 씌워 시므온을 억류하고 나머지 형제들을 방면하여 베냐민을 데려오라고 한 것이었다.

아버지 야곱의 입장에서는 애굽의 국무총리가 자기의 아들들을 정탐꾼으로 보고 베냐민을 데려오라고 한 것은 애굽에 억류된 시므온과 더불어 이제 베냐민마저도 요셉처럼 잃게 되는 것을 의미하는 것이었다. 더군다나 애굽에서 돌아온 아들들의 양식 자루에서 양식을 산 값으로 지불한 돈이 고스란히 담겨 있음을 발견하였다. 베냐민을 데리고 이 아들들이 다시 돌아갔을 때 도적으로 몰릴 가능성도 있는 것이었다.

그러기에 야곱은 차라리 애굽에 억류된 시므온을 다시 보지 못한다 할지라도 절대로 베냐민을 애굽으로 보내려고 하지 않는다. 그에게는 애굽 국무총리의 요구가 다시는 이 아들을 볼 수 없는 아들의 죽음으로 여겨졌기 때문이었다. 어쩌면 아들들을 다 잃을 수도 있는 것이었기에 말이다. 하지만 흉년이 더욱 깊어져 가고 애굽에서 가져온 양식이 다 떨어져 가자 야곱은 할 수 없이 다시 아들들을 애굽으로 보내기로 하고 베냐민도 함께 보내기로 작정한다. 이렇게 결정할 수 있었던 것은 그의 마음 속에 이 아들도 잃으면 잃으리라고 하는 각오가 있었기 때문이었다. 죽음을 각오한 모진 결정이었던 것이다.

하지만 베냐민을 찾는 애굽의 국무총리는 야곱이 꿈에도 잊지 못하고 그리던 잃어버린 아들 요셉이었다. 그가 베냐민을 부른 것은 그를 야곱에게서 빼앗고 그들에게 고난을 안기고자 해서가 아니었다. 이 지구상에 어느 누구도 경험해보지 못한 놀라운 은혜를 주고자 함이었다. 그러므로 국무총리 요셉의 부름은 죽음이 아니라 은혜였다. 아버지 야곱의 입장에서 본다면 베냐민을 빼앗기는 것이 아니라 이를 통해 죽은 아들 요셉을 만나게 되는 것이었다. 이보다 더 큰 축복이 있을 수 없었고 더 나아가 그의 모든 가족이 가나안의 고달픈 삶을 떠나 요셉의 은혜 아래 가장 평안한 삶을 보장받을 수 있었다. 그리고 그 한 가족이 열 두 족속의 한 민족으로 성장하여 갈 수 있게 되는 것이었다.

하나님의 섭리를 알지 못하고 단지 인간의 보편적인 경험에 의지하여 판단할 수밖에 없는 무지한 인간이기에 우리는 하나님의 가장 놀라운 은혜의 부름 앞에서도 감사하는 것이 아니라 근심한다. 생명을 주시려는 하나님의 부르심을 죽음으로의 초대인 것처럼 받아들인다. 왕을 속인 일로 아비멜렉의 추궁을 받는 아브라함이 가진 마음이나 베냐민을 데려오라는 국무총리 요셉의 요청을 앞에 둔 야곱의 심정이나 다 이러하였다. 그들 앞에 얼마나 놀라운 은혜가 있는지 알지 못한 채 아브라함은 죽음을 각오해야만 했고 야곱도 아들을 잃으면 잃으리라는 각오를 해야만 했다.

오늘도 우리는 하나님의 부르심, 그 말씀에 순종하도록 하는 진리에의 초대를 마치 그 길에 사자라도 쫓아오는 것인 양 두려워한다. 그 축복으로의 초대를 마치 모든 좋은 것을 다 잃게 되는 것처럼 부담스럽게 여기고 그 생명의 초대를 마치 죽음으로의 초대인 것처럼 받아들인다. 하나님의 엄청난 은혜 앞에서도 죽음의 두려움을 느끼는 인간의 무지야말로 죄가 인간에게 남겨놓은 가장 못된 해악이다.

> "아브라함이 하나님께 기도하매 하나님이 아비멜렉과 그 아내와 여종을 치료하사 생산케 하셨으니 여호와께서 이왕에 아브라함의 아내 사라의 연고로 아비멜렉의 집 모든 태를 닫히셨음이더라"(:17-18)

죽음이 생명으로 바뀌는 이 엄청난 은혜를 경험한 아브라함이 아비멜렉을 위해 하나님께 기도한다. 아브라함이 아비멜렉을 위해 기도하는 것은 왜일까? 아브라함 스스로 아비멜렉에게 받은 은혜가 너무도 감사해서 그 대가로 기도해주는 것일까 아니면 아비멜렉의 요청이 있었기 때문일까? 아브라함의 기도로 인해 아비멜렉과 그 아내와 여종이 치료를 받았다는 것은 아브라함이 이들의 이러한 문제를 알고 이를 위해 기도하였다는 것이다. 그러므로 이는 아브라함이 기도하기 이전에 이러한 아비멜렉의 사정이 아브라함에게 소상히 말해졌다는 것을 뜻한다.

기도란 내가 그의 사정을 전혀 모른 채 아무렇게나 기도한다고 해서 그의 모든 문제가 저절로 해결되는 것은 아니기 때문이다. 기도 대상의 깊은 속사정일지라도 충분히 알고 이에 대한 말씀의 분별력을 갖고 정말로 마음에서 우러나오는 진지한 마음으로 기도할 때 그 기도가 바른 것이기 때문이다. 그러므로 아브라함의 기도는 아비멜렉이 먼저 기도를 요청하였고 또한 자신에게 지금 어떤 문제가 있는지 그 문제를 솔직히 털어놓았다는 것이 전제되고 있다. 이는 하나님께서 아비멜렉에게 너의 문제는 아브라함의 기도가 있어야만 모두 해결될 수 있다는 것을 꿈 속에서 알려주셨다는 것에서 확인할 수 있다. 아비멜렉이 아브라함에게 기도를 요청하도록 하신 것이었다.

그러면 과연 아브라함은 아비멜렉이 이러한 문제를 놓고 기도해 달라고 요청할 때 이 기도가 과연 응답될 수 있을 것이라고 분명히 믿고 확신 있게 기도한 것이었을까? 적어도 가나안에서의 그의 신앙과 이 곳으로 오게 된 그의 전후 사정을 살펴보면 그 스스로가 이러한 결과를 분명히 믿고 기도를 드렸을 가능성은 대단히 희박하다. 그에게 이러한 기도를 드릴만한 진실한 신앙이 남아 있지 않았기 때문이다. 그것보다는 아비멜렉이 이러한 모든 호의를 베풀며 기도를 부탁해 오기에 거절할 수 없어 어쩔 수 없는 마음으로 기도하였다. 다만 그 결과는 그저 하나님께 맡기는 부담스럽고 소극적인 마음으로 기도하였다고 보는 편이 타당할 것이다. 그런데 놀랍게도 그의 기도한 대로 모든 것이 기적처럼 이루어진 것이었다.

하나님께서 이를 통해 일으키고자 하신 것은 무엇이었을까? 왜 아브라함으로 하여금 기도하게 하고 이를 통해 인간의 힘으로는 해결할 수 없는 고난이 하나님의 초월적 능력으로 해소되는 일을 경험하게 하신 것이었을까? 그 결과를 보면 첫째는 아비멜렉이 이를 통해 아브라함이 진정 신의 권위를 지닌 하나님의 선지자라는 것을 확인할 수 있었다. 이제 더는 감히 아브라함을 함부로 대할 수 없는 권위가 생겨나도록 한 것이었다. 지금까지 그의 눈에 아브라함은 아무렇게나 대해도 되는 한 이방 늙은이에 불과하였지만 이 순간부터 자신이 그에게 무릎 꿇을 수밖에 없다는 것을 확인하였다. 곧 이는 아브라함에게 아비멜렉의 자기를 대하는 태도가 전혀 다르게 변화되었다는 것을 통해 자기를 인식하는 눈이 바뀌어질 수 있는 기회를 제공하게 될 것이었다.

그러므로 결과적으로 나타나는 정말 중요한 것은 이를 통해 아브라함 자신이 자기를 바라보는 인식의 전환이다. 오늘 이전 아브라함이 보는 자기 자신은 그저 사람을 두려워하고 혹시라도 사람에게 죽게 될까 죽음에 매여 사는 소심한 한 늙은이에 불과할 뿐이었다 그런데 오늘의 사건은 그가 하나님의 권능이 함께 하는 하나님의 선지자라고 하는 사실을 보고 확인하게 되는 것이었다. 곧 어떤 순간에도 하나님께서 나와 함께 하신다는 사실을 아브라함은 이를 통해 충분히 깨달을 수 있게 되는 것이었다.

내가 누구인지 내가 나를 놓고 생각해보면 아무것도 아닌 것처럼 여겨질 수도 있으나 하나님께서 동행하시는 자는 이미 나는 내가 아니다. 내가 바라보는 대로 내 스스로에게 생각되어지는 인간의 한계를 지니고 사는 그러한 나는 아닌 것이다. 하나님의 힘에 이끌려 죽은 자를 살리고 병든 자를 고치며 낙심한 자 위로하여 사람을 변화시켜 나가야 하는 이 세상 그 어느 누구도 할 수 없는 일을 행하는 중요한 사람인 것이다. 아브라함 스스로 자기를 바라볼 때는 그저 힘없는 한 늙은이에 불과할 뿐이었지만 그가 진정 이 땅에서 어떤 일을 수행해야 하는지 이 땅에서 얼마나 중요한 자인지 새롭게 인식토록 하는 것이었다.

하나님이 보시는 아브라함은 이 땅에 파송된 하나님의 사자였다. 하지만 아브라함은 이를 알지 못한 채 세상의 여느 늙은이들처럼 맥없이 값없이 살아가고 있었다. 이제 이 기회를 통해 아브라함 스스로를 다시 한 번 볼 수 있도록 길을 열어가시는 것이다. 그가 이 세상을 위하여 기도할 때 세상에 어떤 일들이 일어나게 되는지를 분명히 보여주셨다. 물론 자기 자신을 어떻게 만들어 가느냐 하는 것은 전적으로 아브라함에게 달린 일이다.